浙江省"十三五"一流学科"应用经济学"研究成果

浙江省重点创新团队"现代服务业创新团队"研究成果

浙江省哲学社会科学研究基地"浙江省现代服务业研究中心"研究成果

浙江树人学院著作出版基金资助成果

服务业与服务贸易论丛

EQUITY INCENTIVES, MORAL HAZARD

AND CORPORATE PERFORMANCE

股权激励、道德风险 与公司绩效

李春光◎著

ZHEJIANG UNIVERSITY PRESS
浙江大学出版社
·杭州·

图书在版编目(CIP)数据

股权激励、道德风险与公司绩效 / 李春光著. — 杭
州：浙江大学出版社，2022.6
ISBN 978-7-308-22802-2

Ⅰ. ①股… Ⅱ. ①李… Ⅲ. ①股权激励－影响－公司
－企业绩效－企业管理－研究②道德建设－影响－公司－
企业绩效－企业管理－研究 Ⅳ. ①F272.5

中国版本图书馆 CIP 数据核字(2022)第 116614 号

股权激励、道德风险与公司绩效
GUQUAN JILI DAODE FENGXIAN YU GONGSI JIXIAO
李春光　著

策划编辑	吴伟伟
责任编辑	丁沛岚
责任校对	陈　翮
封面设计	项梦怡
出版发行	浙江大学出版社
	(杭州市天目山路 148 号　邮政编码 310007)
	(网址：http://www.zjupress.com)
排　　版	杭州朝曦图文设计有限公司
印　　刷	杭州高腾印务有限公司
开　　本	710mm×1000mm　1/16
印　　张	14.25
字　　数	226 千
版 印 次	2022 年 6 月第 1 版　2022 年 6 月第 1 次印刷
书　　号	ISBN 978-7-308-22802-2
定　　价	58.00 元

前　　言

19世纪以来,高管股权激励问题一直是经济学、管理学、会计学、金融学等领域的研究热点。在欧美发达国家,股权激励被视为促进公司高管与股东利益相结合以高效率解决现代企业"委托—代理"问题的重要途径。20世纪80年代获得长足发展的股票期权激励制度的实践在完善现代企业制度和促进经济增长的同时,也暴露出一系列问题。例如,美国安然、世通等一系列大公司和会计事务所曝出的丑闻便涉及股票期权制度的滥用。美国花旗集团和微软公司宣布取消股票期权激励,就是对这一制度弊端的反应。股票期权制度客观存在的负效应,集中体现在道德风险行为上。但在研究股票期权激励对公司绩效影响的众多文献中,少有从道德风险行为角度展开专门分析的。基于此,本书选择了这一分析视角。

本书以2006年我国股权分置改革完成以及《上市公司股权激励管理办法(试行)》正式实施至2012年年底实施股票期权激励的上市公司为样本,在国内外相关研究的基础上,以"委托—代理"理论、不完全契约理论、人力资本产权理论、剩余索取权理论和关系型交易理论为基础,采用文献梳理和理论推演、定性分析和定量分析、实证分析和规范分析相结合的研究方法,从企业高管道德风险行为的视角,分别从非效率投资、过度负债和股利"惜派"三个方面研究了我国现行的股票期权激励对公司绩效的影响机制,剖析了企业高管选择不同的投资政策、融资政策和股利政策的真正动机,揭示了现行股票期权激励制度实施的问题。客观地说,从企业高管道德风险行为角度来研究股票期权激励对公司绩效的影响,是一种理论结合实际的机制性研究。

本书构建了股票期权激励、道德风险行为与公司绩效的理论分析框架,沿着"股票期权激励—道德风险行为—公司绩效"的逻辑思路,通过理论推演,论证了股票期权激励是通过道德风险行为间接对公司绩效产生影响的,并实证检验了三者之间的关系,揭示了股票期权激励对公司绩效的影响机理。本书将道德风险行为限定在投资、融资和股利发放领域的三种机会主义行为,即非效率投资、过度负债和股利"惜派"。本书的分析框架及逻辑理路如下:首先,研究了股票期权激励与道德风险行为之间的关系,揭示了股票期权激励对公司绩效的影响机理及其运行过程,认为股票期权激励将导致更多的道德风险行为;其次,研究了高管道德风险行为与公司绩效之间的相互关系,揭示了高管道德风险行为对公司绩效水平的影响;再次,对股票期权的直接效应进行了分析,研究了股票期权激励与公司绩效之间的相关性;最后,分析了董事会监督职能在股票期权激励制度实施过程中所起的决定性作用。

本书有关股票期权激励对公司绩效影响机制的研究,是一种试图在前期分析文献基础上有所创新的尝试:以股票期权激励、道德风险行为和公司绩效为核心内容,从制度规范、形成机理、行为过程等方面考察了目前我国公司治理中所存在的问题。作为对问题研究的一种探讨,本书的分析框架、逻辑推论以及与之相关的实证分析,在一定程度和范围内具有值得进一步探索的新意,但受本人理论认知水平和数据资料所限,难免存在着这样或那样的问题,有待今后进一步探索。

目　录

第一章　绪　论 ·· 001

    第一节　研究背景与研究意义 ····························· 001

    第二节　研究对象的界定和关键概念 ················· 008

    第三节　研究方法和研究思路 ··························· 013

    第四节　主要内容和可能的创新之处 ················· 016

第二章　基础理论与文献综述 ································· 021

    第一节　股票期权激励基础理论评述 ················· 021

    第二节　股票期权激励相关文献梳理 ················· 029

    第三节　道德风险行为相关文献梳理 ················· 043

    第四节　有关股票期权激励与道德风险行为相互关系的研究 ····· 066

    第五节　现有文献评述和研究切入点 ················· 079

    第六节　本章小结 ·· 081

第三章　股票期权激励、非效率投资及公司绩效的相互关系 ········ 082

    第一节　理论模型 ·· 082

    第二节　研究设计与方法 ································· 090

    第三节　实证分析 ·· 103

    第四节　本章小结 ·· 126

第四章　股票期权激励、过度负债及公司绩效的相互关系 ·········· 127

    第一节　理论模型 ·· 127

第二节　研究设计与方法 …………………………………… 132

第三节　实证分析 ………………………………………… 139

第四节　本章小结 ………………………………………… 150

第五章　股票期权激励、股利"惜派"及公司绩效的相互关系 ……… 151

第一节　理论模型 ………………………………………… 151

第二节　研究设计与方法 …………………………………… 156

第三节　实证分析 ………………………………………… 162

第四节　本章小结 ………………………………………… 174

第六章　结论与展望 ………………………………………… 175

第一节　假设检验结果总结 ………………………………… 175

第二节　主要研究结论 …………………………………… 176

第三节　相关政策建议 …………………………………… 178

第四节　研究局限与未来展望 ……………………………… 187

参考文献 …………………………………………………… 190

附　　录 …………………………………………………… 221

第一章 绪 论

第一节 研究背景与研究意义

一、研究背景

(一)国企改革进入关键阶段

2020 年 6 月 30 日召开的中央全面深化改革委员会第十四次会议审议通过了《国企改革三年行动方案(2020—2022 年)》。此次会议明确,此后 3 年是国企改革的关键阶段,改革的内容是抓重点、补短板、强弱项,尤其是探索实施更加灵活高效的薪酬管理制度。如何对国企的高管人员实施合理薪酬管理呢? 我们可以用 16 个字来概括:水平适当、结构合理、管理规范、监督有效。"限薪令"虽然可以在一定程度上防止高管的腐败行为,但也会产生一些新的问题,如人才流失、工作积极性下降、道德风险行为频发等。简单地降低国企高管薪酬,尽管表面上可以节约工资支出,但这些节约很可能大大低于企业高管怠工或寻租所造成的损失。政府也意识到了这一点,因此在薪酬改革的过程中,将高管限薪与公司治理调整结合起来:一方面,政府任命相关人士参与公司董事会;另一方面,公司的日常运营活动交由向社会招聘的高级管理层,薪酬向国际标准看齐。即公司的所有权归董事会,经营权则转交给职业经理人,两权分离必将促进公司治理水平的提高,但也不可避免地引发了一系列的"委托—代理"问题。

为了高效解决两权分离所引起的"委托—代理"问题[①]，公司适时推出了股票期权激励[②]计划。这一长期激励模式一方面将高管的个人收入与公司的绩效水平挂钩，达到利益共享、风险共担；另一方面通过授予高管人员股票期权让其成为公司所有者之一，以达到高管个人利益和股东整体利益的有效统一。然而，这项看似"完美无缺"的激励机制在实施过程中却出现了诸多问题，这些问题集中体现在高管的道德风险行为上。但在迄今为止的理论文献中，针对股票期权激励对公司绩效的影响，很少有文献从道德风险行为角度展开专门的分析。基于此，本书选择了这一分析视角。

（二）股票期权激励制度的诞生

20世纪50年代，美国辉瑞公司首次采用股票期权激励计划，标志着股票期权激励制度正式诞生，这一激励模式一经推出就获得了广泛的推广。21世纪初，股票期权等长期激励计划在高管薪酬中所占的比重高达70%以上（朱克江，2002）。天相投资顾问有限公司的统计数据表明，在美国硅谷，有90%的公司实行了股票期权激励制度，硅谷的繁荣在很大程度上得益于对这一激励制度的合理运用。硅谷聚集着大量的高科技公司，在这类公司中实施股票期权激励制度有助于吸引和留住高新技术人才，从而保障公司的正常运营。经过美国硅谷高新技术企业和知识创新型企业的实践推广，股票期权激励制度在高管长期激励方面取得了显著的成效，极大地促进了公司价值的创造和美国经济的飞速发展，被认为是美国新经济的推动器。当然，股票期权激励制度在美国能够取得如此大的成功，与美国国内完善的法律制度、有效的市场环境和成熟的公司治理模式是分不开的。

然而，21世纪初，美国的公司治理模式逐渐暴露出许多问题，安然、世通、施乐、默克等一系列大公司和会计事务所相继出现了公司治理丑闻（详

---

① Jensen等（1976）认为，"委托—代理"关系是一种明显或隐含的契约关系。他们认为在这种契约关系下，行为主体（委托人）指定、雇用其他行为主体（代理人）为其提供服务，并授予代理人某些决策权，且根据代理人提供的服务数量和质量支付相应的报酬。第二章基础理论部分将详细论述。

② 股票期权激励是一种以公司股票为标的，对其董事、监事、高级管理人员、核心技术人员进行长期激励的机制安排。

见表 1-1），股票期权制度的滥用开始受到人们广泛的质疑和争议。2003
年，美国花旗集团和微软公司宣布取消股票期权激励制度，更是将这股质疑
推向了高潮，理论界和各市场主体开始重新审视这一长期激励制度。

表 1-1　2001—2002 年美国财务丑闻一览

时间	公司名称	事件
2001 年 11 月 8 日	安然	隐瞒 10 亿美元债务和虚报 6 亿美元利润
2002 年 6 月 25 日	世通	掩盖 12 亿美元亏损和 38 亿美元支出
2002 年 6 月 29 日	施乐	虚报 64 亿美元营业收入
2002 年 7 月 8 日	默克	虚报 124 亿美元利润
2002 年 7 月 25 日	奎斯特通信	虚报 14 亿美元营业额和修改业绩报告

(三)股票期权制度引入中国

股票期权最早引入中国是在 20 世纪 90 年代末。美国经济的空前繁荣
使国人对股票期权激励制度推崇备至，国内众多公司都将其视为有效激励
高管、解决"委托—代理"问题的"灵丹妙药"，纷纷效仿美国公司，在公司内
部推行股票期权激励制度。从 1999 年开始，仅北京、武汉、上海 3 个城市，
就有 30 多家国有企业试行股票期权激励制度。然而，由于缺乏与之相配套
的法律法规[①]，股票期权激励制度并没有达到预期的激励效果。

2000 年以后，国家相继出台了一系列与股票期权激励相关的法律法
规[②]，从而为股票期权激励制度的推广扫清了法律和制度障碍，使其得到了
快速发展。特别是 2006 年 1 月 1 日施行《上市公司股权激励管理办法（试
行）》后，上市公司真正意义上的股权激励制度正式实施，2006 年也因此被
称为"股权激励元年"。此后，上市公司陆续实施股权激励计划，中国的股

---

① 如资本市场上存在着股权分置的现象，高管所持的股份在任期内不得自由转
让，实施股票期权激励所需的股票缺乏来源以及股票期权的会计核算缺乏法律依据等。
② 主要包括：2006 年股权分置改革；证监会在 2005 年 12 月 31 日发布了《上市公
司股权激励管理办法（试行）》；2006 年 1 月 1 日新《中华人民共和国公司法》和《中华人
民共和国证券法》正式实施；国务院国资委和财政部在 2006 年 1 月 27 日发布了《国有控
股上市公司（境外）实施股权激励试行办法》，又在 2006 年 9 月 30 日发布了《国有控股上
市公司（境内）实施股权激励试行办法》。

票期权激励制度进入一个崭新的时代。然而,证监会在 2008 年 5 月 6 日和 9 月 16 日相继颁布的《股权激励有关事项备忘录》Ⅰ号、Ⅱ号和Ⅲ号文件以及国资委、财政部在 2008 年 12 月 21 日颁布的《关于规范国有控股上市公司实施股权激励制度有关问题的通知》却在一定程度上打击了上市公司实施股票期权激励制度的积极性,许多公司的股票期权激励方案也因此而搁浅。

2009 年 4 月,伴随着股票市场的强力复苏,停滞已久的上市公司股票期权激励方案重获新生,再次通过了国资委和证监会的审核,股票期权又迎来了新的发展机遇。实施股权激励的公司出现了爆发性增长,截至 2016 年末,总共有 761 家上市公司成功实施股权激励方案(数据来自 Wind 资讯,剔除预案公告后未实施的公司)(叶展,2018)。为了充分发挥股票期权的激励作用,2016 年 7 月,证监会发布了《上市公司股权激励管理办法》,对股权激励定价标准、业绩考核条件、实施时间等多个维度做了放松,赋予了上市公司更大的决策权和自治权。2018 年 8 月,证监会发布了《上市公司股权激励管理办法》(2018 修正),进一步扩大了股权激励的激励对象,允许吸纳外籍员工,允许外籍对象开立证券账户。在新规放松之后,上市公司股权激励方案的设计更加灵活有效,公司推出股权激励计划的热情再一次被点燃,A股市场也迎来新一轮的股权激励高峰(孙金钜,2020)。从实施的效果来看,股权激励确实可以在一定程度上提升公司的业绩。例如恒瑞医药 2010—2017 年实施了三次股权激励方案,不仅从产业端帮助企业提升了业绩,创造了内在企业价值,而且从资本端传递了企业价值,促进企业市值提升(陆正华,2019)。

(四)股票期权制度引发道德风险行为

股票期权激励制度的实施在一定程度上可以提升公司的业绩,但是,激励效果的有效发挥,需要完善的内部和外部环境做保障。然而,很多公司由于缺乏股权激励计划有效实施所需要的健全的资本市场、成熟的股票市场定价机制、完善的公司治理机制、共享的企业文化以及设计合理的激励计划(张奇峰,2018),股票期权的激励效果不尽如人意,股票期权激励制度已经变成向高管输送利益和福利的渠道和制度安排。

例如伊利股份从 2007 年开始实施股票期权激励,公司高管通过以下道德风险行为获得了高额的收益:①选择特定草案披露日压低执行价格,降低股权激励对象行权成本;②加速摊销减轻后续业绩压力;③压低行权日前股票价格以减少激励对象的所得税额;④解禁日前后披露利好消息等。这些行为直接导致了 2100 万元的巨额亏损。

再如 TCL 集团的高管为了实现其预期收益,选择在激励计划草案公告出台前发布不利消息、延期公布利好消息,同时进行向下盈余管理,在股权激励中从事机会主义择时行为(杜静然等,2018),从而导致企业净利润、加权平均净资产收益率、扣除非经常损益后归属于上市公司的净利润这三项指标在 2015 年显著下滑,股票期权的激励效果被严重削弱。

此外,还有红极一时的暴风集团高管滥用股权激励事件。暴风集团在 2015 年上市之初曾在 40 个交易日里拉出 36 个涨停板,股价最高达到 327 元/股,市值突破 408 亿元。但自 2019 年 7 月创始人冯鑫因涉嫌犯罪被批捕后,暴风集团便陷入了一片混乱,公司高管更是全部离职。截至 2019 年 11 月 27 日收盘,暴风集团的股价为 3.57 元/股,市值仅剩 11.76 亿元。"妖股"已然落幕,但事件背后所引发的思考却在持续升温。面对激烈的市场竞争,为了锁定人才,保持增长,公司会对高管实施股权激励方案,尤其是高科技创业类公司,这种情况更加普遍。然而,当公司高管和股东利益不一致时,公司高管为了谋求个人私利最大化会做出不利于公司业绩增长的决策(胡景涛等,2020)。

(五)问题的提出

2019 年已经过去了,但它带给我们的教训是沉痛的。在这一年里,因涉嫌黑社会性质组织犯罪和内部交易,16 位 A 股上市公司董事长或实际控制人被警方控制,由此引发了二级市场股价的巨震,波及股东数累积超过 100 万名,股权激励的负效应已经慢慢凸显出来。面对如此众多的上市公司高管违法犯罪事件,我们不禁提出这样的疑问:我国的股票期权激励制度是否能够提高公司的经营绩效、抑制高管的道德风险行为呢?是什么导致大多数已经实施了股票期权激励计划的公司最终放弃这一计划?公司绩效的下降是否与股票期权激励计划的实施有关?高管的道德风险行为是否已将股票期权从一项有效的激励制度变成了向高管输送利益的渠道和福利安排？如果真是如此，那么高管的道德风险行为有哪些具体的表现形式呢？股票期权激励的大小是否会影响到高管道德风险行为的强度？对这些问题的深入探讨构成了本书的研究内容。

二、研究意义

(一)理论意义

第一，基于股票期权研究背景的考察和相关文献的梳理，本书选取从道德风险行为视角来研究股票期权激励对公司绩效的影响，具有一定的理论意义和现实意义。以往有关股票期权的研究，大多围绕股票期权与公司绩效之间的关系展开，而很少对股票期权与高管行为之间的关系进行深入研究。事实上，公司绩效以及股票期权激励效应均是通过高管的行为而产生的，也就是说，高管的行为在股票期权激励效应产生的过程中有可能起到了中介的作用。本书试图突破传统研究的局限，进一步探讨高管股票期权激励对公司绩效的影响机制。

第二，按照西方的完全市场理论，完善的市场环境以及高效的公司治理机制是股票期权激励效应有效发挥的先决条件。然而，国内资本市场"弱式有效性"以及公司治理机制的缺失使得"自利"①的高管在获得股票期权之后产生了诸多的道德风险行为，这些道德风险行为将会对股票期权激励效应以及公司的绩效产生重要影响。本书选择从非效率投资、过度负债和股利"惜派"这三个方面来剖析高管的道德风险行为，进而研究这些道德风险行为对股票期权激励与公司绩效关系的影响，开辟了研究股票期权激励效应的新视角。

第三，本书以"委托—代理"理论、不完全契约理论、人力资本产权理论、剩余索取权理论、关系型交易理论为理论基础，从非效率投资、过度负债、股利"惜派"等视角对股票期权的激励效应进行研究，同时采用管理学中经典

---

① 亚当·斯密的"经济人假说"认为，任何人都是自私的，都会努力实现个人效用最大化。

的"结构—行为—绩效"研究范式对问题进行了深入分析,突破了传统的经济学分析方法,这是研究方法上的一次有效尝试。

(二)现实意义

第一,股票期权激励虽然在一定程度上可以缓解股东与高管之间的代理冲突,激励高管努力工作,促进公司绩效水平的提高,但也有可能会引发新的道德风险行为,从而导致公司绩效下降。由于股票期权激励是一种凸性激励,是一种意在促使高管愿意承担更大风险的激励模式,当公司的股票价格上涨时,股票期权价值涨幅会远远超过股价,这种凸性激励模式使得高管的潜在收益和潜在损失严重不对等,如果公司的股价上涨则高管可以获得相应的股票期权溢价收益;如果股价下跌,高管失去的仅仅是那部分"潜在"的额外收益而已,不会因为公司绩效下滑而遭受董事会的处罚。这就意味着高管有可能通过道德风险行为以牺牲公司长远利益为代价来获取更多的私人收益,从而导致公司绩效下降。可见,股票期权激励制度并不适用于所有行业和公司。由于高成长性、处于新兴行业的公司的高管具备敢于承担风险的创业精神,而且其股票价格上涨的空间较大,所以比较适合采用股票期权激励制度,而低成长性、处于传统行业的公司则不太适合这一激励制度。本书的研究结论为公司制定更加细化的股票期权激励方案提供了理论支持。

第二,既然股票期权激励有可能会引发高管的道德风险行为,那么这种道德风险行为是通过哪些途径对公司绩效产生影响的呢?本书试图从非效率投资、过度负债和股利"惜派"三个方面来揭开股票期权激励对公司绩效的影响机制之谜。由于股票期权激励制度的有效发挥需借助完善的公司治理机制,特别是董事会的监督对抑制高管的道德风险行为起着非常重要的作用,因此,本书的研究结论在某种程度上有助于公司治理水平的提高。

第二节　研究对象的界定和关键概念

一、研究对象的界定

股票期权激励已成为新兴市场经济国家乃至全球范围内的高管激励问题研究的一个热点问题。经济转型和新兴市场经济的崛起给中国的经济社会带来了深刻的变化,其中与本书研究主题密切相关的两个现象是股票期权激励制度的推广以及与之相伴的道德风险行为的频发。中国改革开放40多年的历史表明,高管激励对公司发展发挥着越来越大的作用,且股票期权激励制度被越来越多的公司所采用,股票期权激励已成为高管激励的主导形式。

而本书之所以将股票期权激励研究的范围限定在国内 A 股上市公司,是因为,作为转型经济体的中国,在法律制度、市场环境和公司治理等方面与西方发达国家存在较大差异,在立足于中国情境进行的关于股票期权激励效应的研究,应将中国特有的情境因素纳入考虑范围,而不仅仅是对西方已有的理论和研究在中国情境下进行重复验证。任何一种理论都有其"边界条件",即其适用情境上的局限性(汪秀琼,2011)。我们在中国情境下研究国内 A 股上市股票期权激励对公司绩效的影响机制是因为国内资本市场与国外资本市场相比具有"弱式有效性"的特征,在这样一个"非完美"的市场环境下,高管的道德风险行为会变得更加灵活、多变,这与西方完全市场环境下高管的道德风险行为有着显著的差异,而扩展研究情境对于增加理论概括性非常重要。

在 2006 年股权分置改革之前,高管持有的股票属于限售股,不能在股票市场上自由流通,这种股票分置现象影响了股票期权激励有效性的发挥,与西方发达国家实施的股票期权激励存在根本的区别。股权分置使得上市公司大量股权不可流通,非流通股(特别是国有股和法人股)被少数大股东所控制,从而导致了严重的股东利益冲突和控制权僵化问题。同时,股权流动性分裂造成非流通股和流通股股东同股不同价、同股不同权以及同股不同利,导致上市公司治理缺乏共同的利益基础。一方面,大股东"无心"参与公司治理;另一方面,中小股东"无力"参与公司治理,建立真正的现代企业制度成了"空中楼阁"。姚伟峰等(2009)为了揭示股权分置改革对股权激励效果的影响,对 2002—2007 年 108 家上市公司进行了研究,结果发现高管持股比例与企业效率在股改之前不存在显著的相关关系,而在股改之后两者却成显著的相关关系。从理论上讲,股权分置改革主要通过三条途径对公司绩效产生影响:一是降低股权集中度,形成较为合理的股权制衡结构,有利于充分发挥大股东的正面监督作用;二是增大流通股比重,加大流通股东的影响力,有利于发挥代理权竞争机制和外部并购机制的外部治理作用;三是统一股权性质,改变非流通股股东(主要是国有股和法人股)的获利机制,使得原非流通股股东开始关注公司治理以提升公司价值。本书将所研究的公司的范围限定在 2006 年初至 2012 年底这段时间内实施股票期权激励的 A 股上市公司,分析控制股权分置改革对公司绩效的影响,从而可以更加关注股票期权激励对公司绩效影响的主效应及影响机制,提高研究的实践价值,增加理论的概括性。这也是本书重要的切入点之一。

二、几个关键概念的辨析

在对股票期权激励效应进行研究的过程中,所涉及的核心概念主要有股票期权激励、道德风险行为、非效率投资、过度负债和股利"惜派"等,这些主要概念在相关文献中并没有给出明确的界定,研究目的的多样性使得研究者对这些概念有着不同的理解。因此有必要结合本书研究内容,对其在书中的具体含义进行详细说明。

(一)股票期权激励

为了有效地解决高管和股东之间长期存在的"委托—代理"问题,世界各国的大公司纷纷推出以股票期权为主要形式的股权激励模式。股权激励通过授予高管一部分公司股权的方式,激励他们以公司所有权人的身份积极参与公司决策,共同分享公司的利润,承担经营的风险,从而为公司的长远发展做出贡献。股权激励通常包括股票期权(stock options)、限制性股票

(restricted shares)[①]、虚拟股票[②](phantom stocks)、股票增值权(stock appreciation rights)[③]等 9 种方式,其中股票期权所占的比重较大,因此,将其作为本书研究的重点。股票期权是指上市公司授予激励对象在未来一定期限内以预先确定的价格和条件购买本公司一定数量股份的权利。激励对象可以以其获授的股票期权在规定的期间内以预先确定的价格和条件购买上市公司一定数量的股份,也可以放弃该种权利(龚勋,2007)。如果不做特殊说明,书中所提到的股权激励特指股票期权激励制度。

(二)道德风险行为

美国经济学家威廉姆森(Williamson)在《交易成本经济学》中曾经提出过理性经理人的人性观点,他认为人们在一切经济活动中都会尽最大的能力保护和增加自己的利益,由此产生了有关机会主义行为(opportunistic behavior)的命题(威廉姆森等,2008)。所谓机会主义行为指的是通过信息的不完整或歪曲的透露,造成信息传播方面的误导、歪曲、掩盖、搅乱或混淆的行为,即当事人用虚假的或空洞的、非真实的威胁和承诺来牟取个人利益的行为(樊纲,2000)。

机会主义行为有两种表现形式,事前的信息不对称会引起逆向选择行为,而事后的信息不对称则会引起道德风险行为,本书重点分析事后信息不对称所引起的道德风险行为。道德风险行为的经典论述来自 Mirrlees(1975)和 Holmstrom(1982)的研究。以个人参加医疗保险为例,个人患病的概率不仅多于外在的客观因素(如"非典"、禽流感等疫情)影响,而且与个人平时的饮食习惯、睡眠情况、健身习惯密切相关。如果个人患病,那么保险公司要承担全部的医疗费用。由于有保险公司做后盾,个人在平时的生活当中就不会太注意健康问题,其结果是个人患病的概率大大增加,保险公

---

① 限制性股票是指激励对象按照股权激励计划规定的条件,从上市公司获得的一定数量的本公司股票。公司在等待期内或在满足解锁条件之前,激励对象出售股票要受到持续服务期限条款或业绩条件的限制。

② 模拟股票,与股票挂钩,但用现金支付。除不需实际授予股票和持有股票之外,模拟股票的运作原理与限制性股票是一样的。

③ 股票增值权,与股票挂钩,但用现金支付。除不需实际行权和持有股票之外,股票增值权的运作原理与股票期权是一样的。

司也会因此而承担更多的风险。

除此之外,道德风险行为也广泛存在于公司的股东和高管之间。在单一激励制度下,高管人员无法获得努力工作所产生的全部剩余收益,却要承担项目失败所带来的全部风险,理性的高管人员在"自利"动机的驱使下通常会表现出两种行为模式:要么在工作中尽可能"偷懒",以使自身付出的努力与所获得的收益对等;要么在公司经营过程中表现出一些自利行为,以弥补正常收益的损失。这两种利己行为都会给公司带来巨大的损失。要想彻底解决这一难题就必须设计一套符合公司和高管整体利益的有效激励机制,让高管的个人利益与公司的长远利益密切结合在一起,以实现公司利益的最大化。

股票期权激励制度的实施在一定程度上解决了高管与股东之间存在的"委托—代理"问题,然而,高管在获得股票期权之后,为实现个人利益最大化,会不惜牺牲股东的利益而在公司的经营管理过程中实施一系列的道德风险行为,如非效率投资、增加债权融资的比重、减少现金股利的发放等,最终导致公司价值的下降。本书所论述的道德风险行为特指在股票期权激励契约签订之后,高管为实现自身效用最大化在公司的经营管理过程中所采取的一系列机会主义行为。由于投资活动是公司价值增长的源泉,而且投资额的大小会受到公司现金流、融资、股利发放等因素的影响,因此,本书将非效率投资、过度负债和股利"惜派"作为道德风险行为的主要表现形式。

(三)非效率投资

公司的非效率投资行为表现为过度投资和投资不足这两种形式(Myers et al.,1984;Jensen,1986)。过度投资指的是投资决策者投资于净现值小于零(NPV<0)的项目。过度投资行为产生的动机主要有"帝国建造"、控制更多资源、声誉提升、承诺升级[①]、在职消费等几个方面。而投资不足指的是投资决策者主动放弃净现值大于零(NPV ≥0)的投资项目的现象。投资不足产生的动机主要有职业守成、声誉维护、降低风险、享受安逸、

---

① Staw(1981)建立了一个承诺升级模型,被理论界认为是承诺升级理论的创始人,但是直到 Ross 和 Staw 开展了一项关于 1986 年世博会的案例研究,承诺升级理论才得到重大发展(Ross et al.,1986)。

喜欢偷懒等五个方面。当投资所导致的私人成本过高时,高管可能会放弃一些净现值为正的投资项目,从而导致投资不足。

(四)过度负债

为保证企业的生产和经营管理活动正常运行,企业会根据自身的生产经营状况、资金拥有状况,以及公司未来经营发展的需要,通过科学的预测和决策,采用一定的方式,从一定的渠道向公司的投资者和债权人筹集资金,这一过程称为融资(financing)。自利的高管在获得股票期权之后,为了避免不合理的融资方式对自身利益造成影响,实现个人利益最大化,通常会对公司的融资结构进行调整。由于股权融资和债权融资会对公司的股票价格以及公司的控制权产生显著的影响(孙永祥,2001),且在市场经济条件下,股票和债务已不仅仅是不同的融资工具,更是不同的公司治理机制(Williamson,1988),选择不同融资方式等同于选择了不同的公司治理机制。因此,本书重点研究高管股票期权与融资结构①(即债权融资和股权融资之比)之间的关系。

较高的债务比重有助于督促高管人员努力工作、提高公司的经营绩效,以防止公司倒闭使高管人员面临重新找工作的压力,这一融资特点在高管获得股票期权之后会变得更加明显,高管为了获得更多的股票期权溢价收益,倾向于选择那些有利于提高公司的股票价格而不是公司绩效的债权融资,从而导致公司过度负债。债务过多将会引发现金性财务风险,严重的可导致企业破产倒闭。

(五)股利"惜派"

上市公司高管所拥有的股票期权数量与公司股利政策的选择密切相关。股利政策的核心内容是如何将企业利润在增加留存收益和支付股利之间做一个合理的分配,它与企业的融资决策也是密不可分的(Lintner,

---

① 融资方式有许多种,我们将这些不同的融资方式按照不同的层次进行分类,可以将其分为内部融资和外部融资,外部融资又分为间接融资和直接融资,间接融资可进一步细分为短期借款融资和长期借款融资,而直接融资则进一步细分为债券融资、股票融资和商业信用融资。

1956;James,1987)。公司制定股利政策的目的是最大限度地提高公司股票价格。为了实现这个目标,公司必须在公司未来价值增长和股东当前股利之间找到一个平衡,即决定到底是把公司的利润作为留存收益保留下来还是作为股利支付给股东(Besley et al.,2001)。虽然中国注册会计师协会(2007)并没有给股利政策下一个明确的定义,但普遍认为,股利政策中最主要的内容是确定股利的支付比例,即多少利润被公司所留用,多少利润用来发放股利,因为这可能会影响到公司的股票价格,进而影响到对公司前景的预测。从契约的角度来分析,一个完整的筹资契约由融资结构和股利政策两部分组成,融资结构反映的是筹资活动的事先安排,而股利政策代表了事后的一种承诺(杨家新,2002)。李姚矿等(2006)认为,公司可以通过股利政策的实施来改变融资结构,进而影响融资成本,所以股利政策实施的正确与否会影响公司融资计划能否顺利实施。

由于公司的股利政策具有信息传递功能,可以引起股价变化,持有股票期权的高管为了获得较多的股票期权溢价收益,往往倾向于采用少派发现金股利、多回购公司股票的政策来提高公司的股票价格(Lambert et al.,1989;Fenn et al.,2001;Kouki,2009)。国内的众多学者如陈清泰(2001)也认为上市公司增加现金股利发放会直接减少高管的股票期权价值,高管人员通常会采用股利"惜派"的方式来提高股票期权的价值。

第三节 研究方法和研究思路

一、研究方法

本书采用文献梳理与理论推演相结合、定性分析与定量分析相结合、实证分析与规范分析相结合的研究方法,遵循"文献梳理与理论推演—提出假设—数据采集—实证分析—形成结论"的研究思路逐步深入。具体研究方法如下。

(一)文献梳理与理论推演

为了探讨股票期权激励、道德风险行为及公司绩效之间的关系,需要系统地收集整理和阅读分析与本研究主题相关的已有研究。笔者从 2010 年开始,就广泛查阅与公司治理、高管激励相关的国内外文献,在选定研究方向之后又阅读了"委托—代理"理论、剩余索取权理论、人力资本产权理论、不完全契约理论等与研究问题密切相关的国内外文献,在对基础理论有所掌握之后,进一步阅读了股票期权激励、道德风险行为、董事会治理等方面的国内外文献,对影响股票期权激励效应的因素进行了系统的梳理。同时,对 *Academy of Management Review* 等权威期刊近 20 年涉及股票期权激励、道德风险行为、董事会治理的文献进行了阅读,在此基础上初步综述股票期权激励、关键构成维度及其与公司绩效的关系。结合本书的主题与现实背景,进一步收集有关"股票期权激励、道德风险行为、公司绩效"三者关系的国内外文献,探索股票期权激励通过道德风险行为对公司绩效产生影响的内在机理,从而为研究股票期权激励对公司绩效的影响机制奠定了文献基础。

(二)定性分析与定量分析

对公司治理问题的研究需将定性分析与定量分析结合起来,因此本书拟融合定性分析与定量分析相结合的方法来研究股票期权激励效应。提炼假设部分以定性研究为主,实证部分则以定量分析为主。首先,以"委托—代理"理论、不完全契约理论、人力资本产权理论、剩余索取权理论、关系型交易理论等理论为基础,建立回归模型,研究股票期权与道德风险行为(包括非效率投资、过度负债和股利"惜派")之间的相互关系,以揭示道德风险行为在股票期权绩效效应产生过程中所起的中介作用;其次,研究了道德风险行为与公司绩效之间的关系;最后,研究了我国股票期权激励制度对公司绩效的直接影响,揭示现行股票期权激励制度的激励效果。同时将董事会监督作为重要调节变量引入实证模型,以揭示董事会监督对股票期权激励效应的影响,为股权激励制度的进一步完善奠定理论基础。

实证部分的内容则是以数理统计定量分析为主。统计分析在国内外管理学研究中被普遍采用,甚至一度成为现代管理研究的标志。这种研究方法通过大量的样本和数据,对研究的命题进行符合科学逻辑的检验和验证,进而得出更加具有说服力的结论。在本书研究中,我们将选取大样本数据,设计具体的指标来反映高管的股票期权、高管的道德风险行为以及公司的经营绩效,用统计分析的方法进行回归分析,得出股票期权激励对公司绩效影响机制的定量分析结论,进而为国内上市公司制定高效的股票期权激励机制提供可借鉴的依据。

(三)实证分析与规范分析

研究股票期权激励效应,需要首先回答何谓股票期权激励、何谓道德风险行为等问题,这要求在理论上对这些概念或问题进行清晰的界定和论述,而且相关的分析应该以国内上市公司股票期权激励机制的发展与治理现状为基础,尤其要立足于我国资本市场的发展现状以及 2006 年股权分置改革的完成等现实情况,通过数据的收集和处理进行实证研究,客观描述其存在的问题。理论研究的目的是为实践服务,因此本书必然涉及股票期权激励的治理目标和实现途径等问题,如相关法律制度、市场环境、公司治理和信息披露制度等,这方面的探讨会涉及价值判断,因而具有明显的规范分析的特征。

二、研究思路

首先,提出所要研究的问题。其次,对相关的理论和文献进行分析,依据经济学和管理学的理论阐述股票期权激励的理论支撑以及股票期权激励与道德风险行为、道德风险行为与公司绩效、股票期权激励与公司绩效的关系;在此基础上建立模型,以揭示股票期权激励对公司绩效的影响机制。再次,通过统计分析和回归分析,对样本数据进行有效检验,并验证各项假设。最后,得出研究的结论和应该采取的政策建议。本书的研究思路如图 1-1 所示。

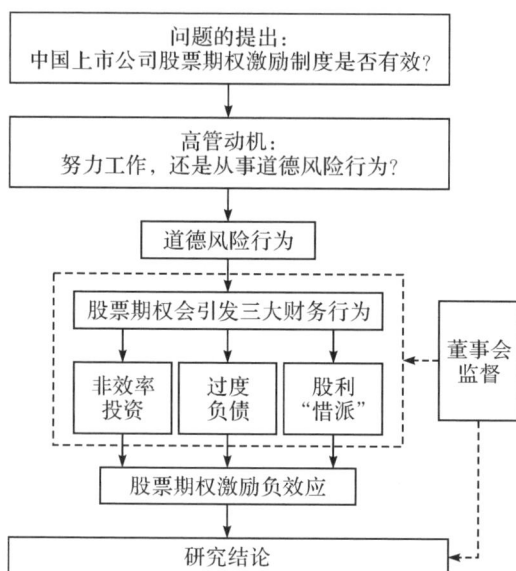

图 1-1 本书的研究思路

第四节 主要内容和可能的创新之处

一、主要内容

本书共分为六章,各章的内容安排具体如下。

第一章:绪论。本章主要阐述了本书的研究背景和研究意义,对研究的对象进行了清楚的界定并且对研究所涉及的重要概念进行了定义辨析。本章还对所采用的研究方法和研究思路、本书的主要内容和创新点进行了简单的介绍。

第二章:基础理论与文献综述。这部分内容根据股票期权基础理论、股票期权激励相关文献、道德风险行为相关文献、股票期权激励与道德风险行为相互关系四个主题对股票期权的相关文献进行了系统的归纳和梳理,并且结合本书的研究主题对相关文献做了相应的评述。

第三章:股票期权激励、非效率投资及公司绩效的相互关系。本章内容紧紧围绕股票期权激励、非效率投资及公司绩效这三组变量之间的两两关系,分别提出相应的理论假设。在实证模型的构建方面,本章将股票期权作为解释变量,将公司绩效作为被解释变量,建立起两者之间的实证回归模型,以揭示股票期权对公司绩效的直接效应。由于公司的非效率投资在股票期权激励制度的实施过程中起着重要的中介作用,我们选择股票期权作为解释变量,非效率投资作为中介变量,公司绩效作为被解释变量,建立起股票期权与非效率投资之间以及非效率投资与公司绩效之间的两两回归模型,以揭示非效率投资在公司股票期权激励效应产生过程中所起的中介和桥梁作用。同时,以独立董事率为调节变量,建立起非效率投资与公司绩效之间的相应回归模型,以此来论证董事会监督对公司绩效所产生的间接影响。在实证检验部分,本章以2006—2012年实施股票期权激励的A股上市公司为研究样本,对相关理论结论和命题假设进行了实证分析与验证。

第四章:股票期权激励、过度负债及公司绩效的相互关系。首先,围绕股票期权激励、过度负债及公司绩效这三组变量之间的两两关系,分别提出相应的理论假设。其次,设计出与模型相对应的研究方法,为下一步的实证结果及分析做充分的准备。最后,在实证检验部分,本章以2006—2012年实施股票期权激励的A股上市公司为研究样本,对股票期权激励与过度负债、过度负债与公司绩效以及股票期权激励与公司绩效这三组关系进行了实证检验,同时对过度负债在股票期权激励效应产生过程中所起的中介作用,以及董事会监督对过度负债与公司绩效关系中所起的调节作用进行了实证检验。

第五章:股票期权激励、股利"惜派"及公司绩效的相互关系。首先,围绕股票期权激励、股利"惜派"和公司绩效这三组变量之间的两两关系,分别提出相应的理论假设。其次,以股票期权为解释变量,以股利"惜派"为中介变量,以公司绩效为被解释变量,以独立董事率为调节变量,建立起变量之间的实证回归模型。最后,以2006—2012年实施股票期权激励的A股上市公司为研究样本,对股票期权激励与股利"惜派"、股利"惜派"与公司绩效以及股票期权激励与公司绩效这三组关系,以及股利"惜派"在股票期权激励效应产生过程中所起的中介作用和董事会监督对股利"惜派"与公司绩效关系中所起的调节作用进行了实证检验。

第六章:结论与展望。这一章主要是对前几章的理论和实证内容做一个归纳和总结,提出研究结论和与之相对应的政策建议,并指出了研究的不足之处以及未来的研究方向。

二、可能的创新之处

首先,本书构建了股票期权激励、道德风险行为与公司绩效三者之间的逻辑关系,揭示出股票期权激励是通过道德风险行为间接对公司绩效产生影响的。本书通过梳理相关研究以及对已有文献的理论推演,提出研究假设,构建本书的概念模型。其次,用上市公司的样本数据进行实证分析,检验理论推导出的概念模型是否正确、是否有效。最后,讨论研究结果。基于此,本书可能的创新点表现在以下四个方面。

(一)研究视角方面

根据 Bebchuk 等(2002)的研究,高管薪酬的研究有两个视角:"最优契约法"和"管理者权力法"。"最优契约法"认为,高管薪酬制度是作为解决代理问题、最小化代理成本的激励机制。"管理者权力法"认为高管们会充分运用他们的权力来影响报酬的水平与结构,过高的薪酬实质反映的是代理问题。"管理者权力法"能够较好地解释在"最优契约法"下无法解释的高管报酬过高现象。而当前经济学和管理学有关股票期权激励效应的研究多聚焦于"最优契约法",忽视了可能存在的"管理者权力法"。持有股票期权的高管为了获得更多的股票期权溢价收益,通常会努力工作,提高公司的经营绩效,这显然是公司的所有者和经营者都希望看到的结果,也是股票期权激励制度实施的重要初衷。然而股票期权激励制度的实施也有可能会导致另外一种相反的结果,即持有股票期权的高管为了实现"个人效用最大化"倾向于利用自己所掌握的控制权,采取一些道德风险行为促使公司的股价在短期内持续上涨,并最终导致公司绩效的下降(见图1-2)。本书选择从道德风险行为的视角来揭示股票期权的激励效应,在逻辑方面具有一定的新意,使人们对股票期权激励制度有了一个全面的认识。将股票期权的两种不同的影响路径区分开来,可以增加股票期权激励效应实证研究结果的可靠性。

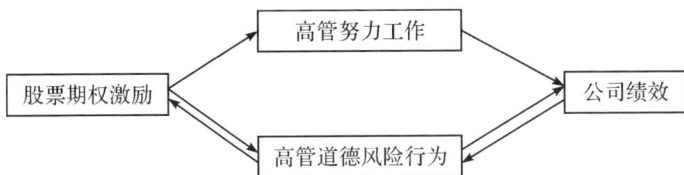

图 1-2 股票期权激励影响公司绩效的逻辑

(二)关键构念方面

投资政策、融资政策和股利政策作为公司的三大财务政策,彼此之间有着密切的联系。首先是股利政策与融资政策之间的关系。在现阶段,股利发放问题已不再是一个简单的利润分配问题,同时也是再融资的问题,股利政策的本质就是如何将收益进行分配或留存以用于再投资,股利政策可以视为一种融资政策。其次是股利政策与公司投资政策。较高的股利发放减少了高管对自由现金流量的支配权,限制了可用于获取私利的资金来源,高管的过度投资行为会因此而得到有效的限制。因此,本书选择从非效率投资、过度负债、股利"惜派"这三个方面对高管道德风险行为进行阐述,有助于我们对道德风险行为形成一个相对完整、深入的认识。

(三)数据处理方面

鉴于以往在股票期权激励效应研究中数据可得性是一个较为困难的问题,本书通过理论论证和实证研究设计,在数据的采集和处理方面,进行深入的挖掘与拓展,使之更加符合理论假设条件。在对股票期权指标的衡量中我们用高管所持有的股票期权在公司总股本中所占的比重来对股票期权的大小进行衡量,这一指标的采用和设置在一定程度上克服了将股票期权作为虚拟变量所带来的不足。同时,在对样本数据进行筛选的过程中,为了消除外部市场环境对研究结论的影响,本书选取了股权分置改革完成这一时间点作为研究的起始点。

(四)实证检验方面

本书构建了股票期权激励对公司绩效影响机制的分析框架,阐述了道德风险行为在股票期权激励与公司绩效关系中所起的中介作用。在实证研究中，以股票期权为解释变量、公司绩效为被解释变量、道德风险行为为中介变量、董事会监督为调节变量，构建了合理的实证回归模型，对道德风险行为所起的中介作用以及董事会监督所起的调节作用进行了实证检验，得出了富有价值的结论。

第二章 基础理论与文献综述

本章将从股票期权基础理论,以及股票期权激励、道德风险行为、股票期权激励与道德风险行为之间的关系这四个方面的内容展开分析。

第一节 股票期权激励基础理论评述

本节将针对本书所涉及的相关理论进行梳理,厘清本书与已有文献之间的逻辑关系,明确理论切入点。总体而言,与股票期权激励相关的基础理论包括"委托—代理"理论、不完全契约理论、人力资本产权理论、剩余索取权理论和关系型交易理论。

一、"委托—代理"理论与股票期权激励的关联

Jensen 和 Meckling 认为"委托—代理"关系是一种明显或隐含的契约关系。他们认为在这种契约下,行为主体(委托人)指定、雇用其他行为主体(代理人)为其提供服务,并授予代理人某些决策权,且根据代理人提供的服务数量和质量支付相应的报酬(Jensen et al.,1976)。但由于"委托—代理"双方的效用函数不一致,代理人不完全为委托人的利益而服务,甚至可能会不惜以牺牲委托人的利益为代价来牟取私利,即代理人偏离委托人的利益行事。尽管委托人可以通过对代理人进行适当的激励,以及通过承担用来约束代理人越轨活动的监督费用等,减少代理人的道德风险行为,但是,要求代理人始终按委托人的要求做出最优的决策和行为选择,几乎是不可能的。

"委托—代理"问题之所以产生,一方面是因为代理人是独立的"经济人",他们要最大限度地满足自己的利益;另一方面是因为委托人与代理人

之间存在严重的信息不对称,委托人无法准确观测代理人的行动,必然产生代理成本,包括监督成本、保证费用和剩余损失。因而,"委托—代理"关系可以归结为:事先的信息不对称所导致的逆向选择问题以及事后的信息不对称所导致的道德风险行为问题。

解决高管与股东之间的"委托—代理"问题有两种方法:激励和监督。激励和监督都是需要承担一定成本的,关键是如何实现两者总成本的最小化。而在公司管理实践中,由于存在以下几个原因,使得激励问题变得尤为重要。首先,代理人的行动很难观测,一份有效的薪酬契约应该是根据代理人的努力程度给予相应的报酬,这样的话代理人会出于个人收入最大化的考虑而努力工作以促使公司绩效的提高。但是,一般情况下,委托人只能看到结果而无法看到行动,而看到的结果会因为有其他外在因素的影响往往不能客观反映代理人的努力程度。也就是说,委托人对代理人的监督显得异常困难,监督成本非常高,在这种情况下,激励机制的有效发挥可以很好地弥补监督职能的不足。其次,委托人和代理人都有各自的效用函数,委托人的偏好和目标不可能与代理人完全相同。他们都会按照自身效用最大化的原则行事,因此,很容易导致代理人为了实现个人利益最大化而不惜牺牲公司的利益。再次,代理人对待风险的态度有三种:风险偏好型、风险中性型、风险规避型。由于代理人掌握着公司的剩余控制权但并不拥有公司的剩余索取权,公司盈利并不能给他们带来多余的好处,而公司亏损却要让他们承担所有的责任并影响其在业内的声誉,因此,代理人在面对风险的时候通常会采取规避的态度。对一个风险规避型代理人而言,要让他在公司经营过程中承担一定的风险就应该给他相应的风险补偿。最后,委托人和代理人双方承担责任的能力有差异,代理人一般是风险规避型的,但是在某些情况下代理人会尝试一些冒险行为,这是因为代理人和委托人双方承担责任的能力有差异。委托人是公司的所有者,他以公司所有的资产对外承担相应的责任,项目失败将会导致公司的破产,而代理人只是公司的经营管理者,他自身拥有的财富非常有限,对外承担的责任也是有限的,万一项目失败,他最多只会失去自己有限的财富,而不会承担其他的责任。因此,代理人有时会尝试一些冒险行为,为了避免这类冒险行为的发生,公司必须对代理人进行有效的激励。

那么如何才能有效解决所有者和经营者之间广泛存在的"委托—代理"问题呢？签订一份高效的激励契约被认为是解决这一问题的好方法。高效的激励契约须满足以下两个条件：首先，对代理人而言，这份合同必须有吸引力。代理人签订契约至少比不签订契约要好，即满足"参与约束"。其次，委托人的利益要和代理人的利益保持一致，只有先满足代理人的个人利益，委托人的利益才能得到满足，违背代理人的意愿将得不到最优的结果，即满足"激励兼容约束"（张维迎，2005）。股票期权激励就是这样一种高效的激励方式，股东通过授予高管股票期权的方式将股东自身的利益和高管的利益密切联系在一起，以实现监督和激励的统一。获得股票期权的高管只有在行权期内通过努力工作实现公司绩效的提升，才能获得相应的股票期权溢价收益；反之，如果偷懒，不努力工作，导致公司绩效下滑，就无法获得相应的股票期权收益。股票期权激励模式能够很好地克服公司所有权和经营权分离后带来的"委托—代理"问题，并且由此决定的高管层的报酬也比较容易判定。

二、不完全契约理论对股票期权激励的理解

自罗纳德·科斯（Ronald Coase）以来，"不完全契约"成为主流经济理论探讨的重要内容之一。其实，契约是完成交易的一种制度安排，但由于契约的不完全性，交易会遇到一些问题，例如创造和分配租金的权力由谁拥有，资产的控制权以及由此所决定的企业效率边界成为需要解决的基本问题。如何解决这些问题，契约理论提出了一些独到的观点，科斯开辟了契约理论，经哈特（Hart）等多位经济学家的拓展延伸，如今已经成为现代企业理论的主流学派之一。[①] 不完全契约理论认为，企业定价是替代市场直接定价的一种节约交易成本的间接定价方式，但其本质是由诸多不同的契约所构成的，是一种契约的制度安排。现实中的契约，无论成文与否，不管是正式订立还是约定俗成，均属于不完全契约。原因有三：一是信息的不对称，即

---

① 2014 年诺贝尔经济学奖的获得者让·梯若尔（Jean Tirole）于 1999 年在 *Econometrica* 上发表了《不完全契约理论：我们究竟该站在什么立场上》。这篇论文被认为是对当时轰动整个学术界的不完全契约理论之争的"终结者之声"，同时也是关于该理论最经典的综述。

交易双方所掌握的信息不对等;二是有限理性,即由于知识和信息的局限以及环境的不确定性,人们不能预见与契约有关的一切情况;三是交易成本,它广泛存在于契约的签订与实施过程中。不完全契约的存在降低了人们的决策效率(章小花,2007)。

管理学和经济学中的激励理论是在几乎完全不同的发展轨迹上来阐述人类社会普遍存在的激励问题的,但殊途同归。经济学对激励的研究是以假设"经济人"追求利润最大化或效用最大化进行的;而管理学则侧重于人的需求多样化,在承认利己动机的同时,也放弃了经济学中理性经济人的行为假设,这使得管理学对经济行为的解释更为全面,也更接近现实。张五常(1953)在《企业的契约性质》一文中指出:"企业并不是为取代市场而设立的,而仅仅是以要素市场替代产品市场,或者说以'一种契约替代另一种契约'。"在他看来,企业是一系列契约的有机联结,具有在市场中"间接定价"的功能,这在一定程度上与范围内弥补了市场交易因信息不充分而带来的损失。

对于企业而言,如果仅以经理人市场的供求竞争来确定管理人员的价格,势必会因为企业所有者和经理人之间存在的信息不对称而难以准确评估经理人的真实价格,但实行管理层股权激励可以弥补这种不足,并使经理人的市场直接定价与企业间接定价相结合。那么经理人报酬中就包含了市场直接定价和企业与市场共同定价两部分,后者内生性地取决于经理人的能力和工作努力程度(卓敏,2012)。因此,在股权激励下,代理人具有自我激励、自我执行的动力,基本不需要来自外部的监督,从而可以减少企业在运行中的交易成本,提高运营效率。

三、人力资本产权理论对股票期权激励的阐述

在当今的知识经济时代,人们越来越认识到为公司创造价值的关键资产已不再是物质资产或货币资产,而是知识、技能、经验和能力等非物质性资产。21世纪的公司比以往任何时代都更加依赖公司员工,保持相对稳定的劳动力资源可以让公司获得最为宝贵的无形资产(列弗,2003)。国内学者王庆成(2007)曾指出,在知识经济时代,掌握知识、技能、经验的人才是企业发展的第一推动力,是社会财富的主要创造者,是最为紧缺的"第一资

源"。这里所提到的知识、技能、经验和能力等非物质性资产指的就是"人力资本"(human capital)。事实上,对人力资本问题的研究早在 20 世纪 60 年代就已经开始了。美国经济学家舒尔茨(Shculzt)作为"人力资本之父"对"人力资本"做了开创性的研究。在他看来,人力是经济发展、社会进步的决定性因素,但人力(知识、技能等)的取得是需要耗费一定资源的,是投资的结果,因此,应该将人力看作资本的一种形态。然而舒尔茨的研究主要侧重于人力资本的宏观研究,对人力资本的构成缺乏微观分析。

贝克尔(Becker)将舒尔茨的人力资本研究系统化,为我们构筑起人力资本理论的基本框架。其主要包括三个方面:一是人力资本的生产理论;二是人力资本的分配理论;三是人力资本与职业选择问题。其中的人力资本的分配理论为我们揭示了人力资本之所以以资本形式出现的本质原因。既然人力资本与物质资本、货币资本等非人力资本一样拥有同等重要的地位,并且在企业产品生产过程中发挥着不可替代的作用,那么人力资本就应该与其他资本一样享有一定的产权,同时参与到企业利润的分配中来(周其仁,1996)。由于人力资本与其所有者不可分离,这就决定了需要对人力资本进行有效的激励,依据人力资本所创造的价值给予相应的分配,同时设计出一份激励与约束并存的薪酬契约,以激发人力资本的潜能。

股票期权激励制度的引入不仅使人力资本所有者成为企业的所有者,而且帮助他们获得与自身人力资本投入量相对应的资本所得。当企业的高管行使股票期权,以既定的价格购买了公司股票之后,他们就成为公司的股东,可以与物质资本所有者一样在组织经营中发挥作用,一起分享公司的剩余收益。在知识经济时代,具有知识和技能的人力资本与货币、土地等物质资本相比拥有更多的创造性,正是这些创造性因素创造了大量的剩余价值,使得货币资本得以保值增值。所以,股票期权激励使得公司高层管理者成为公司的股东,形成了利润共享、风险共担的机制,从根本上刺激高管努力工作,做出对公司有利的决策,以保障公司能够得到健康、长远的发展。

四、剩余索取权理论对道德风险行为的揭示

人力资本理论认为,人力资本不仅仅是企业生产活动不可缺少的要素,也是个人收入分配的基本方式。由于经营者以自己的人力资本投入企业

中,而且和货币资本投资者一样,拥有剩余控制权并承担企业的剩余风险,因此,人力资本的所有者应该和货币资本的所有者一样,拥有企业产权,并获得相应的企业剩余收益。享有企业剩余索取权[①]的一种有效方式就是让经营者持有公司股票或股票期权。如果说"委托—代理"理论是从契约的订立和执行视角去阐释股票期权激励,那么剩余索取权理论就是从分配的角度去阐释股票期权激励。剩余索取权和剩余控制权分配问题实际上是由公司契约的不完备性所决定的。一个完备的契约意味着所有的受益权和控制权都已经在契约中事先约定好了,也就没有"剩余"之说,剩余索取权和剩余控制权也就不存在了。然而在现实当中,契约往往是不完备的,契约的不完备以及公司所有权和经营权相分离的现实,使得公司剩余索取权和剩余控制权的分配成为不可避免的问题。信息的不对称使得公司的高管层不可避免地掌握了公司的剩余控制权,而剩余索取权在法理上却归股东所有(张维迎,1996),公司建立剩余分享制实际是对剩余索取权的让渡,目的是调动高管的工作积极性,但是高管层对剩余索取权的享有是非常不确定的,存在与否、程度如何一切都取决于股东的偏好和气度。

建立一种机制,以充分发挥高管人员的积极性,使其分享剩余的索取权确定化、法理化是使股份公司长远发展和制度稳定的重要措施。授予高管股票期权就是这样一种机制,借此,高管得以分享通过自身能力而实现的公司剩余收益,在法律上成为不可动摇的事实,而不再处于受制于"股东偏好和气度"的不确定状态。股票期权是否具有价值取决于高管自身的能力;股东向高管授予期权,实际上是股东利益向高管让渡的一种方式,是通过契约方式解决公司的剩余索取权问题。剩余索取权为高管分享企业的经营成果提供了理论依据,而股票期权激励计划则使之变为现实。

---

① 这里的剩余索取权(residual claim right)指的是获得完成各项合同后的剩余收入的权利,包括企业存续期间利润的分享和解散时依法或按约分享剩余财产的权利。剩余控制权(residual control rights)是没有在契约中逐项说明其归属的那些"剩余"下来的对资产的特别权利。一般的契约都会逐项说明对资产的某些特别权利归属于签约的哪一方,在这些权利之外的"剩下的"那些特别权利就是"剩余索取权"。

五、关系型交易模式下的股票期权激励实践

(一)关系型交易模式在中国的变迁路径

股票期权激励能够很好地解决公司所有权和经营权分离带来的"委托—代理"问题以及公司剩余索取权问题。然而,股权激励计划的有效实施取决于市场化交易模式下健全的资本市场、成熟的股票市场定价机制以及完善的公司治理机制。在市场化交易模式下,交易双方的交易行为取决于商品和服务的市场价格,而市场价格的形成又依赖于充分的市场竞争。西方国家相对完善的市场竞争环境为股票期权激励制度的有效实施提供了必要的保障。

与西方国家普遍采用市场化交易模式不同,中国的企业普遍存在关系型交易,如集团内部的关联交易、集中的股权结构以及集中的客户供应商关系等。我国企业的关系型交易根植于我国特有的风俗、礼仪等非正式制度以及法律、政治和行政管理体制等正式制度中(李增泉,2017)。制度诱因的不同决定了关系型交易的变迁路径也会有所差异。例如,中国美国商会发布的《2016 年度中国商务环境调查报告》表明,外资公司认为"监管法律法规执行不一致、不清楚"是跨国公司在中国经营所面临的最主要的商业挑战。转轨过程中的各种政策不确定性不仅会拓展关系型交易的边界,也会给关系型交易的治理带来巨大挑战(Rajan et al.,1998)。关系型交易意味着交易双方被绑定,市场竞争无法自动消除高管的道德风险行为(李增泉,2017)。Fan 等(2014)发现政商关系的存在显著降低了盈余的价值相关性,因此,基于会计信息评估公司经营状况的可信度也会降低。另外,由于关系型交易需要很强的隐蔽性,公开信息有可能泄露公司的商业秘密,因此,通过信息的公开披露来监督高管的道德风险行为就变得异常困难,股票期权的激励效果就很难发挥出来。

(二)关系型交易模式对股权激励的影响

具体而言,关系型交易的存在将会在以下几个方面对我国股权激励的实施效果产生影响。

1. 政治经济因素的影响

首先,私企高管的经营目标较为单一,注重实现利润最大化,而国企高管的经营目标更加多元化,这源于国企高管在身为企业家的同时也具有国家公职身份。双重身份使得高管一方面想实现公司利润最大化,另一方面又想得到职位晋升,从而获得巨大的社会影响力和他人的尊重及认可,而这一过程严重依赖于政府部门。相比个人收入最大化,国企高管更看重晋升,这将影响关系型契约下的股权激励的激励效果。其次,中国公司的股权高度集中,处于优势地位的大股东和中小股东之间经常出现严重的利益冲突,这就决定了公司治理以解决大股东与中小股东之间的第二类代理问题为主。而美国公司的股权高度分散,决定了公司治理以解决股东与高管之间的第一类代理问题为主。最后,公司的"金字塔"形股权结构会影响股权激励对象的选择以及具体的激励效率。

2. 法律与行政治理的影响

我国具有"弱法律治理、强行政治理"的特征,这可能会影响股权激励的激励效率。从 2006 年 1 月 1 日证监会推出《上市公司股权激励管理办法(试行)》到 2018 年 8 月证监会发布《上市公司股权激励管理办法》(2018 修正),证监会进一步明确了上市公司股权激励的实施条件、激励对象范围,公司推行股权激励也具有更灵活的决策空间,这将进一步影响我国股权激励实务的发展。

3. 政商关系对企业股权激励的影响

政商关系具有专用资产投资的特征,对具有政商关系的高管,企业可能以股权激励作为维系关系型交易的投资,并将风险内化于股权激励契约。此外,对不同性质的企业,关系型契约可能具有不同影响。一方面,国有企业高管本身具有公职人员的特征,其与相应政府间的关系属于典型的关系型契约。国企高管取悦上级的偏好及晋升激励如何影响股权激励对象的选择及契约结构是目前相关研究的侧重点。另一方面,由于我国的资源配置权主要集中于政府手中,民营企业也依赖于与政府的关系型交易获取资源,甚至更为依赖关系型契约与关系型交易获得企业发展所需资源或有利条件。因此,民营企业可能更有动力在股权激励中内化政企关系(万华林,2018)。

4.文化与社会习俗的影响

在我国的文化与社会习俗中,"关系"具有非常重要的影响,这与西方基于市场的交易规则有很大不同。这体现为企业内部与外部都有不同于西方企业的关系型契约。中国企业中的关系型契约会影响激励对象的选择以及激励强度(万华林,2018)。

第二节 股票期权激励相关文献梳理

本节将介绍股票期权激励相关的理论和文献,为接下来的模型假设提供必要的理论和文献支持。

一、股票期权激励原理概说

股票期权发挥激励作用的逻辑是:公司授予高管股票期权—高管努力工作—公司绩效得到提高—公司股价上涨—高管获得股票期权溢价收益。即高管被授予股票期权之后,会通过努力工作来提高公司的经营绩效,好的经营绩效有助于公司未来投资价值的提升,公司投资价值的提升在资本市场上最直接的体现就是公司股票价格的上涨,当公司股票价格不断上涨时,高管所持股票期权的价值也会得到相应提升,高管的努力会因此而获得良好的回报,激励的最终结果就是高管获得较多的股票期权溢价收益,这会激励高管人员更加努力地工作,从而形成良性循环。由于股票期权是一种看涨期权,所以高管被授予股票期权时,不能获得任何收益,如果高管努力工作促使公司股票价格上涨,那么高管将获得股票市场价格与行权价格之差所带来的溢价收益。相反,如果高管不努力工作或是由于其他客观原因导致股票价格下跌,那么股票期权将失去它内在的价值,高管也会因此而放弃行使股票期权。从图 2.1 可以看出,设 P 为股票期权行权时的市场价格,R 为高管行权后所获得的损益值,E 为股票期权的行权价格,F 为股票期权的行权费用,当 $P < E$ 时,高管所获得的损益值 R 为负值,此时高管不会行权;当 $P = P_0$ 时,高管所获得的损益 $R = 0$,此时高管也不会行权;当 $P > P_0$ 时,高管所获得的损益 $R > 0$,此时,高管才有行权的动力。由于股票的市场价格可以无限上涨,所以高管的股票期权损益也有无限增大的可能性,由此可见,股票期权的持有者所需承担的风险是有限的,而所能获得的潜在收益是无限的。

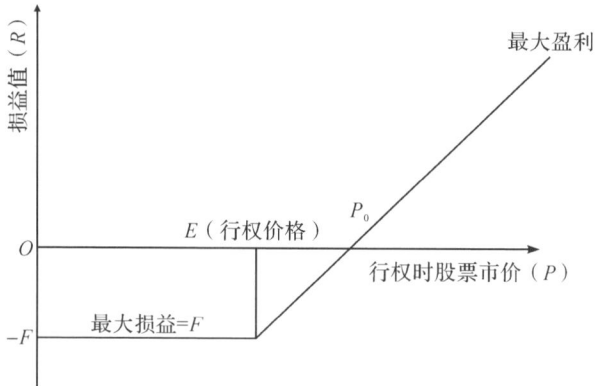

图 2-1　股票期权激励原理

二、股票期权激励的直接效应

现阶段有关股票期权的研究大都聚焦于股票期权激励与公司绩效之间的关系,一般而言,股票期权激励与公司绩效关系的研究可细分为两类:外生性研究与内生性研究。外生性研究将股票期权作为一个独立的变量,研究股票期权与公司绩效之间的相互关系;内生性研究则认为,经营者股票期权与公司绩效之间的相互关系除受经营者自身所持股票期权水平的影响之外,还受公司所处的行业、公司的规模、公司治理结构乃至政治制度、宏观经济形势、文化、法律等众多微观和宏观因素的影响。

(一)股票期权激励效应的外生性分析

有关股权激励与公司绩效之间的关系,理论界存在两种截然不同的观点:利益一致性假说和壕沟效应假说

1.利益一致性假说(convergence of interests hypothesis)

利益一致性假说认为,经营者持股比例的增加会降低经营者与所有者之间的代理成本,因此,设计科学的股权激励计划是解决"委托—代理"问题的有效手段(Jensen et al.,1976)。Hanson 等(2000)和申尊焕(2003)分别

从自由现金流、内部人控制以及道德风险行为的角度,对该假设进行了论证。在此基础之上,国内外众多学者也得出了"股权激励与公司绩效成正相关"的结论,如 Jensen 等(1990)通过实证研究表明,经营者股权激励与公司的资本市场价值成正相关关系。

国内众多学者从不同的视角,研究了股权激励与公司绩效之间的关系。田波平等(2004)认为,对经营者实施股权激励对民营上市公司的企业价值有正向的作用。崔慧洁等(2019)从企业组织资本的角度来研究股权激励与公司绩效之间的关系,认为企业在制定股权激励策略时,除了考虑短期绩效改善之外,可以将股权激励与企业长期发展所需的组织资本积累相结合,综合考量企业内部与外部治理机制的完善程度,从而达到效用最大化。从长期来看,股权激励的实施对公司业绩具有显著的正效应(曾佳阳,2019)。王春雷等(2020)认为高管股权激励能通过显著降低代理成本提高公司绩效,代理成本起部分中介效应作用。很显然,股权激励可以显著提高公司绩效,这一结论可以从实施股权激励公司与未实施股权激励公司的相互比较中得出。与未实施股权激励的公司相比,实施股权激励的公司会吸引更多的市场关注,并且公司实际业绩与市场预期的差距更小;即使在没有达到市场预期的情形下,与没有实施股权激励的公司相比,实施股权激励公司达不到市场预期的程度也更小;股权激励的外部治理作用主要发生在两职分离公司和民营公司,当市场关注度更高时,股权激励在提升公司业绩方面更有效(储溢泉等,2020)。

周云波(2020)发现高管股权激励可以通过改善企业经营业绩、吸引机构投资者持股以及留存员工三个作用渠道提升上市公司的企业价值。蔡蕙(2020)发现高管股权激励对企业业绩具有显著影响,同时,机构投资者持股可显著提高高管股权激励对企业业绩的积极作用。刘井建等(2020)从抑制大股东掏空行为的视角来研究股票期权的激励效果,认为高管股权激励存在抑制大股东掏空行为的作用;在股权集中度低、控股层级高、两权分离度大、市场化程度低、集团控股的国有企业中,高管股权激励对大股东掏空的抑制作用显著,成为有助于投资者保护的内部治理机制;并且高管股权激励对大股东掏空的抑制效应在滞后两年更加显著。

内部控制由控制环境、信息系统与沟通、风险评估、控制活动、对控制的监督这五个要素组成(黄生权,2020)。刘进等(2016)研究了股权激励与内部控制之间的关系,结果发现股权激励并不会导致高管的机会主义行为,上市公司的股权激励水平越高,其内部控制质量也越高。戴璐等(2018),张艺琼等(2018),黄生权等(2020)以内部控制为切入点,进一步研究了股权激励对公司绩效的影响,发现高管股权激励通过改进内部控制有效性间接对公司绩效产生影响,即高管股权激励合约制定的业绩目标比公司历史基准或行业平均水平都要高,这有助于提升公司内部控制的有效性,这一研究结论也支持了最优契约理论(戴璐等,2018)。此外,赵青华等(2014)研究指出,高管股权激励存在次生激励效应,实施股权激励有助于推动内部控制在公司各级人员与部门之间的有效实施。道德风险行为之所以会产生,是因为公司内部存在诸多类型的信息不对称,高质量的内部控制能减少外部投资者与公司之间的信息不对称,并为公司会计信息的可靠性提供合理保证(黄生权,2020)。Donaldson(2005)指出,财务报告的可靠性是内部控制的函数,内部控制对财务报告质量具有正向影响。李常青等认为内部控制质量高的公司,其业绩报告中出现重大错误的可能性较低,即内部控制质量与业绩报告错误率成负相关关系。在债务合同中,财务报告质量受到债权人的持续关注,并且会对借款利率产生影响,财务报告质量较高的公司,其借款利率往往较低(黄生权,2020),较低的借款利率会对公司绩效的提升起到促进作用。此外,Armstrong 等(2010)考察了 CEO 股权持有与会计违规之间的关系,发现 CEO 股权激励较高的公司发生会计违规行为的频率相对较低,公司内部控制制度也比较有效。Balsam 等(2014)研究认为,高管股权激励能够减少管理者的短视行为,这类公司很少存在不良内部控制信息,且管理层持股比例与内部控制缺陷修复的及时性成正相关关系。

也有学者从企业风险承担的视角来研究股权激励对公司绩效的影响。风险承担反映了企业投资决策过程中的风险偏好,不仅有助于企业获得更高的投资回报,维持长期竞争优势,而且能促进整个社会的技术进步,驱动宏观经济增长。作为企业经营决策的制定者,管理者的风险承担意愿是决定企业风险承担水平的主导因素。陈文强等(2020)认为股权激励具有风险承担效应,具体表现为企业债务融资和研发投资水平的提升,并最终促进了企业价值的动态增长。但这一效应仅存在于行权时间约束较长和业绩考核适中的样本中。

　　根据动态资本结构理论,公司始终存在一个最优的目标资本结构(Flannery et al.,2006),它不仅反映了公司价值与风险之间的最优匹配,而且是公司价值最大化的外在表现形式。然而,目标资本结构会随公司盈利能力以及市场价值等内外影响因素的变动而发生改变(Hovakimian et al.,2001),以致公司实际资本结构无法时刻与其保持一致。尽管如此,一个以价值最大化为目标的公司不会使其资本结构长期处于偏离目标资本结构的状态,而会采取一系列举措消除二者之间的偏差。由于资本结构是公司高管重要的财务决策,其决策有效性与高管积极程度密切相关。

　　盛明泉等(2016)从资本结构动态调整的视角研究了股权激励对公司绩效的影响。吕长江等(2011)认为对人力资本的需求是上市公司选择股权激励的动机。因此,对高管实施股权激励正是重视人力资本、优化公司治理的体现,由此将提高高管的工作积极性,进而对资本结构静态水平和动态调整产生重要影响。从动态层面而言,公司资本结构向目标资本结构调整的过程中必然会因为市场摩擦的增加而导致调整成本上升,而调整成本是决定资本结构调整速度的重要因素(Leary et al.,2005;Flannery et al.,2006;Strebulaev,2007)。因此,降低调整成本是提高资本结构调整速度的重要途径。一般而言,公司对高管实施股权激励是公司治理得到优化的重要体现,而公司治理水平的提高将向资本市场传递积极信号,进而降低公司通过融资调整资本结构的成本(Anderson et al.,2003;Duc Hung,2014)。同时,股权激励实施及其程度的加强都将可能正面提高公司的业绩和价值(Mehran,1995;谢德仁等,2010;盛明泉等,2011),这将显著提高公司在资本市场融资的能力,使其更容易通过融资进行资本结构的调整。比如,胡国强等(2014)研究发现,高管股权激励强度越高,越有助于民营企业获得更多的银行借款。因此,股权激励带来的调整成本的降低以及融资能力的提高都可能加快公司实际资本结构向目标资本结构调整的速度,进而提升公司的经营绩效(盛明泉等,2016)。侯丽等(2019)认为企业实施股权激励合约对资本结构动态调整具有正向影响,进一步研究发现,企业产权性质和外部治理机制会影响股权激励合约的有效性,具体表现为:相对于国有企业,民营企业实施股权激励合约对资本结构调整的影响显著有效;稳定型机构投资者持股和产品市场竞争治理机制在股权激励合约优化资本结构决策方面存在"替代"和"互补"效应。

2.壕沟效应假说(Entrenchment Hypothesis)

壕沟效应假说认为当经营者的持股比例达到一定的数值后,其在公司的控制权和影响力会相应扩大,其行为也会渐渐偏离公司的经营目标。比如为了巩固自己在公司的控制权,经营者会想尽一切办法阻止本公司被其他公司收购或兼并,从而使公司的资源无法优化配置,最终造成公司价值的下降(Fama et al.,1983)。美国在20世纪90年代接连出现的财务丑闻,从一定程度证实了壕沟效应假说。Demsetz等(1985)以1980年美国511家公司为样本进行了研究,发现经营者持股与公司价值之间不存在显著的相关关系。顾斌等(2007)通过实证研究发现,我国上市公司高管股票期权激励并没有发挥应有的积极效应。之所以出现这样的现象是因为公司治理结构的不完善以及绩效指标的不科学为高管人员的寻租行为提供了诸多便利(周建波等,2002)。肖淑芳等(2016)发现上市公司对不同激励对象实施股权激励方式时,这些激励对象可能会发生机会主义行为,这势必会影响股权激励的效果。

Shleifer等(1988)的研究结论则从另一个侧面证实了以上两类假设。他们认为经营者持股对公司价值的影响存在区间效应,在一定区间范围内利益趋同假说占主导地位,但随着经营者持股比重的不断增加,经营者为了追求私人收益会做出有损于公司价值的决策,此时壕沟效应假说可能会超过利益趋同假说而居于主导地位。当经营者持股比例为0～5%时,经营者持股比例与公司价值成正相关关系;当经营者持股为5%～25%时,经营者持股比例与公司价值之间成负相关关系;当经营者持股为25%～100%时,经营者持股比例与公司价值之间的关系又恢复至正相关的关系,即经营者持股与公司价值之间成出显著的倒"U"形关系。倒"U"形关系的存在使我们相信经营者持股或股票期权激励方案对公司价值的影响是显著存在的,所以积极地探寻一个最佳的经营者持股比例是非常值得尝试的(黄桂田等,2008)。

外生性研究虽然从一定程度上揭示了股票期权与公司绩效(公司价值)之间存在的内在联系,但是由于没有将股票期权之外有可能影响公司价值的因素(如宏观经济形势、产业类型、公司规模和公司治理等)考虑在内,使研究结论缺乏说服力。而且无法解释现实中存在的一个悖论:既然经营者持股比例与公司绩效之间存在一个固定的关系,那么在一个有效的市场环境中,按照市场优胜劣汰的原则,价值量低的公司最终会被淘汰,而最终能留在市场上的公司都是些价值量高的公司,且经营者的持股比例也趋于一致,但现实情况正好相反,市场上存在着众多价值量不同且经营者持股比例不同的公司。

(二)股票期权激励效应的内生性分析

为弥补外生性研究的不足,众多学者提出了内生性研究的视角。所谓内生性研究指经营者持股比例与公司绩效之间的相互关系除受到经营者自身持股比例的影响之外,还受到公司所处的行业、公司规模、公司治理结构乃至政治制度、宏观经济形势、文化、法律等众多微观和宏观因素的影响。经营者持股与公司绩效的内生性问题,最早是由 Demsetz 等(1985)提出来的,之后 Him melberg 等(1999)对这一问题进行了更加深入的研究,他们发现一些很难观察到的企业特质(如无形资产、监管能力和公司自身的风险等)不仅影响经营者持股,而且会直接影响公司绩效,是内生性问题产生的最主要原因。而在国内,内生性研究相对较少,这主要是因为在 2006 年股权分置改革之前,经营者持有的法人股不能上市流通,而且经营者持股方案的制订在很大程度上取决于证券监管部门和地方政府的态度,董事会在其间并没有发挥应有的激励和监督作用,内生性显得很弱,因此内生性问题并没有引起学界的广泛关注(黄桂田等,2008)。在以内生性视角研究股票期权激励的过程中,公司治理这一因素在其间发挥着异常重要的作用,完善的公司治理机制是股票期权激励机制有效发挥的重要保障,公司治理水平的高低不仅直接影响到公司价值的大小,而且还会通过股票期权激励机制间接对公司价值产生作用,因此,公司治理因素是影响股票期权激励效应的重要因素。王华等(2006)认为股权激励是一个非独立的内生变量,股权激励的效果通常会受到公司规模、公司所处行业性质、公司治理结构等多种因素的共同影响,高管股权激励和董事会组成之间存在互动的影响关系。李汉军等(2006)认为股权结构的内生性体现在,股权结构不仅对公司绩效具有显著的作用,而且公司绩效对股权结构也有强烈的反馈作用。

股票期权作为一种特殊的激励方式,通过将高管的个人收益与公司的长远目标捆绑在一起的方式,激励高管人员努力工作,提高公司的经营绩效,从而有效地解决公司治理中普遍存在的"委托—代理"问题。因此,公司治理因素是影响高管股票期权激励诸多因素中最本质、最重要的因素。公司的股票期权激励方案在产生之初通常会受到地方政府以及证券监管机构相关政策法规的影响。但是,随着市场环境的不断完善,公司治理因素在股票期权激励方案制订以及实施的过程中发挥的作用日益明显。很多时候,股票期权激励方案是高管人员和董事会之间相互讨价还价的最终结果,最终结果如何取决于博弈双方的实力对比关系,而双方实力的强弱是由高管控制权以及董事会的职能两类因素共同决定的。一般而言,高管拥有的控制权越大,抽取租金的能力就越强,所获取的私人收益也就越多,公司的价值或经营绩效的下降也就越明显。

三、股票期权激励效应影响因素分析

股票期权作为一项有效的长期激励制度,其激励效应的大小通常受各种宏微观因素的影响,如国家的法律法规、市场运行的效率、公司所属的产业类型、公司治理水平、企业文化、高管个人特征等,其影响的程度亦有所不同,总的来说,股票期权激励效应是公司各种内外部因素共同作用的最终结果。

(一)公司所处的市场环境

西方国家的股票期权激励制度之所以能够发挥较好的激励作用,推动公司快速发展,一个重要的原因就是存在一个与股票期权激励方案相适应的有效的资本市场、经理人市场以及控制权市场。

由于股票期权收益在很大程度上取决于股票未来价格与行权价格之间的差额,因此,股票期权激励制度的成功实施更加依赖于一个"有效的资本

市场"①。在一个有效的资本市场内,高管的努力水平很容易通过公司的股票价格真实地表现出来,高管也能获得与努力程度相匹配的股票期权溢价收益。而且有效的市场环境会为股票期权的成功套现提供便利,高管不需要为股票期权不能成功变现而感到苦恼,这会进一步激发高管的工作热情。然而,我国资本市场的"弱式有效性"(李佳等,2010)使得股市的投机炒作现象比较明显,政府对股票市场的过多干预导致股票的非理性波动,使得股票价格很难反映公司的真实经营水平,这不但使股票期权激励难以发挥应有的激励作用,而且可能引发新的道德风险行为。当宏观经济环境较好时,高管不需要努力也能获得股票价格上涨所带来的股票期权溢价收益;反之,当宏观经济环境低迷时,高管即便再努力也很难提高公司股票价格,即市场很难对高管的努力水平和公司的绩效给予客观的评价。例如,20世纪80年代,美国经济持续低迷,股票市场不景气,导致微软公司在2003年7月放弃了实施17年之久的股票期权激励计划。此外,国内高管在获得股票期权之后受资本市场的限制很难把手中的股票期权转换成现金收入,这在一定程度上打击了高管的工作积极性。

经理人市场同样对股票期权激励方案的有效实施起着举足轻重的作用,"优胜劣汰,适者生存"是生物界普遍适用的生存法则,这一法则同样适用于经济领域。公司实施股票期权激励制度的初衷是希望通过授予高管股票期权的方式将高管的个人利益和公司的长远利益捆绑在一起,促使高管努力工作,帮助公司提高经营绩效。如果高管由于个人能力或其他方面的限制,经过努力仍未能达到公司指定的经营目标,那么按照所签订的股票期权激励契约,他们将得不到相应的股票期权溢价收益。为了弥补这部分股票期权损失,高管会尽可能采取一些机会主义行为(如过度投资或投资不足)来获取更多的私人收益。而在一个有效的经理人市场上,高管出于维护

① "有效的资本市场"这一概念最先是由美国学者Fama(1970)提出的,他认为资本市场的有效性体现在两个方面:一个是反映功能。在一个有效的资本市场当中,公司的经营绩效很容易通过公司股票价格真实地反映出来,有利于投资者对公司的经营状况做出较为客观的判断,降低监督的信息成本。二是纠正功能。由于资本市场具有充分的流动性,当投资者发现公司经营绩效下滑时,很容易通过"用脚投票"的方式将公司的控制权进行转移,实现公司资源的有效配置。

自身职业声誉以及降低人力资源搜寻成本的考虑,会尽量避免采取机会主义行为。而且,理性的投资者会预料到高管将要采取的机会主义行为,并且将这种预期放入对公司权益进行定价的整个过程当中,这样做可以有效减少高管的机会主义行为,但想完全避免也是不可能的(Fama,1980)。

曼内(Manne,1965)认为,公司控制权市场同样可以对高管的投资、融资、净现金流、红利选择等机会主义行为进行有效的约束。Jensen(1986)对公司控制权市场进行了解释,认为该市场是不同管理团队为取得"管理公司资源的权力"而相互竞争的竞技场,广大的股东只需要被动地拒绝或接受竞争团队抛来的绣球即可。因此,公司内部的管理层和那些希望接管该公司抑或取代他们的其他公司的管理层之间的矛盾构成了公司控制权市场上的主要矛盾。当公司管理层的欺骗、懒惰或不胜任导致股东遭受巨大的损失时,控制权市场上的接管竞标给整个公司和广大的股东提供一个替换整个管理层的渠道。如果参加竞标的管理层认为自己有能力改变公司经营无效率的现状、提高公司的经营绩效,那么他们会在保证公司广大股东及自身利益的前提下,为该公司的"资源管理权"报出一个比现阶段的管理层更高的价格,从而有效地解决高管机会主义行为所带来的公司经营低效率的问题,使公司的整体利益、股东的个人利益以及参与竞标的管理层的利益都得到保障。具体的操作方式为:参与竞标的管理层在股票市场上对现有的公司进行收购或兼并,一旦收购或兼并成功就对现有的管理层进行替换。①

(二)公司所属产业类型

不同产业类型的公司在选择股票期权激励方案时会表现出各自的特点。属于高新技术产业的公司具有高成长性、高投入、高产出和高风险等特点。为解决公司项目资金投入过多导致的公司现金流不足问题,以及让高管人员充分享受到公司股价上升带给他们的好处,公司会适当提高股票期

---

① 当然管理层也会意识到这一点,所以在收购的过程中会通过抬高公司被收购价格的方式进行抵制,而参与竞标的公司为了消除原有管理层的抵制行为,通常会采取一种"金色降落伞"的方式在薪酬契约中规定:"如果公司的控制权发生变化,原有的管理层马上离开就可以获得一大笔补偿。"(Lambert et al.,1985)这一方式可以降低公司收购和兼并的成本,确保公司的兼并和收购活动顺利进行。

权在高管薪酬结构中的比重。周建波等(2003)认为,高管股票期权激励与公司经营绩效之间的关系受公司成长性的影响,成长性较高的公司,两者之间的正相关关系更加显著。成长型企业正处于成长的关键阶段,需要管理者高瞻远瞩,克服短视行为,注重长期利益,制定正确的决策推动企业长期健康的发展,因此,成长型企业采用股票期权模式更利于财务绩效的提升(张劲松,2020)。而传统产业的公司具有低成长性、低投入、低产出和低风险等特点,公司发展更多地依赖经过多年摸索形成的高效的公司运营机制、较高的公司治理水平、较强的品牌影响力以及经过多年发展形成的固定市场份额,高管个人因素在公司发展过程中所起的作用十分有限。因此公司倾向于降低股票期权在薪酬结构中的比重,并且将这部分剩余的未分配利润以现金股利的形式分配给广大股东,以满足证券监管部门对公司再融资的有关规定,以及向资本市场传递公司具有良好声誉的正面信息,使公司能够在证券上获得更多的融资机会。谌新民等(2003)以 2001 年中国上市公司的截面数据为研究对象进行了实证分析,发现高管股权比例与公司价值成弱相关关系,并且受到行业特征、公司规模等因素的影响。

(三)公司的股权性质

国有企业的股权性质决定了公司的经营目标除了实现公司经济价值最大化以外还要追求公司自身的社会目标以及高管个人的政治目标,经营目标的多元化使得股票期权很难发挥应有的激励作用。企业为了追求自身的社会目标,会通过过度投资的方式兼并或收购一些经济效益比较差的企业,以避免企业倒闭给地方经济带来负面影响以及失业人口的增加。此外,国企的高管一般具有企业管理者和公职人员双重身份,为了实现政治晋升,他们不惜牺牲股东、债权人等核心利益相关者的利益以及公司的长远利益,而将公司大量的现金流以个人现金股利的方式发放给广大股民,并且尽量满足政府部门、社区、供货商、消费者等利益相关者的利益诉求。这样做的最终结果是公司经营绩效下降、公司股票价格下跌以及股票期权溢价收益,当溢价收益为零时,股票期权也就失去了应有的激励效果。周建波等(2003)通过实证研究发现,对国有控股上市公司而言,股权激励对公司绩效没有显著影响。

另外，国有企业的所有权性质以及"所有者缺位"的特点促使董事会在制订薪酬方案时，会尽量限制高管人员的薪酬水平，以避免高管与员工之间收入差距过大引发不满。限薪政策的实施虽然很好地体现了薪酬政策的"公平性原则"，在一定程度上消除了员工的不满情绪，然而高管很可能会因为薪酬水平的下降而失去努力工作的动力，最终导致公司绩效下降。俞鸿琳（2006）通过对 2001—2003 年上市公司的数据进行分析，发现国有上市公司高管持股水平与公司绩效成显著负相关关系。可见，股权性质在一定程度上反映了政府干预的程度，政府干预行为会影响到薪酬激励机制的发挥，要想使董事会、经理人市场、控制权市场等发挥相应的作用就必须先完善政府治理（俞鸿琳，2006）。

而非国有企业则不会出现上述问题，其非国有性质决定了公司所面临的冲突要远远少于国有企业，公司在制订薪酬方案时以如何最大限度地激发高管的工作积极性为出发点，高管薪酬水平的高低以及薪酬水平与公司绩效之间的关系很少受到公司股权性质的影响。可见，在非国有企业实施股权激励能够很好地降低公司代理成本（黄志忠等，2008）。高管持股比例与公司经营绩效之间的关系通常都会受到公司股权性质的影响，特别是在非国有上市公司中，两者的关系会更显著（周仁俊，2010）。

（四）高管异质性

国企高管按选用方式的不同可以分为市场高管和行政高管两类。市场高管是通过公开招聘、竞争上岗等市场化方式选用的管理人员，其选用方式体现了国有企业的市场性；而行政高管是指通过上级任命或委派等方式选聘的管理人员，其选用方式体现了国有企业的公共性（宋晶等，2012）。

对这两类高管的激励方式有显著的差异，对市场高管而言，其激励机制趋于市场化，考核标准与职业经理人类似。职业经理人制度的核心包括专业化、职业化和市场化三个方面，其中市场化是指形成有定价、可流动的职业经理人市场（李锡元等，2015），职业经理人市场的存在能够在一定程度上约束高管的行为。市场高管的退出机制和激励机制使其利益与企业的经济效益和经营业绩密切相关，因此，市场高管提高企业绩效、保持企业长期稳定繁荣发展的动机更加强烈。实行股权激励后，市场高管与国有企业的利益趋于一致,其经营决策更符合股东利益最大化的目标,因此实际现金持有水平和目标现金持有水平的差距将会减小,股权激励的效果更为显著(杨志强等,2018)。

而对于行政高管而言,其任命和晋升在较大程度上受到政府的影响,这在一定程度上会削弱股权激励的激励效果。行政高管的政府官员身份使其具有追求政治上晋升的强烈动机(王曾等,2014)。企业在某种意义上成为行政高管晋升的"跳板",为了达到晋升的目的,行政高管会将大量的时间、精力、现金等资源用于形象工程建设、公益性捐赠、媒体宣传报道等活动(郑志刚等,2012;杨瑞龙等,2013),而很少将现金等资源用于公司日常的经营管理活动,这直接导致公司的现金持有水平与目标水平之间出现较大偏差,现金持有水平的减少会对公司的融资结构造成影响,进而影响到股权激励的激励效果(王曾等,2014)。此外,国企的政企关系网络会导致更严重的在职消费,降低企业业绩(周玮等,2011)。行政高管的强政治关系,要求高管持有超额现金以进行在职消费等行为来维持其政企关系,导致股权激励对现金持有行为的激励效果被削弱。

(五)企业文化

企业文化是企业内部一种重要的组织客观环境,它对企业的经营策略、创新活动、员工工作状态(张玮,2015)、企业社会责任(靳小翠,2017)、企业财务信息质量(姜付秀,2015)等各个方面都会产生影响。股权激励是在企业特定的文化氛围下实施的,因此,股权激励必然会受到企业特定文化的影响,如何有效地应对企业文化是企业价值创造的关键所在。

企业文化是植根于组织之内特定的价值观和基本信念,这些价值观和信念会指导组织的活动和行为(Schein,1984)。企业文化紧紧围绕企业生存和发展这两大目标并为其服务。伴随着时代的发展,企业生存和发展目标经历了从"利润最大化"到"最大化价值取向"再到"以人为本,创造财富,服务社会,促进发展"的多元化定位的过程。为处理好企业内部人员之间的关系,企业需要关注员工的生存与发展需求,调动员工的工作积极性,增强内部凝聚力,进而有效提高企业绩效(许楠等,2019)。

根据组织目标定位的偏好差异,企业文化可以分为员工导向文化和结果导向文化(张玮,2015)。其中,员工导向文化以员工的发展和价值增值为主要目标,注重员工能力的培养,强调为员工提供更多的学习和发展机会,创造自由、公平、受尊重、快乐的企业氛围。员工导向文化所倡导的重视员工的理念与股权激励的出发点高度一致,此外,员工导向文化作为企业内部环境能够影响企业对员工的激励决策。由此可见,员工导向文化对企业股权激励偏好的影响具有正向促进作用,能够积极引导企业进行股权激励。

股权激励作为一项长期激励模式,以吸引并保留行业优秀人才、激发核心技术人才、完成企业业绩目标为目的。在供给侧结构性改革背景下,人才资源的竞争越来越激烈,股权激励如同一副"金手铐"牢牢地"锁住"了高管,高管想要获得股权激励收益,就必须安心留在企业,努力为企业创造价值,直至行权期结束(Mehran et al.,1997)。股权激励强度是指企业用于激励的股权数量,它是激励机制的核心,是在市场机制的作用下,企业对生产经营结构和人际关系结构进行综合权衡后做出的一种制度安排,以保证股权激励发挥应有的作用。激励强度较小时,高管收益与公司绩效之间的相关性较小,股权激励很难发挥出预期的激励作用。在这样的环境下,企业文化很好地发挥了应有的激励效应,员工导向文化的氛围越浓厚,企业越重视对员工需求的满足,会为员工提供更大的发展空间,使员工更具有主人翁意识,从而与企业形成利益共同体。企业在对高管实施股权激励时,也会倾向于授予高管更多的股份,以达到预期的激励效果,建立起更加密切的人企关系。因此,员工导向文化与股权激励强度之间应是正相关关系(许楠等,2019)。

自20世纪90年代以来,美国公司一直试图将股权激励范围扩展到中层管理人员和核心技术员工,甚至开始实施涵盖所有员工的股票期权计划(李雪斌,2013)。吸引优秀管理人员、技术人员、业务骨干等是股权激励的主要目的,随着股权激励制度的成熟,其激励对象也从高管拓展到非高管层级。激励对象的不同会直接影响到员工的工作积极性和合作关系。一方面,股权激励赋予激励对象获得股权回报的可能性,并鼓励他们做出努力;另一方面,激励对象仅为高管层级还是包含核心技术人员会影响员工的心理状态。如果激励对象设置不合理,不仅不利于员工与高管合作关系的建立,甚至会影响到企业的长远发展。员工导向文化以员工发展和个人价值增值为组织发展理念,注重对员工的培训,为员工提供学习机会和发展空间,是一种基于人才的长期战略(Tsui et al.,2006),在员工导向文化的影响下,股权激励对象选择不应仅限于高管层级的决策群体,还应重视以核心技术人员为代表的非高管层级,扩大激励对象的选择范围。授予股权激励的技术人员越多,越有利于提升企业财务绩效。此外,相比高技术产业企业,在非高技术产业企业中授予股权激励的技术人员越多,对企业财务绩效的促进作用越明显(王婧等,2020)。郭蕾(2019)实证检验了非高管员工股权激励与创新产出之间的关系。结果显示,非高管员工股权激励能够促进创新产出,且创新产出与激励比例显著正相关。

第三节　道德风险行为相关文献梳理

一、管理者权力理论对高管道德风险行为的解释

作为人力资本的提供者和企业决策的执行者,高管所拥有的管理者权力不可忽视,Finkelstein(1992)将管理者权力定义为"管理者影响或实现关于董事会或薪酬委员会制定的薪酬的意愿和能力",近年来,很多文献都证明了公司高管在很大程度上可以影响甚至决定自己的薪酬。Bebchuk等(2002)认为高管俘获了董事会,高管激励已经不再是解决"委托—代理"问题的工具,而成为代理问题的一部分,部分代理问题就是高管利用激励补偿为自身牟取租金的过程。结合股权激励,Mehran等(1997)发现高管总是在好消息发布前行使股票期权,在坏消息发布后延期行权,说明高管可以通过控制股票期权的行使进行自我激励。Carter等(2001)发现高管能够在股价下滑且股票期权到期无法行权的情况下,要求董事会重新确定期权行权价。Bubchuk等(2002)发现高管通过影响力能够建立起有利于自己的各种期权激励条款。可见,高管在股票期权的激励过程中扮演着激励对象和激励方案制订者的双重角色。

高管权力强度可以从结构权力、专家权力、所有制权力和声誉权力这四个方面进行计量(Finkelstein,1992)。股票期权的激励效果一般会受到高

管权力强度的影响。高管权力强度越大,越有动力实施关联方交易和超额在职消费等腐败行为,权力越大也越容易自定薪酬,将企业薪酬体系置于控制权之下(Bolton et al.,2006)。Dyck 等(2004)研究认为拥有控制权的高管会为了实现个人收益最大化而背离"股东利益最大化"的经营目标,凭借手中权力进行寻租。Oler 等(2010)也指出,权力过度集中的高管更倾向于实施不利于投资者或股东利益的非关联业务并购行为,以从中获利。刘圻(2016)在总结企业高管腐败的成因时指出,高管控制权私利理论基础上的权力寻租动机和控制权私利是高管发生腐败的主要原因。因此,公司高管权力强度越大,其显性腐败越严重,股权激励的激励效果越不明显(刘光军等,2018)。

二、道德风险行为产生的内在根源

机会主义(opportunism)是指在信息不对称的情况下契约签订的一方通过损害另一方的利益来实现个人效用最大化的行为,逆向选择模型以及道德风险行为模型从根本上都是在机会主义框架下对契约双方的行为所进行的研究。从根源上看,机会主义行为源于人的利己本质,新古典经济学当中的"经济人假说"理论认为,人是完全利己的,其所有经济活动的唯一动机就是在现有资源的约束条件下实现个人效用最大化,而不去考虑实现自身效用最大化所采用的方式和途径是否符合社会规范和道德观念。

但是,随着经济学理论的不断发展,人们对新古典经济学所提出的"经济人假设"产生了越来越多的质疑。哈耶克(Hayek)和诺斯(North)都认为,理性经济人假说忽略了人的观念在决策过程中所起的作用。从决策的过程来看,代理人在采取机会主义行为时,一般会经历两个博弈过程:一个是外在博弈过程,即一般的"委托—代理"理论所论述的委托人与代理人之间的博弈过程,由于委托人与代理人之间存在严重的信息不对称,委托人很难针对代理人行为的变化对契约进行适时的调整,使得代理人可以在既定的契约机制和监督环境中尽可能地寻求私人收益。另一个是内在博弈过程,此过程可以概括为代理人的意识形态对其机会主义行为的驱动过程。由于代理人意识形态差异所引起的机会主义倾向不同,导致了代理人的类型也存在差异(何大安等,2009),通常情况下,机会主义倾向高的代理人由于采取道德风险行为所承担的心理成本较低,他采取道德风险行为以实现自身效用最大化的概率自然相对要高;反之,则低。这在某种程度上解释了为什么在相同的条件下,有的代理人会出现道德风险行为,而有的则不会。可见,任何机会主义行为都是外在条件和内在动机共同作用的结果。

对道德风险行为理论的系统研究始于 20 世纪 50 年代对旧车市场上"柠檬问题"进行观察和研究所提出的信息不对称理论,之后,作为一项经济学的前沿理论几乎渗透到经济学研究的各项领域。信息不对称指的是某些参与人拥有另一些人所没有的信息,按时间可分为事前的信息不对称和事后的信息不对称。事前的信息不对称指的是在契约签订之前所产生的信息不对称,如投资环境;事后的信息不对称则指契约签订以后才产生的信息不对称,如高管的努力水平。这两类信息不对称会相应地产生两类机会主义行为,事前的信息不对称会产生逆向选择,而事后的信息不对称则会产生道德风险行为。本书将重点研究事后信息不对称所引起的高管道德风险行为,如不做特殊说明,书中所提到的机会主义行为特指道德风险行为。

通过上述分析,我们可以得出这样的结论:契约签订双方存在的信息不对称必然会引起高管的道德风险行为。但是,对道德风险行为产生的根源做以分析,就会发现,高管道德风险行为的产生还须具备几个前提条件,我们将其分为内在条件和外在条件,这两项条件与高管道德风险行为之间的内在逻辑关系可以用图 2-2 进行清晰的展示。高管道德风险行为的产生必须要满足三个充分条件,我们将其称为外在条件:一是契约签订双方之间的信息不对称;二是制度的不完美(尤其是指契约的不完备性);三是契约签订双方的有限理性,由于所处环境的不确定性以及拥有信息的不完备性,导致行为人在做决策的过程中只能实现有限理性而不能达到完全理性的境界,即只能达到"满意"而不是"效用最大化"(Herbert Simon,1982,1988)。

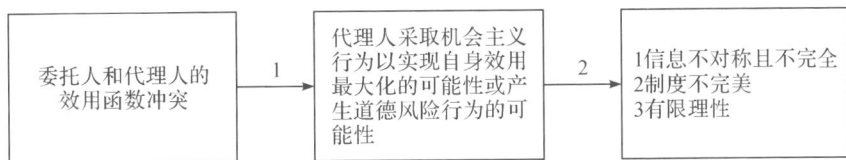

图 2-2　道德风险行为根源的内在逻辑关系

如图 2-2 所示,箭头 2 揭示了这三个外在条件与高管道德风险行为之间的内在联系,即高管道德风险行为的产生必须满足这三个充分条件,如果这三个条件得不到满足,那么高管的道德风险行为必然不会产生。那么当契约双方在满足了外在条件之后是否一定会产生道德风险行为呢? 答案是否定的,因为道德风险行为的产生除必须具备以上三个重要的外在条件之外,还必须满足一个重要的内在条件,即委托人(股东)与代理人(高管)的效用函数冲突,如箭头 1 所示。其实,这一点很容易理解,如果高管和股东之间的效用函数是一致的,那么高管人员在努力工作以实现自身效用最大化的同时也会给股东带来最大化的效用,换言之,即使高管存在实施道德风险行为的倾向,但由于他所采取的行为并没有给股东效用带来侵害,也就不会产生道德风险行为。相反,由于在一般情况下股东的效用函数与高管的效用函数之间存在着冲突,高管在实现个人效用最大化的同时很难同时满足股东的效用最大化要求(这一点在稀缺资源的约束下,表现得更加明显),此时,信息的不对称、契约的不完备以及契约签订双方的有限理性使得高管有条件采取机会主义行为以实现自身效用最大化,从而产生道德风险行为(苏志煌,2013)。

道德风险行为源于高管对个人效用最大化的追求以及契约不完备、信息不对称、行为人有限理性,还有高管与股东效用函数的冲突等条件。因此,在股票期权激励契约设计以及实施的过程中,由于股票期权激励契约的不完备、严重的信息不对称以及契约签订双方的有限理性,高管人员为实现自身效用最大化而实施的道德风险行为有了更加广阔的生存空间。一般而言,作为有限理性的经营者,高管人员在获得股票期权之后,可能会通过三种途径实现股票期权激励效用最大化:一是通过更加努力地工作促使公司绩效提高,促进公司股票价格上涨,实现契约签订双方的激励兼容;二是通过压低股票期权行权价格,实现激励成本最小化;三是通过过度实施盈余管理、操纵信息披露时间与内容、滥用财务决策权等方式影响公司股票价格的市场表现,故意拉高所要出售股票期权的售价(向显湖等,2010)。很显然,第一种方式是实现公司整体利益与高管个人利益完美结合的理想方式,也是实施股票期权激励的初衷;第二种方式是高管人员在契约签订之前,利用自身的控制权地位直接操纵股票期权激励方案的设计过程,以达到压低激励成本的目标,属于逆向选择的研究范畴;第三种方式是高管在激励契约签订之后,通过采取一系列的财务行为以达到抬高股票期权市场价格,进而获得更多的股票期权溢价收益的过程,由于这一系列的行为是在契约签订之后发生的,故属于道德风险行为的研究范畴,同时,也构成了本书的一个切入点。

三、道德风险行为的表现形式

本书的研究聚焦于高管的道德风险行为在投资、融资、股利发放这几个方面的表现。之所以选择这三个方面作为研究的重点,是因为投资、融资和股利发放作为公司的三大财务活动彼此之间相互联系,并贯穿于公司经营活动的全过程,对公司的经营绩效会产生最直接的影响。

(一)非效率投资

公司的非效率投资行为有两种表现形式:过度投资和投资不足。投资作为公司一项重要的财务活动,其大小直接影响公司成长和未来现金流。在现实中,由于代理成本和信息不对称现象的存在,过度投资和投资不足这两种现象广泛存在于公司的投资过程当中(Myers et al.,1984;Jensen,1986),接下来我们将分别对这两种投资行为进行研究。

1. 过度投资

过度投资指的是投资决策者对净现值小于零(NPV<0)的项目进行投资的现象,高管选择过度投资是因为存在私人收益。刘怀珍等(2004)通过建立模型,证实了高管私人收益是企业进行过度投资的决定性因素。根据Jensen(1986)所提出的以"委托—代理"成本理论为基础的"自由现金流量假说",高管在私人收益最大化目标的驱使下,倾向于扩大企业的规模,一旦企业拥有较多的自由现金流量,高管会将这部分自由现金流量投入净现值为负的项目当中,从而产生过度投资。过度投资行为产生的动机主要有以下几种。

第一,帝国建造(empire building)。由于公司规模的扩大可以给高管带来很多私人收益,因此高管存在扩大公司规模、构建商业帝国的内在动力,倾向于过度投资而不是专心投资于可令公司价值最大化的投资项目。这里所指的私人收益包括货币收益与非货币收益。货币收益一般来源于公司规模越大货币收益越多的事实，国内外众多学者如 Rosen（1982），Barro（1990），魏刚（2000），杨瑞龙（2002）等都揭示了高管报酬与公司规模之间存在正相关关系。而非货币收益则包括经营大规模的公司所带来的个人威望、地位、权力等（Stulz，1990）。Jensen（1986）研究指出，帝国建造偏好使得高管将公司的资源用于投资项目中，当公司存在大量自由现金流时，高管的规模偏好有可能导致他们将公司的自由现金投资于能为其带来非货币收益的令公司投资规模扩大的项目上，从而导致公司过度投资行为的发生。所以，高管的帝国建造倾向可能会导致公司的投资额随内部现金流的增加而增加（钟海燕，2010）。Conyon 和 Murphy（2000）通过实证研究发现高管收益是公司规模的增函数，大规模公司的高管获得的货币或非货币收益要远远高于小规模公司的高管。这一结论得到了 Richardson（2006）的证实，Richardson 发现美国公司普遍存在过度投资现象，平均来看，公司每拥有 1 美元剩余现金流量，花掉其中的 43 美分从事公司的过度投资。Hart（1995b）也认为高管有构建"商业帝国"的强烈动机。

第二，控制更多资源。Murphy（1985）认为，由于剩余索取权与剩余控制权的不对称性，高管可以通过扩大公司规模拥有更多可以控制的资源，因此，高管存在着使公司的发展超出理想规模的内在激励。

第三，声誉提升。高管为了在短期内建立起良好的声誉，往往会将资金投至回报周期较短的项目当中，而不管这些项目从长远来看净现值是否为负（Narayanan，1985）。

第四，承诺升级。有些高管的自信心和自尊心很强，即使他们发现自身的投资行为并没有带来积极的效果，也不愿意承认投资失败，甚至会通过坚持投资或追加投资的方式来证明投资决策的正确性（Costa，1992）。

第五，在职消费。Stulz（1990）认为高管为了获得更多的在职消费，会产生过度投资的动机，在职消费主要包括公款旅游、享受豪华的办公室、配备豪华专车等。

综上可见，高管为了增加个人收益倾向于扩大公司规模，从而引发了过度投资问题。

2. 投资不足

投资不足指的是投资决策者主动放弃净现值大于零（NPV $\geqslant 0$）的投资

项目的现象。投资不足产生的动机主要有以下几种。

第一,职业守成。高管由于短期机会主义行为或基于职业安全等个人利益的守成策略,可能会主动放弃净现值为正的投资项目而导致投资不足。

第二,声誉维护。Narayanan(1985)的模型表明,基于人力资本市场中的声誉的考虑,高管可能会相应扩大可在短期内提高公司绩效的投资,而减少能提高股东长期利益的投资,因而在投资决策上可能牺牲了股东的长期利益,引起一些资产的投资不足(钟海燕,2010)。例如,为了提高公司短期利益,高管可能会削减在机器设备维修方面的支出,或者减少在品牌忠诚度和职工培训等无形资产方面的投资开支,从而达到短期内提高报表收益的目的。

第三,降低风险。Holmstrom 等(1985)认为,由于高管的付出无法量化,而其收入水平又与自身努力程度密切相关,并且会受到随机因素的影响,所以,当外在环境存在不利的随机因素时,高管为了避免随机因素对个人收入造成不利影响,通常会规避风险而选择放弃投资。

第四,享受安逸。Bertrand 等(2003)指出,高管一般倾向于享受平静安逸的生活,当企业要从事一项新的投资时,高管为了胜任这个投资项目,需要学习新的知识和技能,这会打破高管的平静生活,从而增加高管的私人成本。

第五,喜欢偷懒。Aggarwal 等(2006)通过实证分析,发现高管喜欢"偷懒",而投资会加重他们的监管工作,进而增加他们的私人成本,因此,当投资所导致的私人成本过高时,高管可能会放弃一些净现值为正的投资项目,从而导致投资不足。

(二)过度负债

高管在获得股票期权之后,出于个人收益最大化的考虑会对公司的融资结构进行调整,以发挥不同融资方式的优点,避免不合理的融资方式对自身造成不利影响。在融资总量既定的情况下,公司的债权融资和股权融资存在此消彼长的关系,即债权融资比重的增加意味着股权融资比重的减少,股权融资比重的增加也必将导致债权融资比重的减少。通常情况下,公司倾向于增加债权融资的比重,即存在过度负债现象,具体有以下几个原因。

1. 债权融资的硬约束

詹森(Jensen)和麦克林(Meckling)作为代理成本学说的创始人系统地研究了信息不对称情形下企业的融资结构问题,他们认为债务具有硬约束的特点,如果到期无法还本付息,企业就会面临破产的风险。破产风险的存在激励着高管努力工作,因为高管人力资本贬值的风险很难通过分散化的投资来规避,因此高管天然地存在降低企业经营风险的本能。此外,公司倒闭所带来的物质和声誉方面的影响也会促使高管努力工作,避免企业破产给高管造成物质和人力资本两方面的损失。可见,高破产风险的债权融资将有助于防止高管的各种机会主义行为,保持一定的债务水平可以迫使高管减少公司可以自由支配的现金流,监督他们将企业有限的资金投入净现值为正的项目当中,减少企业的过度投资行为,降低代理成本,提高公司价值。DewatriPont 等(1994)认为,债权人是积极的"强硬委托人",而股东则是消极的"软弱委托人",两者对高管的约束能力不同。同时,债务水平的增加会导致可自由支配现金的减少,这会限制高管随心所欲追求自己的目标(Stulz, 1990),同时也会对高管挥霍现金的行为起到一定的抑制作用(Jensen et al. ,1976)。

2. 权衡理论

现代公司的资本结构理论主要以 MM 定理为中心,来研究公司资本结构与公司市场价值之间的关系,并且将 MM 定理中的诸多假设条件逐步放松从而进一步找到现实中影响公司资本结构的因素,以便更加直观地解释公司资本结构选择行为。MM 定理认为在一系列完美的市场假设条件下,公司的市场价值不受公司资本结构的影响,两者之间不存在任何关系(Modigliani et al. ,1958)。如果 MM 定理客观存在的话,公司资本结构的分布应该是随机的,然而现实情况并非如此,公司的资本结构并非随机分布,而是表现出一定的规律性。当把所得税这一因素考虑在内时,MM 定理认为,负债税盾效应[①]的存在使得公司的市场价值随公司负债水平的提高而增加,因此对公司而言最佳的资本结构就是 100% 举债经营。但这与现实

---

① 　负债税盾效应指的是负债融资产生的利息可以在税前抵扣,从而可产生税盾价值,即债务成本(利息)在税前支付,而股权成本(利润)在税后支付。因此,税盾效应使企业贷款融资相比股权融资更为便宜。

情况并不相符,原因在于没有考虑到负债水平的增加会带来更多的经营风险,公司破产的概率也会倍增。因此,权衡理论提出了与 MM 定理不同的观点,即公司的破产成本会随着负债水平的上升而增加,这会抑制公司进一步提高其负债水平,所以公司存在一个最优的资本结构,这一资本结构的选择是负债税盾效应和负债的破产成本两者之间左右权衡后的最终结果。

3.融资政策的信号传递功能

与 Jensen 等(1976)提出的代理成本理论不同,耶鲁大学的迪芬·罗斯从信息不对称的角度分析了企业的融资决策。他认为企业内部经营者和外部投资者之间存在着信息不对称,这使得投资者只能依靠内部经营者对外发布的信息对企业做出价值判断,此时公司融资结构的选择就成了高管向市场传递信息的工具。如果企业过多地采用股权融资的方式进行融资,这无疑会向投资者传递出"自身发展前景不佳,只能采用风险共担、成本较低的发行股票的方式融资"的信息,而企业如果较多地采用债权融资的方式进行融资,投资者就会认为企业对自身的发展前景持乐观态度所以愿意选择到期"还本付息"的债权融资方式进行融资。因此,高管倾向于采用增加债权融资的方式来吸引更多的投资者,以获得更多的因股价上涨而带来的股票期权溢价收益。

(三)股利"惜派"

股利政策的核心内容是如何将企业利润在增加留存收益和支付股利之间做一个合理的分配,它与企业的融资决策是密不可分的(Lintner,1956)。高管制定股利政策的目的是实现公司股票价格的最大化,为了实现这个目标高管必须在公司未来价值增长和股东当前股利之间找到一个平衡(Besley et al.,2001)。股利的信号传递理论认为,公司为了吸引外界投资、提高股票价格会增加现金股利的发放;Black-scholes 模型则推导出了相反的结果,即高管倾向于减少现金股利的发放,以获得更多的股票期权溢价收益;而企业生命周期理论则认为公司现金股利的发放表现出一定的周期性。

1.股利信号传递理论

上市公司现金股利的信号作用主要来源于两个方面:一方面,公司内部人掌握着公司未来现金流与盈余的重要信息,他们将现金股利作为传递公司投资价值信号的工具;另一方面,现金股利对公司未来发展有着重要影响,如支付现金股利会降低企业的两类代理成本(刘孟晖等,2015;韩云,2017)、改变资本结构动态调整速度(罗琦等,2016)、提高会计盈余质量(Deng et al,2017)等。上市公司的高管在获得股票期权之后,希望通过努力工作来提高公司的经营绩效,进而获得相应的股票期权溢价收益。这一原则在高管选择现金股利政策的时候也会有所体现,高管拥有的股票期权数量越多就越有可能发放更多的现金股利,这是因为现金股利的发放不仅意味着股东财富的增加,还可能导致公司的融资结构发生相应的变化。具体而言,公司发放现金股利使股东财富得到增加的同时也向市场传递了公司具有优质资产以及较高经营水平的正面信息,这将有助于吸引更多的外部投资者购买本公司的股票,投资者数量激增所带来的必然结果便是公司股票价格的大幅上涨,这正好满足了那些持有大量股票期权的高管获得更多股票期权收益的愿望(Miller et al. ,1985)。

Miller 等(1985)从信息不对称的角度出发,认为经营者比投资者更加了解企业的真实收益状况,一般而言,企业的市场价值取决于市场对企业未来预期收益的估计,而对企业未来预期收益的估计则受到市场对企业当前收益的估计。但是信息不对称现象的存在使得经营者有强烈的动机通过支付高于市场预期的股利来提高股票价格水平,即使这种做法会减少投资。股利的信号传递理论得到了大量实证研究的支持,Pettit(1972)和 Michaely(1999)通过研究发现,当公司宣布增加现金股利发放时,公司的股票价格会上涨;反之,当公司宣布减少现金股利发放时,公司的股票价格会显著下跌。Asquith 和 Mullins(1986)以首次发放现金股利或 10 年以上未发放现金股利的公司为研究样本,发现公司在宣告股利政策之后的两日内,获得了3.7%的超额回报。魏刚、蒋义宏(2001)的研究也支持了信号传递理论,他们发现公司的财务总监们之所以支持现金股利发放是因为他们希望通过现金股利的发放向外界表明公司财务状况良好、现金流量充足。陆正华(2020)以用友网络为例,基于信号传递理论探究了"高派现+转股"的股利模式与市值维护之间的关系。结果发现,上市公司持续实施"高派现+转股"会得到相应的股利回报,实现资本增值,特别在行业环境不佳的状况下更能提高价值投资者的信心,从而实现市值最大化。

2.Black-Scholes 模型

国内众多学者如陈清泰等(2001)认为上市公司增加现金股利发放会直接减少高管的股票期权价值,高管人员通常会采用减少现金股利发放的方式来提高自身股票期权的价值。根据 Black-Scholes 模型,股票期权的价值是由六方面的因素所决定的,包括股票期权的行权价格、股票期权的到期日、标的证券的现值、标的证券的预期股息、风险的变动及无风险利率,股票期权的价值公式可表示为

$$C = Se^{-q(T-t)} N(d_1) - E \cdot e^{-r(T-t)} N(d_2)$$

其中,C 为看涨期权的价值;S 为股票现价;q 为预期股息;$T-t$ 为期权有效期;E 为股票期权的行权价格;r 为预期无风险利率;$N(d_x)$ 为从标准正态分布中推出的随机变量低于 d_x 的概率。

为了揭示股票期权价值 C 与预期股息 q 之间的内在联系,我们对 q 求偏导数,得

$$\frac{\partial C}{\partial q} = -S(T-t) e^{-q(T-t)} N(d_1) < 0$$

由于股票期权一般都是看涨期权,因此对 q 的偏导数小于零,由此可知 C 为单调减函数,预期股息 q 的增加将会带来期权价值的减少,自利的高管显然会通过减少现金股利的发放来提高股票期权的价值,而股份回购或者股票股利的填权效应则可提高标的证券的现值,根据 Black-Schofes 模型,证券的现值增加,期权价值也会相应增加。可见,减少现金股利的发放有利于股票期权价值的提高,高管在制定股利政策的过程中天然存在股利"惜派"动机。

3.股利的生命周期理论

Fama 等(2001)认为公司的盈利能力和成长率是影响公司股利政策的两个主要因素,具有高盈利能力和低成长率的公司倾向于发放股利,而具有低盈利能力和高成长率的公司则倾向于留存收益。由于盈利能力和成长率是决定公司股利政策的两个主要因素,并且在生命周期的不同阶段会体现出不同的特征,因而,我们可以将公司的股利政策作为判断企业生命周期的一个重要指标。

处于成长期的公司拥有较多的净现值为正的投资项目,为了抓住难得

的发展机遇、保持公司的快速增长,公司将大量的资本用于投资而保留较少的自由现金流量,此时,公司倾向于不发放股利,因此,公司现金股利的减少无疑向外界传递了企业开始步入成长期的信号。当公司继续发展进入成熟期以后,伴随着投资机会的减少,获利能力也开始下降。投资机会的减少促使企业将大量的现金流量留存下来,从而导致企业自由现金流量的激增,理性的经营者通常会通过增加现金股利的方式来回报广大投资者,以获得投资者更多的资金投入,所以,公司增加现金股利的发放无疑向外界传递了企业开始步入成熟期的信号(Grullon,2002)。处于衰退期的公司,投资机会和利润都很少,此时公司倾向于减少现金股利的发放。国外很多学者也得出了相似的结论,DeAngelo 等(2006)用企业生命周期理论来解释公司股利支付意向和现金股利发放率的变化,指出处于成熟期且盈利能力较强的公司倾向于支付股利。Fama 等(2001)研究发现,成长率低、盈利能力强的公司更倾向于支付股利,而成长率高、盈利能力弱的公司更倾向于留存利润。Osobov 等(2008)通过对美、加、法、英、德、日 6 个国家 1994—2002 年上市公司股利政策的比较发现,盈利能力强、规模大、留存收益占权益比重高的公司,更倾向于支付股利。

由于企业在生命周期的不同阶段所表现出的企业现状与所处的外部环境均有较大的差异性,这种差异性要求企业采取不同的发展战略包括不同的财务管理策略与之相适应(刘正利等,2004)。"年轻"的公司以有限的资源面对较多的投资机会,因而倾向于将收益中的大部分留存下来进行扩大再生产,而"成熟"的公司以较高的盈利能力面对较少的投资机会,分配股利自然是其最明智的选择,因为它能够有效地发挥股利的信息传递功能(杨汉明,2008)。李常青(2009)指出,上市公司的股利发放政策具有周期性,但还受到证监会有关配股增发政策的影响。宋福铁等(2010)认为上市公司是否发放现金股利与企业生命周期具有相关性,但是股利发放率则没有表现出周期性特点。郭小金(2011)分析了在企业生命周期不同阶段企业实行财务资源整合的模式,并且以蒙牛集团为例进行了论证。

(四)投资、融资和股利发放之间的相互关系

投资、融资和股利发放作为公司的三大财务活动,彼此之间有着密切的

联系。公司股利政策的核心内容为"如何将企业利润在增加留存收益和支付股利之间做一个合理的分配",它与公司的融资政策密不可分。而公司的融资政策则可以通过"自由现金流量假说"对公司的投资政策产生间接影响。

1. 投资与融资之间的关系

一方面,由于债务具有硬约束的特点,到期必须还本付息,因此保持一定的债务水平可以有效地激励高管人员努力工作,监督他们将企业有限的资源投至净现值为正的项目当中,减少企业的过度投资行为,降低代理成本,即使企业的投资经营陷入困境,到期无法支付债务的本金和利息也可以通过破产清算的方式来降低代理成本。另一方面,债务比重的增加也可能会引起高管的过度投资行为,由于项目的成功将给高管带来较大收益,而项目如果失败,则由债权人承担大部分成本,因此高管具有强烈的动机去从事那些尽管成功机会甚微但一旦成功获利颇丰的投资项目,而不是那些能实现公司价值最大化的项目,从而引起过度投资和代理成本增加问题。这种通过投资于高风险项目来转移风险的行为就是所谓的资产替代问题(Jensen et al.,1976)。虽然资产替代问题会损害债权人的利益,但是,债权人和高管都具有各自的效用函数,都会在各自利益最大化的驱动下采取相应的应对措施。具有理性的债权人为了保证到期能按时收回贷款、确保资金的安全,会通过董事会与高管签订的股票期权激励契约所传递的信息来对债务的期限和短期债务在总债务当中所占的比重进行调整,从而影响公司的投资决策。一般来说,薪酬契约的激励强度越大,公司短期债务的比例就越高,因为债权人可以通过短期贷款的定期续贷对高管进行有效的监督(Stulz,2000)。

股东、高管和债权人三者之间存在着天然的利益冲突,任何一方都会出于自身利益最大化的考虑而侵害其他两方的利益。公司实行股票期权激励制度的最终目的是实现股东利益和高管利益的高度一致,激励强度的大小正好体现了两者利益的结合程度,股票期权激励强度越大,说明股东的利益和高管的利益联系得越紧密。股东和高管之间利益的高度统一使股东、高管和债权人三者之间的利益矛盾变成了股东和高管形成的利益结合体与债权人之间的利益矛盾。Jensen 等(1976)曾经指出股东和高管之间以及股东和债权人之间存在的利益冲突产生了两类代理成本,分别是股东和高管之间存在的权益代理成本以及股东和债权人之间存在的负债代理成本,公司资本结构的变化会促使两类代理成本呈现出"此消彼长"的态势,公司通过选择和设计最优的激励契约来权衡两类代理成本,从而实现公司价值的最大化。

Smith 等(1979)认为股东和债权人之间的利益冲突主要体现在四个方面:一是股利支付,公司意外的红利增发会降低债券的价值,导致债权人的财富减少;二是资产替代,通过投资于高风险的项目来转移风险,会侵害债权人的利益;三是负债稀释,企业发行更高优先级债券的行为会导致债券价值的下降;四是投资不足,当一个拥有外部风险债务的企业的大部分价值来源于看涨期权,并且所获得的收益全部归债权人时,企业通常会主动放弃这个净现值为正的投资项目,从而导致投资不足(Myers,1997)。当股东和高管之间的利益趋于一致时,股东会通过以上四种方式来增加自身的财富。由于债权人在债务到期以后只能获得固定的本金和利息,而不能获得投资于高风险的项目所带来的收益补偿,因此,股东和高管之间利益冲突的减少带来了股东和债权人之间利益冲突的增加(John,1993),理性的债权人为了维护自身的利益,会通过分析高管的薪酬契约来判断股东和高管之间的利益结合程度,并采取相应措施来减少股东和高管对自身利益的侵害,如对贷款额度、贷款期限、贷款利率的调整,增加限制性条款,要求提供抵押或担保,制定债务附加条款(如投资契约、融资契约、红利契约和债务契约)等。债权人为维护自身的利益而进行的一些信贷政策的调整势必会侵害到股东的利益,股东为了实现自身利益的最大化又会通过调整高管薪酬契约和资本结构而将部分负债代理成本转嫁给高管,从而使股东和高管之间的权益代理成本不断增加,这一博弈过程会持续下去,直到权益代理成本和负债代理成本两者之和达到最低水平,此时公司的利益达到最大化。

从有关高管过度投资行为的分析中可知,在企业生命周期的不同阶段,高管的过度投资行为通常会受到公司融资结构(股权和债权之比)的影响。通过以上分析可进一步发现,除了债务额度,债务结构(短期债务和长期债权之比)同样会影响高管的道德风险行为。一般而言,短期债务的比重越大或者短期债务的债务期限越短,债权人就越有可能通过停止续贷来实施"可信威胁"(Myers,1977),因为债权人在短期债务快要到期的时候可以通过对高管各项投资决策的审核来决定是否批准续贷以及是否对贷款期限、贷款利率、贷款额度等进行调整,通过这种"可信威胁"可以使公司的投资决策得到完善,进而防止过度投资和投资不足行为对债权人利益造成损害。然而,当高管所进行的各项投资决策均无法通过债权人的审核时(审核的内容包括对投资的限制、对新增债务的限制、对营运资本的要求、对兼并活动的限制等),高管为了获得持续的资金支持,通常会通过盈余管理的方式来"提高"公司的会计收益(Sweeney,1994)。当公司处于债务契约边界时这一现象会更加明显(Defond et al.,1994)。与此对应,如果公司的长期债务比重较大,那么借贷双方的信息不对称会使公司陷入高管的掌控之中(Caprio,1997),在外部司法体系不完善的情况下,高管的机会主义动机会促使他们采用过度投资或投资不足行为来侵害债权人的利益。因此,我们可以得出结论:公司的债务比重以及债务结构会影响高管的机会主义行为,短期债务的比重越大、债务期限越短,债权人就越能够通过"可信威胁"迫使公司调整高管的薪酬契约,进而调整公司的投资决策,即融资政策(债务比重和债务期限)—可信威胁—薪酬结构—投资政策。

与上面所论述的内容相对应,高管的投资行为同样会影响企业的融资决策。首先,高管的非效率投资行为对企业融资具有负面效应。刘任重(2020)认为"声誉"在信息不对称的市场经济中作为管理者的一种信号传递,能够有效抑制交易各方的机会主义倾向和短期行为,减少交易中的不确定性和交易成本。企业经营中,降低交易费用、缩减融资成本也能缓解企业的融资约束。所以具有良好声誉的企业管理者,更容易获得客户、员工、金融机构和政府部门的支持,能够降低企业内外部融资成本,缓解企业的融资约束问题。反之,具有道德问题的高管会破坏其个人及企业的口碑和形象,减少企业社会资本,产生逆向选择问题,加大融资难度,增加融资成本,最终加剧企业融资约束。其次,高管的非效率性投资将引起融资约束。Jensen等(1976)的自由现金流理论认为,由于管理者的目标是自身利益最大化,倾向于将企业过去投资产生的现金流量投资在能让自己获得更多收益的项目上。具体表现为两种行为:一是过度投资,即在投资项目净现值小于零的情况下高管仍实施投资的一种现象;二是投资不足,即在投资项目净现值大于零的情况下高管放弃投资的一种现象。以上的非效率性决策无法使企业投资达到最优水平及获得预期收益,下一阶段生产资金的不足将导致企业面临融资约束。

2.三大财务活动之间的相互关系

本书之所以特别关注股利发放问题是因为在现阶段公司的股利发放政策已不再是一个简单的利润分配问题,同时也是再融资的问题。股利政策的本质就是如何将收益进行分配或留存以用于再投资,在既定的投资决策下,这种选择可以归结为公司是否应该用留存收益(内部融资)或出售新股票(外部融资)的方式来融通所需要的资本。投资、融资和股利发放作为公司的三大财务活动,彼此之间有着密切的联系。如果公司存在较多的投资机会,而现有的现金流量又无法满足投资需要,公司向股东发放的现金股利越多,所需筹集的外部资金(发行股票、债券)也就越多。因此,在公司投资政策既定的情况下,公司股利政策可以看作融资政策的一个重要组成部分。

此外,公司的股利政策会影响公司的市场形象及股票价值。一方面,经常性、大规模的现金股利政策无疑向市场传递了公司运作高效、利润率高的正面信息,会吸引众多的投资者,公司的市场价值也会因此而得到大幅提升。另一方面,股利的发放会降低企业的留存收益,当企业面临良好的投资机遇时不得不采用外部融资(股权融资或债权融资)的方式获得投资所需资金。这意味着企业将面对更加严格的外部监督,公司高管唯有努力工作才能凭借良好的业绩在资本市场上筹得资金,这有助于外部投资者通过股权结构的变化对高管进行有效的监督,高管为防止公司的控制权发生转移而使自身处于被替换的危险境地会更加努力地工作。而且股票的再次发行会使公司的每股税后利润被摊薄,高管需要付出更大的努力才能维持公司较高的现金股利发放率,这有助于降低代理成本,提高公司价值(Easterbrook,1984)。可见,股利的支付不但可以使高管获得更多的股权收益,而且也有利于公司价值的提高。同时,留存收益减少所造成的自由现金流量减少会在一定程度上抑制高管的过度投资行为。较高的现金股利发放率减少了高管对自由现金流量的支配权,限制了可用于获取私利的资金来源,高管的过度投资行为自然会得到有效的限制。

Modigliani 等(1958)认为,在完美(perfect)和完全(complete)的市场环

境当中,公司的市场价值是由所拥有的投资项目决定的,与投资项目所需的融资方式毫无关系。然而,现实的市场环境并不完美,由于信息不对称和交易成本的存在,外部融资的成本要明显高于内部融资的成本,公司受到一定的融资约束。由于融资约束的存在,高管在选择融资政策的时候会倾向于不支付股利或少支付股利,然后用留存下来的现金来满足公司投资的需要。但是,我国证监会为了保护中小股东的权益,将上市公司的股利政策与再融资资格捆绑在一起,对公司的股利政策做了严格的规定,具体表现为对净资产收益率的要求,以及对公司支付现金股利的要求。① 因而,具有股权再融资动机的上市公司还需要通过支付现金股利来达到证监会规定的各项标准。

相反,如果企业不经常发放现金股利,而是把现金当作留存收益保留下来,作为未来项目投资的可靠资金来源,这虽然不能向市场传递有关公司经营管理的正面信息,进而通过吸引更多的外部投资者来获得更多的外部融资,但是,这种内部融资政策会降低公司的融资成本,同时,较低的现金股利发放率会降低企业的资产负债率,提高债权人的贷款安全性。然而较多的留存收益也会使公司的自由现金流量增多,引发高管的过度投资行为。因此,是否发放现金股利以及发放多少现金股利实际上是高管在对外部融资与内部融资的成本与收益进行比较之后做出的理性选择。

四、道德风险行为对公司绩效产生的影响

(一)非效率投资与公司绩效的关系

投资问题是影响上市公司市场价值的重要问题之一,特别是公司的非效率投资问题更是引起了理论界的极大关注,其中就包括 Jensen 等提出的过度投资问题,也即资产替代问题(assetsubstitute)以及 Myers 提出的投资不足问题。过度投资指的是将资金投至净现值为负的投资项目当中,之所以会产生过度投资行为是因为高管普遍存在帝国建造、提升声誉、过度自

---

① 2008 年 10 月 9 日实施的《关于修改上市公司现金分红若干规定的决定》规定,最近 3 年以现金方式累计分配的利润不少于最近 3 年实现的年均可分配利润的 30%。

信、职业担忧、在职消费等动机。而投资不足则是指公司放弃净现值为正的投资项目。这两种非效率投资行为都将导致公司绩效的下降。

Rajan(1998)和 Love(2001)认为资本市场的发达程度会影响到公司的投资效率,一个发达的资本市场可以降低公司面临的融资约束,减轻公司的融资压力,降低市场交易的成本,进而提高公司的投资效率。方军雄(2006)通过对我国上市公司的研究发现,金融市场发达程度与行业投资反应系数成显著正相关关系,即金融市场越发达,在"上升"行业追加投资的幅度越大,在"下降"行业减少投资的幅度越大,即资本配置效率越高。Risberg(2006)以 9 个欧洲国家 1990—2003 年上市公司为样本,以边际托宾 Q 比率来度量公司的投资效率,结果发现盈余及时性与公司投资效率间成先凸后凹的关系。

(二)过度负债与公司绩效的关系

高管为了实现股票期权收益的最大化,倾向于增加债权融资的比重,减少股权融资的比重,而企业为了有效地约束高管的各种机会主义行为,提高公司的经营绩效,也倾向于增加债权融资的比重。Hart(1982)认为债权融资能够较好地约束高管的不当行为,促使高管努力工作,促进公司绩效的提高。这主要体现在两个方面:一方面,债务的硬约束将减少高管自身控制的自由现金流量,进而约束高管的过度投资行为;另一方面,企业所面临的破产清算威胁将激励高管更加努力工作。Jensen 等(1990)认为债务的存在可以有效地约束自由现金流量向投资者的支付,进而防止管理者浪费资源。此外,债务融资还可以对高管和投资项目起到事前监督和筛选的作用,从而有效减少逆向选择行为,破产清算的威胁使得企业总会保留一些资金用来偿债(Hart et al.,1989),这在一定程度上会促进公司绩效的提高。净收益理论则认为,由于债权融资成本比股权融资成本低,因此公司可以通过举借更多的债务,来降低公司的加权平均资本成本,公司的资产负债率越高,公司的价值也就越大。Masulis 等(1980)通过实证研究证明了公司财务杠杆与公司经营效率之间存在正相关关系。汪辉(2003)通过对沪、深两市上市公司发行的 10 支上市债券的研究,发现市场对公司发行债券表现出积极态度;Masulis(1983)和谷秀娟(2006)则分别利用模型证明了公司业绩与债权融资之间存在正相关关系,即债权融资比重越大,公司业绩越好。

　　也有学者认为公司的资产负债率与其绩效之间成负相关关系。陈小悦等(1995)分析了1993年7月至1994年3月上海股票市场的收益与资产负债率之间的关系,结果发现两者之间成负相关关系。此后,陆正飞等(1998),冯根福等(2000),郑长德(2004),王玉荣等(2006)等学者以我国上市公司为研究对象对债权融资与公司绩效之间的相关性问题进行了深入的研究,同样得出了资产负债率与公司经营绩效之间成负相关关系的结论。肖作平(2005)通过建立资本结构与公司绩效的联立方程,应用三阶段最小二乘法对资本结构与公司绩效之间的互动关系进行分析,得出了财务杠杆与公司绩效负相关的结论。

　　除了正相关和负相关关系之外,资产负债率与公司绩效之间还可能存在另外一种关系,即两者之间不存在相关关系。Hatfield等(1994)对行业的资产负债率和公司绩效之间的关系进行了研究,结果发现两者之间不存在显著关系。晏艳阳(2002)以我国上市公司为研究对象,以净利润加财务费用与公司市场价值的比值作为衡量公司价值的指标来研究资本结构与公司绩效之间的关系,研究发现资本结构与公司价值之间并不存在相关关系。徐玉玲(2010)利用2009年我国上市公司的数据研究了资本结构和经营绩效之间的相关性,发现资产负债率与净资产收益率之间不存在相关关系。

　　事实上,公司资产负债率与公司经营绩效之间并不存在单一的正相关或负相关的关系,而是呈现出阶段性的特征。陈共荣等(2005)研究发现,上市公司的资产负债率与净资产收益率之间表现出先递增后递减的倒U形关系。龙莹和张世银(2006)以上市电力公司为研究对象,选取总资产收益率为被解释变量来揭示公司资本结构与绩效之间的相互关系,结果发现两者之间在图形上呈现倒U形关系。

　　此外,公司资产负债率与公司绩效之间的关系还会受到其他因素的影响,如公司的成长性、控股股东性质等。McConnell等(1995)检验了公司价值、负债以及股权结构之间的关系,结果发现,高成长性公司的资产负债率和公司价值之间成显著的负相关关系,而低成长性公司的资产负债率和公司价值之间成显著的正相关关系。国内学者杨兴全等(2008)以中国上市公司为样本,结合公司的成长机会研究了资产负债率、债务期限结构与公司价值之间的关系。研究发现,资产负债率与低成长公司的价值成正相关关系,与高成长公司的价值成负相关关系,同时,资产负债率与公司价值之间的关系还会受到公司控股股东性质的影响。

(三)股利"惜派"与公司绩效的关系

1.股利"惜派"与公司绩效不相关

由于我国的资本市场尚未成熟,上市公司的公司治理水平较低,使得国内大部分上市公司并没有合理的、稳定的股利分配政策。较低的现金股利发放率、"超能力派现"甚至不派现等现象较为普遍。同时,我国的股票市场存在着浓厚的投机氛围,投资者购买公司股票并不是为了进行长期投资,而是希望获得短期的投机收益,很多投资者在购买公司股票的时候并不十分了解公司的经营状况,因此公司的股票价格很难反映出上市公司的经营业绩。Black 等(1974)对纽约证券交易所上市公司 1926—1966 年相关数据进行了分析,他们将这些上市公司的股票组建成 25 个投资组合,并且建立了修改的资本资产定价模型,将这些投资组合按照不同的现金股利发放率分成 5 个样本组。研究结果表明,不同投资组合中上市公司的现金股利发放率并没有影响其收益率,市场并没有对现金股利发放率存在差异的公司做出差异化反应,可见上市公司的现金股利政策没有影响公司的股票价格。Michaely 等(1997)的研究也得出了相同的结论,他们通过对在美国证券交易所和纽交所上市的 1025 家上市公司 1979—1991 年 7186 个样本数据进行了研究,结果发现上市公司的现金股利发放率并不存在传递公司未来盈余信息的功能。

国内学者何涛等(2002)研究了 1997—1999 年上市公司现金股利分配预案与企业价值之间的关系,结果发现,支付现金股利并不能提高公司的市场价值,因此质疑证监会制定强制分红政策的合理性。原红旗(2004)认为控股股东偏好现金股利政策的原因并不是因为现金股利能提高公司的市场价值,而是希望通过这种方式来侵占上市公司中小股东的权益。孔玉生等(2006)对 2003 年上海证券交易所上市公司的现金股利发放率与市场反应之间的关系进行了研究,他们首先将样本划分为不发放现金股利和发放纯现金股利两个组,然后对是否发放现金股利、现金股利支付水平的不同以及现金股利支付水平的变动进行了对比研究。研究结果表明，公司的现金股利政策并不会引起市场的反应，现金股利并不具备信号传递功能。

2. 股利"惜派"与公司绩效负相关

由于西方的资本市场较为成熟，监管也较为严格，所以学者可以充分运用来自股票市场的相关数据来论证信号传递理论。研究得出的普遍结果是支持信号传递理论，即现金股利政策会对公司的市场价值产生正向影响。Watts（1973）应用多元回归的研究方法来验证股利的信息传递功能，他选取了 310 家美国上市公司 1945—1968 年的相关数据为样本来进行研究。研究发现，现金股利支付的变化与公司未来盈利变动成正相关关系，股利支付传递了公司未来盈利水平的信息，但传递的信息量并不充分。Asquith（1983）以 AMEX 和 NYSE 的上市公司 1954—1980 年的相关数据为研究样本，研究在窗口期[−5，+5]天内股利公告所产生的股票价格变动和超额收益率的情况，所研究的上市公司分为首次发放现金股利和超过 10 年未发放现金股利而当年重新发放两个样本组。研究结果表明，两个样本组在窗口期[−1，+1]天内，现金股利的发放均能给公司股价带来显著的超额收益，并且高于其他时间。Aharony 等（1994）对 NYSE 的上市公司 1967—1990 年的相关数据进行了研究，试图证明在信息不对称的资本市场中，上市公司的股利政策会传递出管理层对公司未来绩效的预期信息。研究结果表明，可以通过对公司股利政策的变动预测公司下一年的绩效信息，现金股利发放率与公司未来绩效水平成正相关关系，从而支持了股利的信号传递理论。Nissim 等（2001）收集了样本公司 1963—1997 年现金股利支付和未来盈利的相关数据信息，一共获得了 100666 个季度样本。他们建立了相对应的回归模型，并剔除了当前市场股票价格对公司未来盈利的预期因素，回归分析结果表明，现金股利支付的增加与公司未来 2 年盈利的增加有显著的正相关性，总体上来看，上市公司现金股利的发放与未来 2 年的盈利波动成显著的正相关关系。Skinner（2000）通过对样本公司的研究考察了上市公司发放或者停发现金股利与公司盈余持续性之间的关系。他把是否发放现金股利作为虚拟解释变量，盈余持续性作为被解释变量，建立多元回归模型来研究二者之间的关系。研究结果表明，发放现金股利的上市公司其盈余持续性在后期更为显著，而对那些规模较大、现金股利发放率较高的上市公司来说，这种关系更为显著。

国内学者郭亚军等(2003)对沪、深两市上市公司 2000 年、2001 年的上市公司进行了实证分析，他们将样本公司分为两组，一组为不发放任何股利的上市公司，另一组为发放现金股利的上市公司。其研究结果表明，发放现金股利的上市公司次年的盈利水平要高于不发放现金股利的上市公司；在两年都发放现金股利的上市公司中，现金股利支付增加的上市公司下一年的盈利水平要高于现金股利支付减少的上市公司；上市公司现金股利支付越高，次年的盈利水平也越高。因此，其研究结论证明了我国上市公司股利政策具有信号传递效应。杨熠等(2004)考察了 1994—2001 年 962 份现金股利公告后发现，在我国，支付现金股利可以降低上市公司的自由现金流从而缓解股东与管理者之间的代理冲突，进而提高公司的价值。罗宏等(2008)研究了现金股利与以国有企业高级管理人员的在职消费程度衡量的代理成本之间的关系，发现支付现金股利可以显著减少国有企业高级管理人员的在职消费程度，从而降低代理成本，提高国有企业的业绩。石劲等(2009)以沪、深两市 A 股上市公司为研究样本，收集了 1413 家上市公司 1993—2006 年 11943 个股利公告数据，采用累积超额收益率的研究方法，发现投资者更愿意购买那些能够给自身带来股利收益的上市公司的股票，对于分配股利的上市公司来说，在股利公告期[−5,5]天内会产生显著的正累计超额收益率，在所有股利分配方式中，投资者最不喜欢现金股利，最喜欢上市公司采取混合股利分配的方式，发放股票股利的方式居中。其研究结果同样支持了我国上市公司的股利政策具有信号传递效应，因为其研究期长、样本数据多，因此其研究结论具有较高的参考价值。

五、董事会监督对股票期权激励效应的影响

为了解决公司治理中普遍存在的"委托—代理"问题，公司制定了相应的股票期权激励制度，这一激励制度通过将高管的个人报酬与公司绩效捆绑在一起的方式，来激励高管努力工作，提高公司的经营业绩。这种论功行赏的激励制度可以在一定程度上发挥应有的激励效果，但也存在自身的一些缺点，特别是当高管的个人产出不容易观察或者公司的产出是一种团队产出时，股票期权激励制度的不足之处就表现得十分明显。此时，董事会的

直接监督行为就可以发挥应有的替代作用,事实上,公司在经营管理过程中一直都面临着在论功行赏的激励制度和直接监督之间进行选择的问题。

另外,从抑制高管机会主义行为的视角来看,董事会的监督可以在一定程度上抑制高管的各种道德风险行为。公司实施股票期权激励的目的是解决公司治理中普遍存在的"委托—代理"问题,而"委托—代理"问题能否有效解决除了取决于外在法律制度、市场环境等因素外,还与公司治理水平密切相关。若公司治理水平不高,很容易引发高管的道德风险行为,进而影响到股票期权的激励效果(Core et al.,1999;向显湖等,2010)。由于高管和董事会都有各自的效用函数,因此,设计一个能使双方效用最大的股票期权激励方案就成了博弈的焦点。

在多数情况下,股票期权激励方案的最终确定是高管和董事会之间相互讨价还价的最终结果,博弈的最终结果取决于博弈双方的实力对比。对高管而言,自身的实力水平除了取决于控制权大小以外,还会受到董事会监督职能[①]的影响:①如果高管在公司中拥有绝对的控制权且董事会的监督职能[②]较弱,那么他们就会凭借自己所掌控的控制权在董事会监督职能缺失的情况下想尽一切办法实施道德风险行为,以获得更多的私人收益,较高的控制权意味着较低的公司绩效(王克敏等,2007)。高管提高个人收益的方式除了投资、融资和股利发放等方面的道德风险行为以外,还包括:在设计股票期权激励方案的时候,故意调低绩效衡量指标(吴育辉等,2010);在获得股票期权之前发布利空消息,促使股价下跌;在获得股票期权之后发布利好消息,促使股价上涨(Yermack,1995),等等。Bebchuk 等(2005)认为董事会监督职能的弱化以及高管控制权的增强,会导致其滥用职权进而影响董事会决策,并最终导致代理成本的增加和公司整体价值的下降。②如果高管所拥有的控制权较小且董事会的监督职能较强,那么在两种因素的共同

---

① 代理理论认为,董事会的主要作用是减少股东和管理层的利益分歧,最小化代理成本,并保护股东投资,具体如代表股东制定公司战略、挑选 CEO 及管理团队并监督其行为等,即董事会对 CEO 的监督与控制职能是至关重要的(Fama et al.,1983)。

② 董事会监督职能的强弱通常以独立董事比率或非执行董事比例来表示,独立董事通过自身监督职能的发挥能够对高管的各种机会主义行为起到很好的抑制作用,独立董事比率与高管的长期激励程度之间存在着显著的正相关关系(牛建波,2004)。

作用下高管发生道德风险行为的可能性将降至最低,公司的整体价值会得到有效的提升。③如果高管拥有较大的控制权但董事会的监督职能较强,或者高管拥有的控制权很小但董事会的监督职能也较弱,在这两种情况下高管的道德风险行为会有所体现但并不明显,对公司绩效也不会有太大的影响。

独立董事制度作为公司治理机制当中一项重要的监督机制能够有效地抑制高管的道德风险行为,王跃堂等(2008)通过实证研究,提出聘用独立性较强、声誉较好的独立董事能够增强董事会的监督力度,减少盈余管理行为,提高财务信息质量。Ronal 等(2004),Peasnell 等(2005),吴清华等(2007),张兆国(2009)等国内外学者也证实了独立董事比率与盈余管理之间的负相关关系。赵德武等(2008)通过对 2002—2004 年 993 家上市公司的研究,发现独立董事监督能有效提高盈余稳健性。

但也有学者如蔡宁(2004),陈信元等(2006)提出与之相反的观点,认为独立董事与盈余管理之间不存在负相关关系,甚至成正相关关系。我们在探讨董事会职能的时候,都会很自然地将独立董事作为董事会监督职能的一项重要衡量指标,而将非执行董事作为董事会战略咨询职能的衡量指标。这是因为独立董事的主体是具有经济管理类专业背景的高校教师和研究人员,高校教师一般都有自己的科研教学任务,没有太多的时间关注企业的经营运作,再加上自身的专业知识和背景以及对声誉的重视,使他们将更多的精力集中在对高管人员的监督上(谭劲松,2003)。而非执行董事的成员大多数来自股东单位的技术人员,公司经营的好坏与非执行董事以及股东单位有着千丝万缕的联系,他们不仅熟悉企业的经营管理而且对技术也非常精通,他们更希望凭借自己的专业知识和背景给企业提供一些经营决策方面的建议,所以他们更倾向于为董事会提供战略咨询服务(王华等,2006)。

第四节　有关股票期权激励与道德风险行为相互关系的研究

本节内容将对股票期权激励与非效率投资、过度负债和股利"惜派"这三种道德风险行为相互关系的研究文献进行梳理。

一、股票期权激励对非效率投资的影响

(一)观点一:股票期权能有效抑制公司的非效率投资行为

建立股票期权激励制度的最初目的是将高管的个人利益与公司的长远利益一体化,以有效地抑制各种过度投资与投资不足行为。过度投资和投资不足都属于非效率投资行为,无法实现资源的有效配置。想要实现资源的有效配置,促使高管放弃净现值为负的投资项目,抑制过度投资行为,以及激励高管接受净现值为正的投资项目,解决投资不足的难题,就必须通过契约的签订将高管追求私利的行动内化为对公司长远利益的追求(Smith et al.,1992)。股票期权激励计划正是这样一种非常有效的激励契约,高管只有努力工作、提高公司业绩、促进公司股价上涨,才能获得股票期权溢价收益。但是股票期权是面向未来的,具有不确定性,且风险与收益并存。股票期权在授予时只是一张平价期权①,要想获得溢价收益,高管必须努力工作、提升公司业绩、促进股价上涨。如果由于自身原因或外在条件的限制而无法提升公司业绩、提高股票价格,那么高管将得不到任何股票期权溢价收益。高管在这样的薪酬契约激励下会更加关注企业的潜在投资机会和未来的业绩增长,减少各种非效率投资行为。

一般而言,成长机会较多的公司会用股票期权激励的方式激励高管选择净现值大于零的投资项目(Murphy,1999)。由于股票期权激励是一项基于公司未来价值的报酬,高管所获股票期权激励收益的数额取决于公司未来价值的增长幅度,在信息不对称的情况下,股票期权激励可以作为一个筛选器,促使高管筛选并实施那些能够盈利的项目(Lazear,2004)。Ryan 等(2002)实证研究了高管股票期权激励与研发投资之间的内生关系,结果发现股票期权与研发投资之间成正相关,而限制性股票与研发投资之间成负相关。Kang 等(2006)则将研究重点放在了股票期权激励与公司长期投资

---

① 《上市公司股票期权激励管理办法(试行)》规定:"上市公司在授予激励对象股票期权时,应当确定行权价格或行权价格的确定方法。行权价格不应低于下列价格较高者:(一)股票期权激励计划草案摘要公布前一个交易日的公司标的股票收盘价;(二)股票期权激励计划草案摘要公布前 30 个交易日内的公司标的股票平均收盘价。"

之间的内生关系上,结果发现在控制内部融资约束与投资机会质量的情况下,公司股票期权激励在薪酬契约中所占比重与公司长期投资成正相关。

股权激励与公司非效率投资行为之间的关系会通过环境不确定性这一中介变量间接产生影响。徐倩(2014)在考察了环境不确定性对上市公司投资行为影响的基础上,分析了股权激励计划对这一相关关系的影响机制和作用效果,结果发现,企业所面临的环境不确定性会降低企业投资效率,导致过度投资或投资不足。而股权激励措施对不确定环境引起的管理者非效率投资行为有抑制作用。研究结果表明,股权激励制度有助于减少环境不确定性导致的代理矛盾,抑制过度投资,也有助于降低企业管理者对风险的厌恶程度,缓解投资不足。

为了揭示研究对象差异对股权激励与非效率投资之间关系的影响,王鲁平等(2018)以我国上市家族企业为样本,利用 Richardson 投资支出及其残差模型,研究了在不同股权结构下上市家族企业股权激励对投资行为的影响。结果表明,股权激励能从两个方面改善家族企业投资行为:一方面,上市家族企业实施股权激励能促使管理者更好地把握投资机会,从而提升企业投资效率;另一方面,实施股权激励能够减少"委托—代理"问题和信息不对称所造成的非效率投资行为。具体来讲,股权激励能够抑制家族企业过度投资,并减少投资不足,且股权激励强度越大,两种非效率投资的绝对水平越低。另外,研究还发现家族企业的股权结构能够显著影响股权激励对投资行为的治理效果。在股权制衡度较高的企业中,股权激励抑制非效率投资的效果更显著;而在股权集中度较高的家族企业中,股权激励抑制非效率投资的效果受到了限制。

以上众多学者从股权激励动机、环境不确定性、公司治理等多个视角展开了探讨,但忽视了管理者非理性带来的影响。在不同情形下,即使股东付出同样的股权激励成本,管理者主观感知到的激励力度也是不同的,激励效果也会有所差异。只有当管理者感知到的激励力度跨过一定门槛时,股权激励才能有效发挥其抑制过度投资的作用。为此,孙凤娥等(2019)从管理者非理性视角出发,探讨了由管理者持股水平、管理者货币薪酬水平、企业业绩决定的主观激励力度对股权激励的过度投资抑制效应的影响机理,然后,以 2012—2016 年 A 股上市公司为样本,采用面板门槛回归模型,实证检验股权激励对过度投资的非线性影响。研究结果表明，影响股权激励力度的管理层持股水平、管理层货币薪酬水平以及企业业绩，均对股权激励的过度投资抑制作用存在单门槛效应；只有在管理层持股水平低于门槛值、管理层货币薪酬水平高于门槛值、企业业绩（净资产收益率）高于门槛值时，股权激励才能有效发挥其抑制过度投资的作用。

（二）观点二：股票期权会产生新的非效率投资行为

股权激励的实施在一定程度上可以抑制公司的过度投资或投资不足行为，然而，这项旨在降低公司非效率投资行为的长期激励模式，会因为高管的机会主义动机而引发新的过度投资或投资不足。在国内，辛清泉等（2007）对高管薪酬与投资之间的相互关系进行了研究，他们通过对中国上市公司2000—2004年相关资料的分析，估算出企业的正常资本投资水平，然后用企业实际的资本投资水平减去估算的资本投资水平得出企业过度投资和投资不足的数值，进而研究高管货币薪酬与资本投资水平之间的关系。但该文的研究范围局限在高管货币薪酬方面，没有进一步拓展到高管持股或股票期权激励领域。高程德（2000），邬展霞（2006）等通过实证研究发现，股票期权激励会导致高管盲目追求风险和过度投资。罗富碧等（2008）研究了高管股票期权激励与投资决策之间的交互作用及内生关系，他们通过对我国上市公司2002—2005年面板资料的实证研究，发现我国上市公司高管股票期权激励与投资之间成显著的正相关关系，并且两者之间是一种内生决定的关系，但该文研究的样本是在股权分置改革之前取得的，并不是真正意义上股票期权激励制度实施后的样本，而且，研究对非效率投资也没有做进一步的划分。温毓敏（2020）以2012—2017年实施股权激励计划的主板、中小板及创业板上市公司为样本，分析了股权激励计划与非效率投资行为的关系以及具体激励契约要素对其关系的影响。结果表明，股权激励会显著加剧企业的过度投资行为。

（三）观点三：股权激励动机的崭新视角

如何解释上述研究股权激励与公司非效率投资之间看似矛盾的研究结论？尤其是，怎样理解股权激励有悖于投资者（尤其是中小投资者）的目标而恶化公司的非效率投资？这促使一些学者反思上市公司制定股权激励计划的动机：可能由于股权激励计划的动机不同（陈效东等，2016），导致了两者之间的关系出现差异。陈效东（2016）选取 2006—2013 年 A 股非金融类上市公司公告实施股权激励计划成功的草案为初始样本，在识别和划分股权激励计划动机的基础上，首先检验分别基于激励型动机与非激励型动机的公司非效率投资是否存在差异，然后进一步研究两种非激励型股权激励恶化非效率投资的影响路径。研究发现，激励型动机的股权激励抑制了公司非效率投资，非激励型动机的股权激励则加剧了公司的非效率投资。不仅如此，两种非激励型动机为了实现控制人收益的获取还进一步恶化了公司的非效率投资。上述结果表明，高管股权激励制度与公司投资决策之间的关系受到公司制定股权激励计划动机的影响。

(四)非效率投资行为影响因素分析

公司的非效率投资行为包括过度投资和投资不足，在进行有关过度投资和投资不足影响因素分析时，信息不对称和"委托—代理"理论是其重要的理论基础。张功富等（2009）对沪、深两市 301 家工业类上市公司进行了实证分析，发现 39.26％的公司出现了过度投资的现象，而投资不足的公司则多达 60.74％，并且认为信息不对称和代理问题是出现非效率投资的主要原因。Bertrand 等（2003），Dittmar 等（2007）研究了公司综合治理效果对公司非效率投资的影响，指出治理效果较好的公司，其非效率投资较少，而治理效果较差的公司，则会引起非效率投资的加剧。Bates（2005），Richardson（2006）在此研究基础上，将公司综合治理效果做了更加详细的划分，分别从董事会、独立董事、股权集中度等各类公司治理机制角度分析了公司非效率投资对公司价值的影响。国内也有很多学者对公司非效率投资问题进行了研究，唐雪松等（2007）的实证分析认为国内上市公司普遍存在过度投资现象，并且公司治理机制能够有效地抑制这种过度投资行为，但独立董事制度却没有发挥应有的监督作用。

虽然 Bates（2005），Richardson（2006）在一定程度上揭示了公司治理因素与公司非效率投资之间的关系，但研究的视角过于狭隘过于片面，并没有从动态的、发展的、全面的视角展开研究分析。李云鹤（2012）对此进行了突破性的研究并取得了一些初步的研究成果,他从企业生命周期的视角研究了公司治理各因素与公司非效率投资之间的动态演变趋势,并且将非效率投资行为划分为过度投资和投资不足,使研究更加细致、更加全面。

李云鹤(2012)针对公司治理因素(如大股东持股比例、董事长和总经理是否两职合一、高管持股比例、独立董事比率)与公司非效率投资之间相互关系的研究,虽然使我们对公司非效率投资的影响因素有了更加清晰、更加深入的认识,但是并没有从本质上揭示公司非效率投资的最终影响因素。事实上,董事会的职能在公司非效率投资行为实施过程中起着决定性的作用,公司很多投资行为都会受到董事会职能的影响。董事会通常会在公司利益最大化思想的驱使下,根据公司内外部环境的变化对投资行为进行及时的调整,以使投资行为更加符合公司的长远利益,董事会事实上已经成了投资行为的决定者和影响者。

二、股票期权激励对过度负债的影响

(一)观点一:股票期权将会导致过度负债的减少

王志强(2011)认为,债权所具备的"硬约束"特点使得债务水平较高的公司发生破产的风险也较高,如果企业不幸倒闭,高管不仅会失去目前所拥有的一切福利待遇,还要承担重新找工作的搜寻成本以及可能比以前更低的工资水平,这些都可看作高管的人力资本破产成本。破产成本通常会影响到公司融资决策的选择(Miller,1988),股东一般希望通过增加债务融资的方式来加大高管的破产成本,进而约束高管的过度投资行为以减轻公司代理成本,实现资源的合理配置。但追求自身效用最大化的高管为了避免企业破产给自身带来的较高的人力资本破产成本,往往会选择降低负债水平而提高股权融资水平的融资方式,以降低自己所需承担的风险(Friend et al.,1988;Jensen,1993;Jung et al.,1996)。Jensen(1993)认为,高管为了实现个人效用最大化倾向于提高股权融资的比重,降低债权融资的比重。所有者和经营者之间存在的"委托—代理"关系使得高管的个人利益与公司的整体利益之间存在相互背离的现象,当公司面临倒闭或清算威胁而董事会又无法监督或监督困难时,高管出于保全自己职位或追求自身效用最大化的考虑往往会对融资结构进行寻租行为,即存在"管理者防御"现象。

声誉机制则认为,除了确保职位安全以外,高管减少债务融资比例还有另外一个重要原因:债务会增加"委托—代理"成本。Kreps(1982)曾经提出过一个有名的声誉模型,该模型认为公司经过长期经营所积累的良好"声誉"是约束高管行为的重要因素。那些历史悠久、声誉良好的公司,在融资过程中能够发挥自身的声誉机制,降低债务融资成本,所以,从维护公司的声誉和平稳发展的角度出发,公司或高管往往会倾向于选择相对安全、能保证及时还清债务的投资项目,而不是能使公司价值最大化的项目,从而引起投资不足。另外,由于债务契约自身的特性,决定了债务到期后债权人仅能获得固定的本金和利息收入,而超出利息支出的部分将全部由投资者获得,这将导致高管将更多的资金投至高风险、高收益的项目,而不是真正能实现公司价值最大化的项目,从而引起过度投资。这两方面的原因会导致债务代理成本的增加。

公司的融资结构是高管对股票期权激励收益和控制权私人收益进行对比之后所做出的最终选择,当高管所获得的控制权私人收益远远高于股票期权激励收益时,在个人效用最大化思想的影响下,高管通常会选择配股的方式来避免再融资行为对控制权造成的稀释,以维持自己的控制权地位并继续享受控制权私人收益(Wu et al.,2005)。

(二)观点二:股票期权将会导致过度负债的增加

公司债权融资比重的增加有利于高管牢牢把握公司的控制权,强化自身的控制权地位,因此持有股票期权的高管倾向于选择债权融资。由于债权人并不拥有公司的投票权,所以高管的股权并不会因为债权融资的增加而被稀释(Novaes et al.,1995)。相反,债权融资比重的增加将更加有利于高管巩固自身的控制权地位,特别是当公司面临并购威胁时,高管可以通过对债权融资和股权融资的安排来加强自己的控制权地位以有效抵御外来收购,使财务杠杆成为一种抵制外来并购的有效策略。通过对 Williamson(1988)所提出的有关股票期权激励与债务融资之间关系模型的分析,可以得知掌握较多控制权的高管为了获得较多的股票期权溢价收益,倾向于选择高效率的债权融资方式进行融资。

(三)公司融资结构影响因素分析

1. 公司股权性质

国有上市公司与银行的"同源性"使得负债融资并没有起到"硬约束"的作用,并不能对国有上市公司的非效率投资行为起到有效的抑制作用(辛清泉等,2007)。

2. 公司规模

洪锡熙等(2000),Booth(2001)发现,财务杠杆与公司规模之间存在正相关关系,即公司规模越大,公司的资产负债率就越高。这是因为规模大的公司为了降低经营风险和破产风险,往往会采用多元化经营和一体化经营等方式来分散风险,因此,与小公司相比,大公司的经营风险较低、破产概率较小,预计财务困境成本也较低[①],大公司完全可以保持较高的资产负债率来满足自身发展的需要。

3. 盈利能力

公司盈利能力对融资结构会产生正反两方面的影响。首先是负向的影响,当公司的盈利能力较强时,公司可以保留较多的盈余以满足内源性融资的需要;反之,当公司的盈利能力较弱时,公司无法通过留存盈余来进行内源性融资,而只能借助于债权融资。其次是正向影响,由于负债存在税盾效应,所以盈利能力强的公司更希望通过负债融资来实现合理避税。此外,盈利能力强的公司所拥有的自由现金流量也更多,由于高管没有足够的激励将这部分自由现金流量返还给投资者,所以很可能导致高管将这些自由现金流量用于净现值为负的投资项目或高管的在职消费,负债融资可以在一定程度上减少高管对自由现金流量的挥霍,进而减少代理成本。同时,公司可以通过负债融资的方式向外部投资者传递优质企业的信号。综上,盈利能力对公司融资结构的影响尚无定论。

4. 股权集中度

我国的证券市场现阶段仍然处于新兴转轨阶段,保护中小股东利益的

---

① 财务困境成本是指公司因为增加财务杠杆(负债率)而产生的可能或现实的未能履行对债权人的承诺或出现支付利息困难的情况而带来的成本(Ross,1995)。

相关法律法规尚不健全,股权高度集中或一股独大的股权结构模式使得大股东所受的监督和制约减弱,大股东极有可能利用自己手中的控制权牟取私利,股权融资即为大股东牟取私利的一种方式。一股独大的股权结构模式使大股东所承担的股权融资成本[①]较低,因而会倾向于通过股权融资的方式来赚取利益。通常情况下,公司的原有股东不太愿意选用股权融资的方式筹集资金,因为它会导致原有股东的控制权被稀释,甚至发生转移。但在一股独大的股权结构模式下,股权融资造成原有大股东丧失控制权的概率很低,相反,股权融资会带来公司每股净资产增加,这对控股股东是非常有利的,因此控股股东自然会产生股权融资的偏好。

5.独立董事

在我国的上市公司中,内部人控制现象较为严重,这在某种程度上削弱了公司对高管的约束。反映公司内部人控制现象的重要指标是公司独立董事在董事会中所占的比重,一般而言,独立董事所占比重越高,发生内部人控制的可能性越小;反之,独立董事所占比重越低,发生内部人控制的可能性则越大。当公司的内部人控制现象较为严重时,高管道德风险行为所受到的约束较少,在进行融资方式选择时容易表现出更大的随意性和自由度,他们为了实现自身效用最大化,会主动放弃需要承担破产风险的债权融资,而选择无须还本付息的股权融资。

6.成长性

对公司成长性与资本结构之间的关系存在两种不同的解释。代理理论认为由于公司的控制权掌握在股东手里,股东存在侵占公司债权人利益的次优投资倾向,对高成长性的公司而言,由于其未来投资选择更富弹性,其债务代理成本可能会更高,因而成长性与负债水平呈负相关。权衡理论则认为高成长性公司的破产成本比较大,因此这些公司往往倾向于选择权益融资,成长性与负债水平呈负相关。国内外关于公司成长性对资本结构影响的实证研究得出了三种不同的结论:公司成长性与资本结构之间不存在显著关系(Supanvanij,2006;洪锡熙等,2000),公司成长性与负债比率之间

---

① 公司大股东所承担的股权融资成本由中介费用、融资前后大股东权益价值变化、新资金利润分享成本三部分构成。

成正相关关系(Jordan,1998;吕长江,2001),公司成长性与负债比率之间成负相关关系(Rajan,1995;肖作平等,2002;敬辉蓉等,2007)。

7.公司股利政策

公司的股利①政策是公司对税后盈余所进行的一种分配方式,能一定程度地反映公司未来发展的状况。当公司内部盈余较为充足时,会实行高现金股利发放率政策,此时公司并不需要进行负债融资;反之,实行低现金股利发放率政策的公司,会存在较强的负债融资愿望。因此,公司现金股利发放率与负债融资之间成负相关关系。

8.非债务税盾

Modigliani 等(1958)在理想假设条件下,表明公司将完全使用负债融资,以避免企业所得税。后来的权衡理论对此做了改进。DeAngelo 等(1980)认为,在一个考虑所有正常税负和非债务税盾的模型中,折旧、税务亏损递延、投资税贷项和等非债务税盾可以替代负债融资税收利益,当一家公司在别的条件一样的情况下,拥有非债务税盾越多就应该越少地使用负债。他们发展了与非债务税盾相关的观点,即当有非债务税盾时,公司就不可能完全使用负债税盾,公司非债务税盾决定了公司利息抵减有效边际税率。从税盾这方面来看,公司的非债务税盾越多,其使用负债的激励越低,就会降低负债率。Bradley 等(1992)学者的财务杠杆相关模型也证实了这一点,即非债务税盾会直接影响最优负债水平,前者的增加将会使后者减少。所以,非债务税盾会假设认为,折旧费负面影响负债(邓铁永,2006)。

9.动态资本结构

根据动态资本结构理论,由于企业处于动态的经营环境中,对目标资本结构的偏离成为必然,所以动态视角的研究将更符合企业的实际经营状况。基于动态资本结构的研究已经关注到高管激励对资本结构决策的影响,Bhagat(2001)研究发现,高管持股能够增加企业的短期负债水平,减少长期负债水平,说明持股因素会影响到公司的负债决策。与股权激励相比,期权激励不仅能够降低高管与股东之间的利益不一致程度,还能够激励高管勇

---

① 股利包括股票股利和现金股利,公司的股利支付水平通常用现金股利发放率(PayRT)来表示。

于承担风险(张东旭等,2019)。

三、股票期权激励对股利"惜派"的影响

(一)观点一:股票期权将会导致股利"惜派"的增加

股利政策具有信息内涵,能引起股价变化,因此,在股权激励授予期前,高管可能会采取低现金股利政策,促使授予日前的股价逐步走低。Fenn 等(2001)发现,当管理层持有较多股票期权的时候,往往倾向于少发放现金股利,而是回购公司的股票以提高股票的市价。Lambert 等(1989)对高管股票期权激励和股利政策之间的相互关系进行了研究,发现高管在获得股票期权激励之后,为了实现自身利益的最大化,会减少现金股利的发放。Bahattacharyya(2003)的研究则更进一步,他认为高管之所以会减少现金股利的支付是因为现金股利的支付会减少高管股票期权的价值,自利的高管为了实现个人利益最大化通常会牺牲股东现有利益。Weisbenner(2000)同样意识到自利的高管会通过保留盈余或者回购股票而非提高现金股利的方式来提高股票期权价值。Kouki(2009)为了证明高管股票期权激励和公司现金股利发放率之间存在负相关关系,对加拿大上市公司进行了实证分析,得到了相同的结论。

(二)观点二:股票期权将会导致股利"惜派"的减少

根据"自由现金流假说"和股权激励的"最优契约理论",公司内部的代理问题会导致企业更愿意维持较高的现金持有水平,因此,有必要建立能够减少代理问题的机制(Gao et al.,2013;Amess et al.,2015),而赋予管理者一定比例的股份是缓解股东与经理人代理冲突的有效手段。具有管理防御动机的经理人倾向于增持现金以降低公司经营风险、巩固职位并获取便于追逐个人利益的可操纵资源(Elyasiani et al.,2015),故高现金持有量在管理者持股较少的公司更为普遍(Nikolov et al.,2014)。国内学者刘井建等(2017)利用上市公司数据分析并验证了股权激励计划对超额现金具有显著的减持作用,也支持了股权激励的"最优契约理论"。管理层持股将形成高管和股东的利益协同效应,使高管收益和公司价值紧密联系,减少高管利

益侵占的动机,从而降低公司的现金持有水平。综上,股权激励提高了高管和股东双方利益的一致性,使得高管需要为增持现金的行为承担更多的成本,降低了高管利益侵占的动机从而使现金持有水平保持在合理水平。作为中介渠道对超额现金持有产生抑制效应,增加股利发放是实现减持现金的一种有效途径,增加股利发放意味着股利"惜派"的减少(杨志强等,2018)。股票期权激励将导致高管现金股利发放倾向性上升,股利"惜派"相应减少(刘磊,2019)。

(三)影响股利发放的相关因素分析

影响上市公司股利政策的因素有很多,魏刚(2000)认为除了盈利能力和成长率以外,影响上市公司股利政策的因素还包括市场化程度、公司的信息环境、高管心理偏好、证监会政策、公司特征、董事会监督力度、高管异质性等。

1.市场化程度

雷光勇等(2007)认为,市场环境的差异对上市公司的股利政策有着重要的影响,在市场化程度较高的地区,公司支付现金股利的意愿更加强烈,同时与国有上市公司相比,在非国有上市公司中,市场化程度对股利支付的影响要更加显著。

2.公司的信息环境

公司的信息环境会对公司股利政策产生一定的影响,较好的信息环境会降低公司股东和高管之间的信息不对称程度,从而缓解公司所面临的融资约束问题,提高公司的股利支付水平(张纯等,2009)。

3.高管心理偏好

高管过度乐观和过度自信的心理偏好也会影响到公司的股利政策,由高度自信的高管管理的公司通常会支付较少的现金股利,并且红利支付水平与信息不对称之间成负相关关系(Deshmukh et al.,2013)。陈其安等(2010)将Deshmukh等(2008)的模型进行了扩展和深化,对我国上市公司高管人员过度自信的心理偏好对公司融资政策和股利政策的影响进行了研究,结果发现高管人员过度自信与现金股利支付水平之间的关系受到高管预期水平的影响,当高管预期公司有美好的发展前景时,高管过度自信程度与现金股利支付水平之间成正相关关系;而当高管预期公司的未来前景较差时,高管过度自信程度与现金股利支付水平之间成负相关关系。

4. 证监会政策

与西方国家的股利政策有所不同,我国上市公司现阶段的股利政策会受到证监会相关政策的影响。为了保障中小股东的权益,从 2001 年开始,我国证监会出台了一系列政策将上市公司的股权再融资资格与其现金股利政策挂钩。伍利娜(2003),陈燕(2008)的研究均指出我国上市公司的现金股利政策并非为了迎合投资者的偏好,而是为了满足市场监管政策的要求以及进一步融资的需要。

5. 公司特征

公司的股利发放政策与公司所属的产业类型(Dhrymes et al.,1967)、企业的成长性(Jensen et al.,1976)、公司规模、自由现金流量以及上一年企业的股利发放情况有关。属于传统产业、成长性越低、公司规模越大、自由现金流量越多、上一年发放股利(股利发放具有稳定性和连续性)的企业越有可能发放较高的股利(宋福铁等,2010)。

6. 董事会监督力度

管理层对自由现金流量的保留与使用受到公司股东及其代理人(董事会)的约束与监督(刘娥平等,2017)。当股东监督力度较弱时,管理层保留自由现金流的机会增大,通过自由现金流可以谋得更多私人利益。此时,管理层通过自由现金流构建"帝国"的动机增强,从而减少发放现金股利来提高股票期权价值。反之,当股东监督力度较强时,管理层保有自由现金流的难度加大,建立"帝国"的风险更大,稍有不慎其职位有可能会被其他经理人所取代。此时,管理层倾向于选择更稳健的获利方式 ——通过发放现金股利提高股票期权价值。由此可见,股票期权激励方式对现金股利的正向作用在股东监督力度强时更为明显(刘磊等,2019)。

7. 高管异质性

"行政高管"的任命和晋升在较大程度上受到政府的影响,从而可能削弱股权激励效果(王曾等,2014)。"行政高管"有很强的晋升动机进行建设形象工程、公益性捐赠、媒体宣传报道等行为 (郑志刚等,2012;杨瑞龙等,2013),这可能导致企业的现金持有水平与目标水平之间出现较大偏差,从而导致股权激励对现金持有行为的激励效果被削弱。而对于"市场高管"而言,其激励机制趋于市场化,"市场高管"的退出机制和激励机制使其利益与企业的经济效益和经营业绩更为相关,因此,提高企业绩效、保持长期稳定发展的动机更加强烈,股权激励的效果更为显著。因此,与"行政高管"相比,针对"市场高管"的股权激励与公司目标现金持有水平之间的负相关关系更为显著(何任等,2018)。

第五节　现有文献评述和研究切入点

一、基础理论方面

不同的学科选择了不同的理论作为研究基础,经济学主要运用"委托—代理"理论和不完全契约理论对股票期权激励制度产生的原因进行了解释,管理学则运用人力资本产权理论和剩余索取权理论从人力资本价值的角度对股票期权激励制度产生的原因进行了解释。由于不同学科关注股票期权激励问题的角度不同,使得研究成果的数量存在较大差异,相对而言,从"委托—代理"角度来研究股票期权激励所获得的成功要多一些。然而,"委托—代理"理论的研究局限于简单阐述股票期权激励制度产生的原因,而没有深入地探讨股票期权的激励效果以及股票期权对公司绩效的影响机制,现有文献对该问题的重视明显不足。因此,本书将遵循"委托—代理"理论,试图更加直接、详细地讨论股票期权对公司绩效的影响,并解释其作用机制。

二、研究视角方面

从现有股票期权激励效应的文献来看,一方面,由于股票期权激励可以促使高管与外部股东的行为协同一致、利益趋同,并能够通过降低高管与外部股东的信息不对称程度、缓和代理冲突、降低代理成本,从而提高公司绩效,具有积极的公司治理效应,因此股权激励可能存在协同效应;另一方面,股票期权激励又可能增强高管对公司的控制权,以致高管可以更加便利地侵占公司资源,并以牺牲公司整体利益为代价实现个人效用最大化,从而导致公司绩效下滑,因此股权激励也可能存在壕沟效应。由于高管薪酬激励契约由各种外部市场力量和高管自身影响力共同决定,导致以上两种截然相反的观点不会必然被对方完全代替(Bebchuk et al.,2005)。因此,股票期权激励是一把双刃剑,需要与之配套的监督和制衡机制,也需要科学合理的机制设计,以切实保证其积极治理作用得到充分发挥。而目前少量股票期权激励效应研究多基于股票期权激励可以促使高管努力工作、降低代理成本的协同效应展开,基于高管道德风险行为视角的研究则鲜有提及,相关的案例研究和大样本实证研究则更为缺乏。事实上,在"经济人假说"思想的影响下,高管很有可能会从事一些有利于自身效用最大化而有损于公司和股东利益的行为,可见股权激励在短期内可能存在一定的消极治理作用。因此,未来研究有必要从高管道德风险行为的视角深入考察股票期权作为自变量影响公司绩效的机制。

三、研究框架方面

从股票期权激励效应影响因素的文献来看,目前大部分研究关注对股票期权影响因素的探讨。文献中已经识别的影响因素,从市场环境到产业类型、公司股权性质和董事会治理,涵盖面非常广。但是已有研究存在以下不足:大多研究者从各自不同的理论视角出发,试图挖掘过去文献中不曾发现的影响因素,这种试图将所有因素罗列出来的研究做法,对实践的指导作用并不大,因为因素间的相互影响会使罗列式的研究对实践毫无指导意义(汪秀琼等,2011)。因此,我们迫切需要建立更富逻辑性的理论分析框架,并进行实证检验,以厘清股票期权激励影响因素对公司绩效的作用机制。

四、衡量指标方面

为了验证我们构建的"股票期权—道德风险行为—公司绩效"的分析框架是否合理,有必要探讨道德风险行为的衡量指标。已有研究大都将道德风险行为作为高管机会主义行为的一种方式纳入股票期权激励契约设计的研究当中,探讨高管在自利动机下会采取何种方式对行权价格、行权数量、行权期和行权标准四个方面做出有利于自身的安排。然而这四种行为方式都是高管在股票期权激励契约签订之前所采取的机会主义行为,相关研究并未涉及股票期权激励契约签订之后高管可能采取的道德风险行为。本书试图弥补现有研究的不足,从公司财务活动视角研究股票期权激励契约签订之后高管可能会采取的道德风险行为。事实上,高管在股票期权激励契约签订之后所采取的道德风险行为对公司的绩效有着显著的影响。结合现实情况,我们从非效率投资、过度负债和股利"惜派"这三个方面来探讨高管的道德风险行为,并认为这些道德风险行为对公司绩效产生了负面影响。本书将构建一个研究的框架,从道德风险行为的视角来揭示股票期权激励对公司绩效的影响机制。

第六节　本章小结

本章对股票期权激励基础理论、股票期权激励效应、道德风险行为、股票期权激励与道德风险行为相互关系等方面的理论进行了简要综述。其中,股票期权激励基础理论包括"委托—代理"理论、不完全契约理论、人力资本产权理论、剩余索取权理论和关系型交易理论。股票期权激励效应的理论综述主要是对股票期权激励原理、股票期权外生性研究、股票期权内生性研究、股票期权激励影响因素进行了论述。道德风险行为的理论综述主要是对道德风险行为产生的根源、道德风险的三种表现形式以及三者之间的相互关系进行了论述。股票期权激励与道德风险行为相互关系的理论综述则主要包括股票期权激励与非效率投资的关系、股票期权激励与过度负债的关系、股票期权激励与股利"惜派"的关系。在对相关文献进行了回顾之后,对现有文献的理论基础、研究内容和研究对象等方面进行了综合评述,并指出现有研究存在的一些不足和本研究的切入点。本章的理论研究综述与本书的整个研究紧密相连,为后面章节理论框架的构建和研究假设的提出提供了相应的理论依据与基础。

第三章 股票期权激励、非效率投资及公司绩效的相互关系

根据前面的文献综述和案例分析，可以发现股票期权激励和非效率投资分别是影响公司绩效最主要的内部因素和外部因素，因此我们将二者纳入同一个分析框架来探讨股票期权激励如何影响公司的非效率投资进而影响公司绩效，是完全符合逻辑的。非效率投资能否成为股票期权激励与公司绩效关系的中介变量？根据Mackinnon(2002)的建议，我们需要论证三个关系是否存在：一是股票期权激励与非效率投资之间的关系是否存在；二是非效率投资与公司绩效之间的关系是否存在；三是股票期权激励与公司绩效的关系是否存在。本章将沿着这一逻辑思路提出股票期权激励、非效率投资、公司绩效相互关系的相关命题假设并对其进行实证检验。

第一节　理论模型

股票期权发挥激励作用的逻辑为：公司授予高管股票期权—高管努力工作—公司绩效得到提升—公司股价上涨—高管获得股票期权溢价收益。然而，这一旨在激励高管努力工作的股票期权激励方案也有可能引发新的道德风险行为，即拥有股票期权的高管为了获得更多的股票期权溢价收益，可能会将公司的经营目标放在提高公司股价上面，在某些情况下，甚至会放弃公司的长期利益来换取较高的股票价格。高管的这一道德风险行为在投资领域也会有所体现，主要表现为过度投资和投资不足这两种非效率投资行为。非效率投资的实施在给高管带来更多的股票期权溢价收益的同时，也会导致公司绩效的下滑，本章将在这样一个逻辑框架下，研究股票期权激励、非效率投资、公司绩效的顺向关系，沿着"结构—行为—绩效"的研究范

式(S—C—P范式),对股票期权激励、非效率投资、公司绩效的顺向关系进行分析。

一、针对股票期权激励与非效率投资间关系的理论假设

投资作为公司重要的财务活动,一方面是公司积累资金和不断成长的主要动因,另一方面也是联结企业当前利益和长远利益的纽带。但广泛存在的信息不对称以及"委托—代理"冲突所导致的非效率投资(包括过度投资和投资不足)不仅影响了公司未来的业绩增长,而且还大大增加了公司的经营风险。因此,优化上市公司投资决策一直是理论界和实务界共同努力的目标。那么,如何才能有效抑制高管的非效率投资行为,进而提高公司的经营绩效呢? 研究发现,股票期权激励有助于缓解高管自利行为所引发的"委托—代理"问题(Jensen et al.,1976;Smith et al.,1992),推动高管接受净现值为正的投资项目,缓解投资不足问题;同时通过协调高管利益和股东利益,促使高管放弃净现值为负的投资项目,抑制过度投资动机。股票期权激励是面向未来的,具有延期支付的性质,实施结果具有不确定性,且收益与风险并存,为此,股票期权激励将显著提高高管追求公司价值最大化的积极性,促使高管更加关注公司潜在的投资机会,更加关注未来业绩的增长(张海平,2011)。

企业的投资效率一般会受到环境不确定性的影响,企业所面临的环境不确定性越高,投资效率越低,从而导致过度投资或投资不足。而股权激励措施对不确定环境引起的高管非效率投资行为有抑制作用。股权激励制度有助于减少环境不确定性导致的代理矛盾,抑制过度投资,也有助于降低企业管理者对风险的厌恶程度,缓解投资不足(徐倩,2014),进而提升公司的业绩。我们以上市家族企业为研究对象,得到了相似的结论。股权激励有效地抑制了家族企业的过度投资和投资不足,且股权激励强度水平越高,两种非效率投资的绝对水平越低。

赵国宇等(2019)通过建立理论模型对股权激励、投资水平与公司市场价值之间的内在关系进行了分析,得出结论:股权激励有利于使股东与经理的利益目标趋于一致,缓解代理矛盾,股权激励促使经理选择合理投资水平从而提升公司价值。进一步利用深、沪两市 2012—2014 年上市公司的数

据检验股权激励对投资决策、公司价值的影响。实证研究结果表明,与非股权激励的上市公司相比,股权激励公司的过度投资行为得到抑制,投资水平更加合理,公司的市场价值得到提高(赵国宇,2019)。

然而,这项旨在降低公司非效率投资行为的长期激励模式,会因为高管的机会主义动机而引发新的过度投资或投资不足。拥有股票期权的高管通常希望公司的股票价格在行权之前有一个大幅度的提升,这样就可以获得股票当期市场价格与行权价之差所带来的股票期权溢价收益,这一机会主义动机可能导致高管盲目追求风险和过度投资。具体而言,高管通过构建"商业帝国",不仅获得了较高的权力、地位、威望、在职消费等非货币性收益,而且间接地向市场传递了公司实力雄厚、盈利能力强、规模经济突出的正面信息(Hart,1995b)。在投资者和经营者之间存在信息不对称的情况下,"有限理性"①的投资者通常会以公司的规模而非绩效来衡量公司的发展潜力,进而在资本市场上争先购买大公司的股票,导致该公司的股票价格急速上涨。Conyon 等(2000)认为高管可以通过扩大公司规模来获取更多的私人利益,大公司高管所获得的货币或非货币收益要远远高于小公司高管,高管收益与公司规模之间表现出显著的正相关关系。Coles 等(2006)检验了股票期权激励与投资决策、融资决策和公司风险之间的因果关系,他们发现在控制高管人员的薪酬业绩敏感度、公司决策的反馈影响与激励方案的风险时,高管收入对股价波动的敏感度越高,高管就越有可能做出高风险的投资决策。

股票期权激励会导致高管盲目追求风险和过度投资(高程德,2000;邬展霞,2005)。不仅如此,上市公司高管股票期权与过度投资之间的这种正相关关系,还表现为一种内生决定的过程(罗富碧等,2008)。与此同时,我国上市公司股权性质以及资本市场的特殊性使得高管的过度投资动机变得

---

① 赫伯特·西蒙(Herbert Simon)最早将有限理性概念引入经济学,并建立了有关过程理性假设的各种模型。他认为,人们只能在决策过程中寻求满意解而难以寻求最优解,"行为主体打算做到理性,但现实中却只能有限度地实现理性"。威廉姆森(Williamson)接受了西蒙的有限理性学说,他曾从纯学理和现实契约协议两方面对有限理性进行了分析,指出经济协约人在接收、存储、检索、处理信息以及语言运用等方面的认知能力不足会影响人的抉择(何大安,2006)。

更加强烈。由于我国的上市公司大多是经过国企改制而重新组建的，公司的控制权仍掌握在政府手中，公司高管不仅仅是公司的经营管理者，还拥有一定的行政级别，因此，公司内部存在严重的"所有者缺位"和"内部人控制"等现象（罗富碧等，2008）。在国有上市公司"内部人控制"现象以及中小股东"搭便车"现象盛行的情况下，上市公司的投资决策权往往掌握在高管手中，这为高管的非效率投资行为提供了天然的条件。高管在制定企业投资决策的时候，会很自然地表现出投资目标多元化的特征，不仅追求公司价值最大化，而且十分关注就业、环境污染、社会公平以及个人升迁等问题，公司规模的扩大显然有利于实现高管的多元化目标。另外，由于我国还没有建立起完善的经理人市场，针对高管的激励和约束机制并不能完全发挥作用，因此，在机会主义动机的驱使下，高管便有了从事过度投资行为、建立"商业帝国"的强烈愿望。实施股权激励制度反而使得公司更容易出现过度投资行为（唐雨虹等，2017；汪健等，2013）。孙凤娥等（2019）研究发现，当盈利水平低于门槛值时，股权激励反而会促进过度投资。

另外，当投资收益依赖于高管的努力水平，并且该努力水平需要高管付出努力成本时，努力水平的道德风险行为会导致在投资水平上的道德风险行为，代理冲突也会影响投资决策（Hirshleifer et al.，2013）。Campbell 等（1989）研究发现，当投资绩效影响高管的能力或声誉时，高管与股东的投资冲突也会出现，他们的研究模型表明，达到最优的激励合同均衡时，高管是投资不足的。Aggarwal（2003）在"委托—代理"的框架下建立了激励与投资关系模型，然后实证检验了模型的结果，实证结果表明公司是投资不足的，其中 54％ 的公司高管有投资的私人成本，41％ 的公司高管具有投资的私人利益。Ghosh 等（2007）详细考察了高管股权激励与公司投资间可能存在的非线性关系。他们指出，在研发密集型项目中公司存在较突出的投资不足现象，而在资本支出上公司存在较突出的过度投资问题。Panousi 等（2012）认为，股权等形式的高能激励能有效地促进公司高管更努力地工作，但也使得高管暴露于公司的个体异质风险中。从较好地分散股东风险角度看，公司不确定性增加时高管的风险厌恶特征会导致公司投资不足问题的产生。

通过上述分析可以发现，针对高管的股票期权激励与过度投资、投资不足等非效率投资之间存在正相关关系，因此提出假设：

假设 H1a：高管股票期权激励与过度投资正相关；

假设 H1b：高管股票期权激励与投资不足正相关；

假设 H1c：过度投资是股票期权激励与公司绩效的中介变量；

假设 H1d：投资不足是股票期权激励与公司绩效的中介变量。

二、针对非效率投资与公司绩效间关系的理论假设

投资是影响上市公司市场价值的重要因素之一，Jensen（1986）和 Myers（1977）分别从过度投资和投资不足这两个视角对此问题进行了研究。过度投资指的是将自由现金流量投入净现值为负的投资项目当中，当公司拥有充足的自由现金流量时，过度投资问题就会凸显出来。过度投资问题产生的根源在于两权分离所引起的"委托—代理"问题，所有权和经营权的分离将导致股东的利益与高管的利益高度不一致（Berle et al.，1932），高管努力经营企业所获得的成果由股东分享，而经营过程中所产生的风险和成本却要由高管单独承担，这势必造成高管的决策偏离股东价值最大化的目标（Jensen et al.，1976）。高管为了获取私利可能会做出有损于公司整体利益的投资决策，其中最常见的牟取私利的方式就是扩大企业规模，因此，高管会尽量使用自由现金流进行投资，甚至将自由现金流投资于净现值为负的项目当中。自由现金流量越多，过度投资问题越严重。[①] 国内学者何金耿等（2001）以上海证券市场 397 家上市公司为样本，研究得出高管的机会主义动机导致企业高额利润留存，进而引发过度投资问题。Hart（1995b）认为高管有构建"商业帝国"的强烈动机，"商业帝国"的建立必定会带来个人威望、地位、声誉等的提升，而这些私人收益是以牺牲公司整体利益为代价换取的。

投资不足则是指公司放弃净现值为正的投资项目。Amihud 等（1981）认为股东与高管在投资决策方面的冲突源于风险偏好的不同，对风险的不同态度可能导致过度投资或投资不足。通常高管是投资不足的，因为高管从投资中所获取的剩余收益可能与其所承担的潜在成本不对称，高管无法

---

① Jensen（1986）认为派发现金股利、举借债务可以有效制约过度投资行为，在本书后面的章节中会有详细的论述。

获得投资所创造的全部收益，却要承担投资失败所带来的个人职业风险，会影响到高管的竞争力声誉，声誉的下降会进一步影响到高管人力资本的市场价值。Aggarwal(2003)在"委托—代理"理论框架下建立了关于激励与投资的关系模型，然后对模型进行实证分析，实证结果表明公司是投资不足的。由此可知，高管为了维护自身的职业安全以及良好声誉有可能会主动放弃净现值为正的投资项目，这将给公司带来难以估量的损失。

可见，过度投资和投资不足都将导致公司绩效下降。因此提出以下假设：

假设 H2a：过度投资与公司绩效负相关；

假设 H2b：投资不足与公司绩效负相关。

三、关于股票期权激励与公司绩效间关系的理论假设

实施股票期权激励的目的是有效解决公司所有者和经营者之间存在的"委托—代理"问题，激励高管努力工作，进而提升公司的经营绩效。然而，这项激励制度在实施的过程中却暴露出一系列问题。Demsetz 等(1985)，Himmelberg 等(1999)，以及 Guay 等(1999)对此提出了"壕沟效应假说"，认为当经营者的持股比例达到一定高度以后，经营者通常会凭借自己的控制权地位采取道德风险行为来获得更多的控制权私人收益，从而使高管的行为渐渐偏离公司的经营目标。比如经营者为了巩固自己在公司的控制权地位，会想尽一切办法阻止本公司被其他公司收购或兼并，从而造成公司资源的低效率配置和公司价值的下降(Fama et al., 1983)。美国 20 世纪 90 年代接连出现的财务丑闻，在一定程度上证实了"壕沟效应假说"。持有大量股票期权的高管常常会通过做假账、虚报利润等盈余管理①方式人为地抬高股票价格，从而获得大量的股票期权溢价收益(Bergstresser et al., 2006；Burns et al., 2006)。

国内很多学者也得出了相似的结论，李增泉(2004)，魏刚(2000)分别以1998 年和 1999 年的上市公司为样本分析了高管股权激励与公司绩效之间

---

① 盈余管理是指高管通过职业判断选择不同会计政策以及构造经济业务，修改财务报告的数据，旨在误导某些外部股东对公司发展潜力的理解，并影响某些以财务数据为基础的契约结果(Healy,1999)。

的关系,研究结果都表明我国上市公司高管的持股比例与公司绩效并不相关。换言之,我国上市公司的高管股票期权激励并没有发挥应有的积极效应(杜志雄等,2004;顾斌等,2007)。之所以出现这样的现象是因为公司治理结构的不完善以及绩效指标的不科学为高管的寻租行为提供了诸多便利(周建波等,2003)。从技术创新的角度来分析,股权激励在一定程度上减少了技术创新投入及产出。由于高管拥有配置资源的权力,他可能存在利己行为,他有能力、有动机通过操纵业绩水平达到行权条件从而损害公司利益(黄新建等,2020)。

高管的道德风险行为一般通过非效率投资、过度负债和股利"惜派"这三种方式得以体现。就非效率投资而言,Hart(1995b)所提出的"商业帝国假设"认为,高管有扩大公司规模、构建"商业帝国"的强烈动机。与小规模的公司相比,大规模的公司不仅能给高管带来较高的威望、地位、权力等非货币性收益,而且还会向市场传递公司具备雄厚实力、盈利能力强、规模经济突出的正面信息,在信息不对称的情况下,投资者会在资本市场上争先购买公司股票,进而导致公司股价快速上涨,使高管获得丰厚的股权溢价收益。非效率投资所带来的最终结果就是资源的非效率配置以及公司绩效的下滑。

通过上述分析,我们认为针对高管的股票期权激励有可能会引起公司绩效的下降。因此,提出假设:

假设 H3:高管股票期权激励与公司绩效负相关

四、董事会监督对非效率投资与公司绩效间关系的调节作用

高管的非效率投资行为除了取决于股票期权激励这一内在动因以外,还会受到公司所属产业类型、公司股权性质、股权集中度、董事会职能等诸多外部因素的影响,而在众多外部影响因素中,董事会的监督显然是最主要的影响因素。一般而言,监督职能较强的董事会可以有效抑制高管的过度投资或投资不足行为,而监督职能较弱的董事会则有可能引发过度投资或投资不足(Bertrand et al.,2003;Dittmar et al.,2007)。国内学者唐雪松等(2007)认为国内上市公司普遍存在过度投资现象,且公司治理机制在制约过度投资行为中基本有效,但独立董事并未发挥作用。李云鹤等(2011)关

于公司治理因素(如大股东持股比例、董事长和总经理是否两职合一、高管持股比例、独立董事比率)与公司投资政策之间相互关系的研究,使我们对公司投资政策的影响因素有了较为清晰和深入的认识。

作为公司投资决策的重要影响者和最终裁决者,董事会通常会根据投资环境的变化对公司的投资决策做出必要的调整,以使投资决策更加符合公司的长远利益。董事会一般具备监督和战略咨询两项职能,而监督职能对公司投资决策的制定和实施起着决定性的作用。通常我们用独立董事[①]在董事会中所占的比重来反映董事会监督职能的大小,独立董事一般是由某一领域的专家、学者、大学教授等组成,他们凭借自身的专业知识和管理经验对公司的投资决策提供专业性的意见,这些意见具有较高的科学性和独立性,对公司的非效率投资可以起到很好的监督和约束作用(Richardson,2002)。因此,我们提出假设:

假设 H4a:相对于董事会监督职能较弱的公司,董事会监督职能较强的公司,其过度投资对公司绩效的影响更小一些;

假设 H4b:相对于董事会监督职能较弱的公司,董事会监督职能较强的公司,其投资不足对公司绩效的影响更小一些。

五、研究框架设计

通过以上分析,提出如图 3-1 所示的股票期权激励、非效率投资、公司绩效相互关系的研究假设框架图。

---

① 董事会监督职能通常以独立董事比率来表示,独立董事通过自身监督职能的发挥能够对高管的各种机会主义行为起到很好的抑制作用,独立董事比率与高管的长期激励程度之间存在着显著的正相关关系(牛建波,2004)。

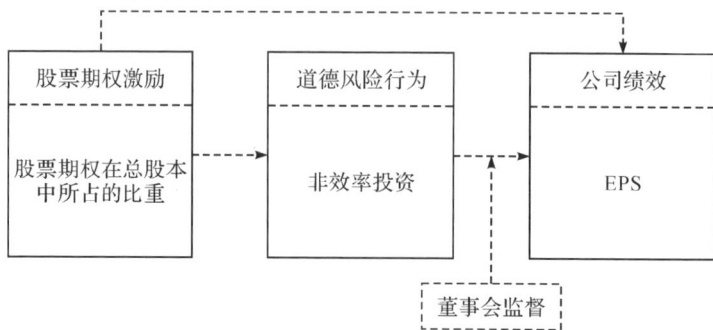

图 3-1　股票期权激励、非效率投资与公司绩效相互关系的研究假设框架

第二节　研究设计与方法

本节将在上一节理论假设的基础上建立起股票期权激励、非效率投资、公司绩效相互关系的实证模型。

一、数据来源与样本

本章主要研究投资行为对股票期权激励效应的影响。基于上一节提出的研究假设以及研究目的，我们对样本进行了一定程度的筛选。具体原则为：

第一，由于 2006 年股权分置改革的完成以及新会计准则和《上市公司股权激励管理办法（试行）》等法律法规的正式实施，股票期权激励制度实施的环境发生了巨大的变化，因此本部分选取 2006—2012 年实施了股票期权激励计划的公司作为研究样本。

第二，本部分将对股票期权与公司绩效间的关系进行考察，考虑到股票期权对公司绩效的"跨期"影响，为了保证研究的准确性与时效性，本部分以 2006 年初至 2012 年底正式实施股票期权激励方案的 A 股上市公司的第二年的数据为实证分析的数据来源。

第三，剔除数据不全或不合理的样本，截至 2012 年 12 月 31 日，我国共有 121 家上市公司推出了股票期权激励方案，但是，由于宏观经济下行、公司治理不完善、股票期权存在福利化倾向等原因，有 30 家上市公司终止了股票期权激励方案，故对这些样本予以剔除。由于金融类公司以及被 ST 的公司的财务数据存在诸多异常，因此，在实证分析过程中不予考虑。最终剩下的 74 家公司即为本研究的样本。样本的数据来源于 CSMAR 国泰安数据库和 Wind 金融数据库，使用的统计软件为 SPSS17.0。本书其他章节的实证研究同样使用该样本。

二、中介变量检验方法

中介变量是指，当考虑自变量 X 对因变量 Y 的影响时，如果 X 对 Y 的影响是通过影响 M 来实现的，则 M 为中介变量。中介变量分析方法在社会学和心理学等学科中已被普遍采用。

中介变量研究方法是三个层次关系的统一体，必须满足三个步骤（见图 3-2）：①自变量 X 对因变量 Y 的影响成立。②自变量 X 对中介变量 M 的影响成立。③自变量 X 和中介变量 M 同时影响因变量 Y 时，即把 X 与 M 作为自变量纳入同一方程时，自变量 X 对因变量 Y 的影响很小甚至不存在。若影响很小，表明中介变量起到部分传导效应；若影响不存在，说明自变量对因变量的影响全部由中介变量传递实现。在人文社会科学中，中介变量完全传导效应很少存在，经常出现的情况是在步骤③时，自变量对因变量的影响作用依然存在，但显著弱于步骤①，此时可认为自变量对因变量的影响有一部分是通过中介变量实现的（罗勤艳，2012）。按照 Freedman 等（1992），Mackinnon 等（2002），温忠麟等（2004），王化成等（2008）的研究，当一个变量能够在一定程度上解释自变量和因变量之间的关系时，我们就认为它可能起到了中介作用。中介效应的大小用 $c-c^{\cdot}=a\times b$ 来衡量，中介效应与总效应之比为 $(c-c^{*})/c$。

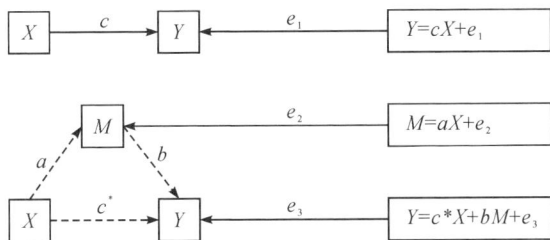

图 3-2　中介变量

图 3-2 中介变量示意温忠麟等(2004)所提出的中介效应检验程序(见图 3-3),可以用于完全中介效应检验和部分中介效应检验,图中的系数与图 3-2 中的系数相对应。检验过程如图 3-3 所示:①对方程 $Y=cX+e_1$ 中的系数 c 进行检验,如果 Y 与 X 之间的相关性不显著则停止中介效应分析,如果 Y 与 X 之间表现出显著的相关性则依次对系数 a 和 b 进行检验。②在系数 a 和 b 都显著的情况下,需要进一步检验方程 $Y=X+bM+e_1$ 中的系数,在对系数进行检验的过程中,如果检验结果为显著,那就表明中介效应显著;相反,如果检验结果为不显著,那就说明完全中介效应显著。③在系数 a 和 b 中至少有一个不显著的情况下,则需要做 Sobel 检验。检验结果为显著,则表明中介效应显著;反之,如果检验结果为不显著,则表明中介效应不显著。其中,统计量 t 的计算方法是:

$$t_{N-2} = \frac{c - c^{\cdot}}{\sqrt{s_c^2 + s_{c^{\cdot}}^2} - 2s_c s_{c^{\cdot}} \sqrt{1 - \rho_{xm}{}^2}}$$

式中,s_c 是 c 的标准误;$s_{c^{\cdot}}$ 是 c^* 的标准误,在以下的中介效应检验表中,我们统一用 SE 来代替标准误;ρ_{xm} 为股票期权与道德风险行为变量的相关系数。

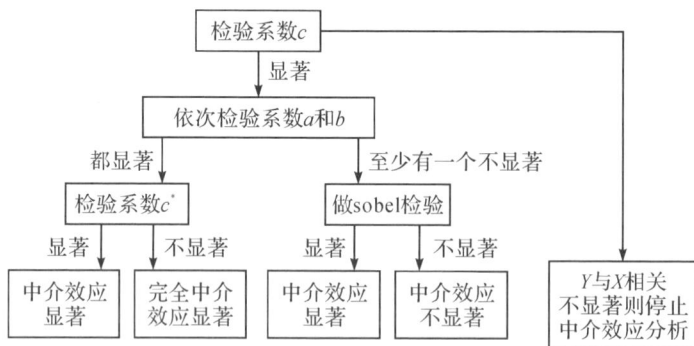

图 3-3　中介效应检验程序

三、调节变量检验方法

什么是调节变量?简单地说,如果变量 X 与变量 Y 有关系,但这种关系受第三个变量 Z 的影响,那么变量 Z 就是调节变量,调节变量所起的作用称为调节作用。如果用数学语言来描述,就是当两个变量(如 X 和 Y)之间的关系是第三个变量(如 Z)的函数(Aguinis,2011)时,Z 便称为 X 与 Y 关系的调节变量。调节变量既有可能影响自变量与因变量之间关系的方向,也有可能影响自变量与因变量关系的强度(Baron et al.,1986)。在组织研究中,调节变量可以是类别变量,也可以是连续变量(Sharma et al.,1981;Baron et al.,1986)。

调节变量表现出的最本质特征是它与其他一些自变量的交互作用,在回归方程中表现为一个交互项。因此,调节作用或效应也被称为交互作用或效应(Aguinis,2011)。对这种交互效应的检验可以分为以下几步:①对连续变量进行中心化或标准化处理(如果是类别变量,则要用虚拟变量代表类别变量)。将连续性自变量和调节变量做中心化变换,即变量减去其均值,是为了克服多重共线性的影响(温忠麟等,2005);②构造乘积项,将经过中心化处理以后的自变量和调节变量相乘;③构造方程,把自变量、因变量(这里的自变量和因变量是未中心化的)和乘积项都放到多元层级回归方程中,检验交互作用。我们只需要关注乘积项的系数是否显著。如果显著,即可证明调节作用的存在。

四、实证模型建构与变量选择

(一)股票期权激励对非效率投资的影响机制模型

1. 实证回归模型

在设计假设模型之前,首先要确定各个变量以及它们的计算方法,本部分是研究公司股票期权激励与公司投资行为之间的关系,因此,对投资行为的确定就构成了研究的重点和难点。我们通常用过度投资和投资不足两个变量来衡量公司投资行为,借鉴 Richardson(2006),辛清泉等(2007)的模型,估算出企业正常的投资水平,用企业实际的投资水平与估算的企业正常的投资水平之差(回归残差)来衡量非效率投资,残差大于零代表过度投资,残差小于零则代表投资不足。具体分析如下:

首先将总投资 I_{total} 分解为维持资产原有状态的投资 $I_{maintenance}$ 与新方案上的投资 $I_{new,t}$;其中新方案上的投资又可分为投资在一个净现值为正的新方案上的适度投资 $I_{new,t}^*$ 与额外投资 $I_{new,t}^\varepsilon$。用公式可表示为

$$I_{\text{total}} = I_{\text{maintenance}} + I_{\text{new},t}$$

$$I_{\text{new},t} = I^*_{\text{new},t} + I^{\varepsilon}_{\text{new},t}$$

I_{total} =（构建固定资产、无形资产和其他长期资产支付的现金）+（取得子公司及其他营业单位支付的现金净额）-（处置固定资产、无形资产和其他长期资产收回的现金净额）-（处置子公司及其他营业单位收到的现金净额）

$I_{\text{maintenance}}$ =固定资产折旧+长期待摊费用摊销+无形资产摊销

公司新增投资 $I_{\text{new},t}$ 需要根据公司投资机会进行估算，投资公式中的各个决定因素是根据 Himmelberg 等（1999）的研究结果所确定的。考虑到公司本期的投资支出受到上一期各相关因素的影响，本书将自变量滞后一期，考察 $t-1$ 期各相关因素对 t 期非效率投资行为的影响，有

$$I_{\text{new},t} = \alpha + \beta_1 \text{Growth}_{t-1} + \beta_2 \text{LEV}_{t-1} + \beta_3 \text{Cash}_{t-1} + \beta_4 \text{AGE}_{t-1} + \beta_5 \text{Size}_{t-1} + \beta_6 \text{Returns}_{t-1} + \beta_7 I_{\text{new},t-1} + \sum \text{Industry} + \sum \text{Year} + \varepsilon \qquad (3.1)$$

模型（3.1）中，$I_{\text{new},t}$ 为第 t 年的新增投资量；Growth_{t-1} 代表我国上市公司的成长机会，用主营业务收入增长率来表示（顾群，2011；陈琪，2012），之所以没有采用托宾 Q 值是因为我国资本市场具有浓烈的投资气氛，托宾 Q 值并不能很好地反映公司的成长机会；LEV_{t-1} 为 $t-1$ 年末或 t 年初的资产负债率；Cash_{t-1} 为公司 $t-1$ 年末或 t 年初的现金持有量，通常用货币资金与总资产的比值来表示；AGE_{t-1} 为企业上市年限；Size_{t-1} 表示公司规模，一般用公司总资产的自然对数来表示；Returns_{t-1} 为 $t-1$ 年末或 t 年初的股票回报率，通常用普通股获利率来表示；$I_{\text{new},t-1}$ 为第 $t-1$ 年的新增投资量；Industry 为行业变量；Year 为年度变量。通过对模型（3.1）的回归，估算出各变量前的参数，进而计算各样本的 t 年预期新增投资量，然后用企业 t 年的实际资本投资量减去预期的投资量，剩下的残差便是公司的非效率投资水平。残差为正，表示企业实际投资大于预期投资，企业存在过度投资现象，用 OverInvest 表示；残差为负，则表示企业实际投资小于预期投资，企业存在投资不足现象，用 UnderInvest 表示。

计算出企业过度投资或投资不足的数值之后，参考 Richardson（2006）的研究成果，设计出如下假设模型来考察高管股票期权激励对公司非效率投资行为的影响。为了避免高管股票期权激励与公司非效率投资行为之间

可能存在的"同期性偏见"问题，本书参考陈德球等（2009）的做法，采用自变量滞后一期的数据建立检验模型：

$$\text{OverInvest}_t = \alpha + \beta_1 \text{Option}_{t-1} + \beta_2 \text{Size}_{t-1} + \beta_3 \text{ER}_{t-1} + \beta_4 \text{FCF}_{t-1} +$$
$$\beta_5 \text{ROE}_{t-1} + \beta_6 \text{Gshare}_{t-1} + \beta_7 \text{Growth}_{t-1} + \beta_8 Z_{t-1} + \beta_9 \text{Return}_{t-1} + \beta_{10} \text{State}_{t-1} +$$
$$\beta_{11} \text{IH}_{t-1} + \beta_{12} \text{PayRT}_{t-1} + \beta_{13} \text{Age}_{t-1} ++ \sum \text{Industry} + \sum \text{Year} + \varepsilon \qquad (3.2)$$

$$\text{UnderInvest}_t = \alpha + \beta_1 \text{Option}_{t-1} + \beta_2 \text{Size}_{t-1} + \beta_3 \text{ER}_{t-1} + \beta_4 \text{FCF}_{t-1} +$$
$$\beta_5 \text{ROE}_{t-1} + \beta_6 \text{Gshare}_{t-1} + \beta_7 \text{Growth}_{t-1} + \beta_8 Z_{t-1} + \beta_9 \text{Return}_{t-1} + \beta_{10} \text{State}_{t-1} +$$
$$\beta_{11} \text{IH}_{t-1} + \beta_{12} \text{PayRT}_{t-1} + \beta_{13} \text{Age}_{t-1} + \sum \text{Industry} + \sum \text{Year} + \varepsilon \qquad (3.3)$$

模型（3.2）和（3.3）中的 OverInvest_t 和 UnderInvest_t 分别表示公司在 t 年的过度投资和投资不足；Option_{t-1} 代表公司在 $t-1$ 年的股票期权实施的情况，用股票期权占总股本的比重来表示；考虑到股票期权是影响公司非效率投资行为的主要因素，根据 Richardson（2006），张海平（2011）等的研究成果，本书将公司在 $t-1$ 年的企业规模（Size_{t-1}）、产权比率（ER_{t-1}）、自由现金流量（FCF_{t-1}）、净资产收益率（ROE_{t-1}）、高管持股比例（Gshare_{t-1}）、公司成长性（Growth_{t-1}）、股权制衡度（Z_{t-1}）、普通股获利率（Return_{t-1}）、公司股权性质（State_{t-1}）、机构投资者持股比例（IH_{t-1}）、现金股利发放率（PayRT_{t-1}）、高管年龄（Age_{t-1}）作为控制变量。考虑到年度宏观经济形势对公司投资行为以及行业性质对公司投资行为的影响，本书进一步控制了年度（Year）和行业（Industry）两个虚拟变量。

2. 变量选择

（1）被解释变量

模型中的被解释变量由公司在 t 年的过度投资（OverInvest_t）和投资不足（UnderInvest_t）这两个指标来衡量。过度投资指的是将资金投至净现值为负的投资项目中，投资不足则是指放弃净现值为正的投资项目，两者都是非效率投资行为的表现形式，都将导致公司绩效的下降。

（2）解释变量

模型中的解释变量为公司在 $t-1$ 年的股票期权（Option_{t-1}），通常用高管所获得的股票期权占公司总股本的比重来表示。

（3）控制变量

由上述假说模型可知，公司的非效率投资行为通常受到公司股权性质等变量的影响,具体包括如下变量。

①公司股权性质($Stage_{t-1}$):国内上市公司普遍存在过度投资行为,同时,由于国有控股公司存在"所有者缺位""债务软约束""薪酬管制"等特点,与非国有控股公司相比,国有控股公司的过度投资行为更为严重(汪平等,2009)。模型中的公司股权性质($State_{t-1}$)为虚拟变量,国有取值为1,非国有取值为0。

②股权制衡度(Z_{t-1}):用公司第一大股东与第二大股东持股比例的比值表示,当公司存在多个大股东时,几个大股东之间的相互制衡能够较好地缓解非效率投资。黄本多等(2009)以国内上市公司为样本,对股权制衡度与过度投资行为之间的相互关系进行了实证分析,结果发现股权制衡的存在在一定程度上起到了抑制过度投资行为的作用。

③机构投资者持股比例(IH_{t-1}):机构投资者的参与在提高公司治理水平方面会产生积极影响,有利于抑制公司的非效率投资行为,机构投资者持股比例与公司绩效之间存在正相关关系(孙凌姗等,2006),通常用基金的持股比例来表示。

④产权比率(ER_{t-1}):用负债总额/所有者权益总额来表示,用于衡量公司的流动性约束。一方面,高负债会抑制公司正常的投资资金筹集,抑制高管的投资行为;另一方面,高管为避免破产,有时候会放弃净现值为正的新投资项目(朱磊,2008)。

⑤现金股利发放率($PayRT_{t-1}$):用每股股利/每股盈利来表示,发放现金股利可以起到抑制高管非效率投资行为的作用,现金股利的发放会减少公司的自由现金流量,由于现金流的减少,公司只能寻求外部融资,而外部融资比例的增加将使公司面临更加严格的外部监督,从而导致公司非效率投资行为的减少。公司本年度的投资水平会受到上一年净资产收益率的影响,盈利能力强的企业投资支出所占比重也较大(潘立生,2012)。

⑥公司规模($Size_{t-1}$):公司规模在一定程度上反映出监控的难易程度,当公司规模很大时,监控就显得很困难(Eaton et al.,1993),由于监督和激励具备天然的替代关系,因此,规模较大的公司相应的股票期权激励的程度也应该较大(Kang,2006)。

⑦高管年龄(Age_{t-1}):随着年龄的不断增长,高管的职业生涯进入最后

阶段,对高管而言,这一阶段最主要的任务就是保持职位的相对稳定和安全,有固定的收入,维持良好的生活和消费习惯,因此不会选择有损于职业安全的投资决策和行为,从而导致投资不足。由此可见,高管的管理防御行为会随着年龄的增长而变得更加严重(Carlsson et al.,1970)。

⑧自由现金流量(FCF):按照"自由现金流量假说",企业的自由现金流量与过度投资成正比,其数值可由公式计算得出,即,自由现金流量=(净利润+利息费用+非现金支出)-营运资本追加-资本性支出。

⑨行业(Industry):在不同的行业实施股票期权激励所取得的激励效果是不同的,高新技术行业由于具备高成长、高风险、高盈利等特点,实施股票期权的激励效果会较为明显;而传统行业由于受到自身特征和市场环境的影响,股票期权的激励效果会有所下降。因此本部分设置了 10 个行业的虚拟变量,当样本属于相应行业时,该变量取值为 1,否则取值为 0。

⑩年份(Year):我们以 2006 年作为股票期权激励制度实施的起始点,因此,本部分以 2006 年为基期,设置了 6 个年份的虚拟变量以反映公司所处外部环境的系统性差别。当样本属于相应年份时,该变量取值为 1,否则取值为 0。

详细的变量描述见表 3-1。

表 3-1 股票期权激励与非效率投资相互关系的实证模型变量描述

变量	符号	定义
被解释变量	OverInvest	过度投资
	UnderInvest	投资不足
解释变量	Option	股票期权比例,用股票期权在总股本中所占比重表示
控制变量	Size	公司规模,用总资产的自然对数表示
	ER	产权比率,用负债额/所有者权益总额表示,用于衡量公司的流动性约束
	FCF	自由现金流量
	ROE	净资产收益率,用净利润/股东权益余额表示
	Gshare	高管持股比例
	Growth	企业成长性,用主营业务收入增长率表示

变量	符号	定义
控制变量	Z	股权制衡度，用公司第一大股东与第二大股东持股比例的比值表示
	Return	普通股获利率，用年度股票回报率表示
	State	股权性质，为虚拟变量，国有取值为 1，非国有取值为 0
	IH	机构投资者持股比例，用基金的持股比例表示
	PayRT	现金股利发放率，用每股股利/每股盈利来表示
	Age	高管年龄
	AGE	企业上市年限
	Industry	行业虚拟变量，共有 10 个行业虚拟变量
	Year	年份虚拟变量，共有 7 个年份虚拟变量

(二)非效率投资对公司绩效的影响机制模型

1. 实证回归模型

作为投资行为的两种表现形式，过度投资和投资不足都将影响到股东财富以及公司价值的提高。模型(3.4)和模型(3.5)反映了过度投资和投资不足两种投资行为对公司绩效的影响。同时，为了揭示董事会监督对两者之间相互关系的影响，在模型(3.4)和模型(3.5)的基础上构建模型(3.6)和模型(3.7)。

$$Per_t = \alpha + \beta_1 OverInvest_{t-1} + \beta_2 Size_{t-1} + \beta_3 ER_{t-1} + \beta_4 Cash_{t-1} + \beta_5 Growth_{t-1} + \beta_6 Z_{t-1} + \beta_7 Option_{t-1} + \beta_8 IH_{t-1} + \beta_9 PayRT_{t-1} + \sum Industry + \sum Year + \varepsilon \tag{3.4}$$

$$Per_t = \alpha + \beta_1 UnderInvest_{t-1} + \beta_2 Size_{t-1} + \beta_3 ER_{t-1} + \beta_4 Cash_{t-1} + \beta_5 Growth_{t-1} + \beta_6 Z_{t-1} + \beta_7 Option_{t-1} + \beta_8 IH_{t-1} + \beta_9 PayRT_{t-1} + \sum Industry + \sum Year + \varepsilon \tag{3.5}$$

$$Per_t = \alpha + \beta_1 OverInvest_{t-1} + \beta_2 IR_{t-1} + \beta_3 OverInvest_{t-1} \times IR_{t-1} + \beta_4 Size_{t-1} + \beta_5 ER_{t-1} + \beta_6 Cash_{t-1} + \beta_7 Growth_{t-1} + \beta_8 Z_{t-1} + \beta_9 Option_{t-1} + \beta_{10} IH_{t-1} + \beta_{11} PayRT_{t-1} + \sum Industry + \sum Year + \varepsilon \tag{3.6}$$

$$Per_t = \alpha + \beta_1 UnderInvest_{t-1} + \beta_2 IR_{t-1} + \beta_3 UnderInvest_{t-1} \times IR_{t-1} +$$

$$\beta_4 Size_{t-1} + \beta_5 ER_{t-1} + \beta_6 Cash_{t-1} + \beta_7 Growth_{t-1} + \beta_8 Z_{t-1} +$$

$$\beta_9 Option_{t-1} + \beta_{10} IH_{t-1} + \beta_{11} PayRT_{t-1} + \sum Industry + \sum Year + \varepsilon$$

$$(3.7)$$

2. 变量说明

(1)被解释变量

2006 年股权分置改革完成以后,资本市场上市场信号的作用逐渐凸显出来,公司绩效的衡量也开始市场化,因此,本部分以国际上通用的每股净利润(EPS_t)和净资产收益率(ROE_t)来衡量公司绩效(Per_t)。每股净利润是税后利润与股本总额的比值,反映了每股创造的税后利润,数值越高,表明创造的利润越多。净资产收益率是公司净利润与股东权益的比值,反映股东权益的获利水平,这一指标会影响到公司的股票价格。

(2)解释变量

模型中的解释变量为公司在 $t-1$ 年的过度投资($OverInvest_{t-1}$)和投资不足($Underinvest_{t-1}$),这两种非效率投资行为都将导致公司绩效的下降。

(3)控制变量

①公司规模($Size_{t-1}$):可以通过公司资本结构以及公司治理效率间接对公司绩效产生影响,本章用总资产的自然对数来衡量公司规模。

②产权比率(ER_{t-1}):用于衡量公司的融资结构。

③现金持有量($Cash_{t-1}$):公司所持有的现金流量对公司的过度投资行为有着重要的影响,"自由现金流量假说"对这一关系进行了深入的阐述。

④公司成长性($Growth_{t-1}$):通常用公司主营业务收入增长率来衡量,它与公司的价值成正相关关系。公司的经营绩效不仅仅取决于过去和当前的财务业绩,还与公司未来的发展密切相连,成长性高的企业更容易获得投资者的信心和资金,未来的发展空间也更大,这样的企业一旦获得充足的资金,将会释放出无限的发展潜力,为公司创造出更多的价值。

⑤股权制衡度(Z_{t-1}):用公司第一大股东与第二大股东持股比例的比值表示,当公司存在多个大股东时,几个大股东之间的相互制衡能够较好地缓解非效率投资,黄本多等(2009)以国内上市公司为样本,对股权制衡度与过度投资行为之间的相互关系进行了实证分析,结果发现股权制衡的存在

在一定程度上起到了抑制过度投资行为的作用。

⑥股票期权（Option$_{t-1}$）：股票期权可以通过对高管的激励间接对公司绩效产生影响，这也是公司实施股票期权制度的初衷。

⑦机构投资者持股比例（IH$_{t-1}$）：机构投资者的参与在提高公司治理水平方面会产生积极影响，有利于抑制公司的非效率投资行为，机构投资者持股比例与公司绩效之间存在正相关关系（孙凌姗等，2006），通常用基金的持股比例来表示。

⑧现金股利发放率（PayRT$_{t-1}$）：现阶段公司的现金股利政策已不再是一个简单的利润分配问题，同时也是再融资的问题，公司可以通过现金股利的调整来改变债务融资的比重，进而有效地抑制高管的非效率投资行为。

（4）调节变量

模型中的调节变量用公司在 $t-1$ 年的独立董事比率（IR$_{t-1}$）来表示，当独立董事比率较大时，表示董事会具备较强的监督职能；相反，则表示董事会监督职能较弱（杨青等，2011）。

详细的变量描述见表 3-2。

表 3-2　非效率投资与公司绩效相互关系的实证模型变量描述

变量	符号	定义
被解释变量	Per	公司绩效，通常用每股净利润和净资产收益率两个指标来衡量
	EPS	每股净利润，用税后利润与股本总数的比值表示
	ROE	净资产收益率，用净利润与股东权益的比值表示
解释变量	OverInvest	过度投资
	UnderInvest	投资不足
控制变量	Size	公司规模，用总资产的自然对数表示
	ER	产权比率，用负债额/所有者权益总额表示，用于衡量公司的流动性约束
	Cash	现金持有量，用货币资金/总资产表示
	Growth	公司成长性，用主营业务收入增长率表示
	Z	股权制衡率，用公司第一大股东与第二大股东持股比例的比值表示

续　表

变量	符号	定义
控制变量	Option	股票期权比例，用股票期权在总股本当中所占的比重表示
	IH	机构投资者持股比例
	PayRT	现金股利发放率，用每股股利/每股盈利表示
	Industry	行业虚拟变量，共有 10 个行业虚拟变量
	Year	年份虚拟变量，共有 7 个年份虚拟变量
调节变量	IR	独立董事比率，用独立董事在董事会中所占的比重表示

(三)股票期权激励对公司绩效的影响机制模型

1. 实证回归模型

根据前文的分析框架，本部分主要考察股票期权激励对公司绩效的影响，因此我们构建实证回归模型(3.8)

$$\text{Per}_t = \alpha + \beta_1 \text{Option}_{t-1} + \beta_2 \text{Size}_{t-1} + \beta_3 \text{ER}_{t-1} + \beta_4 \text{Big1}_{t-1} + \beta_5 \text{Growth}_{t-1}$$
$$+ \beta_6 \text{State}_{t-1} + \beta_7 \text{IH}_{t-1} + \beta_8 \text{PayRT}_{t-1} + \sum \text{Industry} + \sum \text{Year} + \varepsilon$$

$$(3.8)$$

2. 变量说明

(1)被解释变量

在模型设计的过程中考虑到"跨期"影响问题，因此选择了将 t 年的公司绩效(Per_t)作为被解释变量。2006 年股权分置改革完成以后，资本市场上市场信号的作用逐渐凸显出来，公司绩效的衡量也开始市场化，因此，本部分以国际上通用的每股净利润(EPS_t)和净资产收益率(ROE_t)来衡量公司绩效。每股净利润是税后利润与股本总额的比值，反映了每股创造的税后利润，数值越大，表明创造的利润越多。净资产收益率是公司净利润与股东权益的比值，反映了股东权益的获利水平，这一指标会影响到公司的股票价格。

(2)解释变量

本部分选择公司在 $t-1$ 年的股票期权(Option_{t-1})作为解释变量，股票期权通常用高管所持股票期权占公司总股本的比重来衡量,这一比值较大时,股票期权的激励强度相对较强。

(3)控制变量

模型(3.8)中的控制变量包括公司在 $t-1$ 年的公司规模(Size_{t-1})、产权比率(Er_{t-1})、股权集中度(Big1_{t-1})、公司成长性(Growth_{t-1})、股权性质(State_{t-1})、机构投资者持股比例(IH_{t-1})、现金股利发放率(PayRT_{t-1})、行业虚拟变量(Industry)和年份虚拟变量(Year)。

①股权集中度(Big1_{t-1}):用第一大股东持股比例来表示,委托人(董事会)与代理人(高管)之间的信息不对称使得委托人对公司经营状况的了解远不及代理人,当董事会要对公司的未来发展进行战略决策时,这种信息不对称将会导致董事会在决策过程中不可避免地出现失误。公司的股权越集中,股东的权力就越大,代理人的监督职能就越难发挥,决策出现失误的概率也就越大,对公司绩效的负面影响也就越大。可见,股权集中度与公司绩效之间存在负相关关系。

②机构投资者持股比例(IH_{t-1}):与普通股股东相比,机构投资者股东具有更加专业的知识和技能以及更加广阔的信息获取渠道。他们在进行投资之前,首先要对公司以及公司的高管进行全面、系统的评估,然后,从中选取一些成长性较好、发展潜力巨大、管理能力突出的公司进行投资。在将资金投至所选公司之后,机构投资者会比其他股东更加注重公司的发展动向和对高管人员的监督,这会进一步促进公司绩效的提高。因此,机构投资者的持股水平可以在一定程度上反映公司价值水平的高低,机构投资者持股比例与公司绩效之间成正相关关系。

③现金股利发放率(PayRT_{t-1}):根据股利的信号传递理论,在信息不对称的情况下,公司希望通过发放高额现金股利向市场传递公司未来盈利能力的信息,进而吸引更多的投资者。一般而言,盈利能力强、成长性好、发展潜力大的公司才会拥有充足的现金流给股东发放现金股利,公司的高现金股利发放率正好可以传递公司经营的正面信息,这有利于吸引更多的投资者购买公司的股票,进而促进公司股票价格的上涨。因此,现金股利发放率高的公司,其股票期权激励效果更加明显,更加有利于公司价值的提升。

其余控制变量的说明参见前文,详细的变量描述见表 3-3。

表 3-3　股票期权激励与公司绩效相互关系实证模型各变量描述

变量	符号	定义
被解释变量	Per	公司绩效,通常用每股净利润和净资产收益率两个指标来衡量
	EPS	每股净利润,用税后利润与股本总数的比值表示
	ROE	净资产收益率,用净利润与股东权益的比值表示
解释变量	Option	股票期权比例,用股票期权在总股本当中所占的比重表示
控制变量	Size	公司规模,用总资产的自然对数表示
	ER	产权比率,用负债额/所有者权益总额表示,用于衡量公司的流动性约束
	Big1	第一大股东持股比例
	Growth	公司成长性,用主营业务收入增长率表示
	State	公司股权性质,为虚拟变量,国有取值为 1,非国有取值为 0
	IH	机构投资者持股比例
	PayRT	现金股利发放率,用每股股利/每股盈利表示
	Industry	行业虚拟变量,共有 10 个行业虚拟变量
	Year	年份虚拟变量,共有 7 个年份虚拟变量

第三节　实证分析

本节以上一节实证研究设计中筛选出的上市公司为样本,按照模型(3.1)至模型(3.8),对前文的理论分析及理论假设进行实证验证,并对实证结果进行详细分析,以考察投资行为对股票期权激励效应的影响。

一、股票期权激励—非效率投资影响模型的实证结果与分析

与上一节的内容相似,本部分选取了 2006—2012 年实施股票期权激励的 74 家 A 股上市公司为样本,按照实证模型(3.2)至模型(3.3)对股票期权

激励与非效率投资之间的关系做实证考察。在考察之前首先要计算出公司
过度投资和投资不足的数值,然后对结果做描述性统计分析和实证分析。

(一)描述性统计分析

我们先对 2006—2012 年实施股票期权激励公司的新增投资及残差进
行描述性统计分析,各项数值见表 3-4。根据描述性统计分析,我们可以发
现在 2006—2012 年,我国已经实施了股票期权激励制度的 74 家 A 股上市
公司的平均资本性支出为 4.57 亿元,维持性投资为 1.49 亿元,占 32.6%;
新增实际投资为 3.08 亿元,占 67.4%。通过对比新增实际投资和期望投资
各分位数,可以发现,在中位数之前,新增实际投资小于期望投资,说明存在
投资不足的现象;但中位数之后,期望投资又大于新增实际投资,说明又存
在过度投资现象。这一现象也可以从残差分布情况得到说明。

表 3-4　2006—2012 年实施股票期权激励公司新增投资及残差分析

(单位:亿元)

变量	平均值	标准差	最小值	P1	Q1	中值	Q3	P99	最大值
I_{total}	4.57	10.61	-5.49	0.00	0.34	3.99	21.53	51.87	155.79
$I_{\text{maintenance}}$	1.49	2.70	0.00	0.06	0.25	1.42	6.31	12.54	34.73
$I_{\text{new},t}$	3.08	9.06	-8.73	-1.06	-0.04	2.61	14.72	42.23	147.37
$I_{\text{new},t}^{*}$	5.14	9.84	-3.56	0.18	1.30	5.25	18.04	45.08	148.09
$I_{\text{new},t}^{\varepsilon}$	-1.51	9.41	-116.93	-7.46	-2.72	-0.26	4.98	25.28	122.68

为了进一步探讨股票期权激励制度对公司非效率投资行为的影响,本
部分将非效率投资进一步细分为 $I_{\text{new},t} > I_{\text{new},t}^{*}$ 和 $I_{\text{new},t} < I_{\text{new},t}^{*}$ 两种情况,即对
残差大于零($\varepsilon > 0$)和残差小于零($\varepsilon < 0$)两种情况进行分析。表 3-5 和表 3-6
对过度投资样本组和投资不足样本组各相关变量的特征进行了描述性统计
分析,可以看出,投资不足组的均值为 -1.670,中值为 -1.450,而过度投资
组的均值和中值分别为 0.297 和 1.320,可见我国上市公司的投资不足现象
要比过度投资现象严重。投资不足组的自由现金流量均值为 -1.008,中值
为 0.790,而过度投资组的自由现金流量均值和中值则高达 -1.750 和
2.480,可见公司的过度投资水平与公司的自由现金流量密切相关,自由现

金流量是引发高管过度投资行为的主要因素之一。

表 3-5　相关变量描述性统计（过度投资样本）

变量	平均值	中值	最大值	最小值	标准差	观测样本
OverInvest	0.297	1.320	131.000	0.040	11.800	33
Option	0.050	0.030	1.040	0.003	0.082	33
Size	20.500	22.500	26.800	−7.860	7.49	33
ER	1.040	1.068	3.531	0.103	0.240	33
FCF	−1.750	2.480	91.410	−253.050	39.310	33
ROE	0.137	0.119	1.081	−0.065	0.112	33
Gshare	0.017	0.000	0.526	0.000	0.058	33
Z	19.050	2.810	905.000	1.000	80.500	33
Return	0.012	0.008	0.270	0.000	0.021	33
State	0.490	0.000	1.000	0.000	0.500	33
IH	0.854	0.683	4.165	0.115	0.590	33
PayRT	0.277	0.209	2.769	0.000	0.327	33
Age	46.930	46.930	57.550	38.710	3.390	33

表 3-6　相关变量描述性统计（投资不足样本）

变量	平均值	中值	最大值	最小值	标准差	观测样本
UnderInvest	−1.670	−1.450	−0.001	−93.700	5.860	41
Option	0.057	0.033	0.512	0.004	0.073	41
Size	18.440	21.560	26.660	−8.300	9.010	41
ER	1.010	1.048	3.632	0.119	0.251	41
FCF	−1.008	0.790	76.910	−138.060	16.410	41
ROE	0.083	0.085	0.452	−2.772	0.177	41
Gshare	0.014	0.000	0.797	0.000	0.060	41
Z	15.450	3.730	393.400	1.000	36.500	41
Return	0.009	0.006	0.081	0.000	0.012	41
State	0.400	0.000	1.000	0.000	0.490	41

续　表

变量	平均值	中值	最大值	最小值	标准差	观测样本
IH	0.695	0.604	5.124	0.011	0.466	41
PayRT	0.251	0.153	5.397	0.000	0.404	41
Age	46.780	46.750	59.850	37.500	3.200	41

在上述分析的基础上,下面对公司非效率投资与股票期权及公司治理各变量之间的相关性进行详细分析,并构造各变量的相关系数表(见表 3-7 和表 3-8)。

从过度投资样本来看,股票期权(Option)与过度投资(OverInvest)成正相关性,相关系数为 0.099,且在 5% 水平上显著,这说明实施股票期权将导致更多的过度投资行为。公司规模与过度投资之间成负相关关系,相关系数为 -0.176,且在 1% 的水平上显著,这可能是因为公司规模在一定程度上反映了监控的难易程度,当公司规模很大时,公司治理水平较高,董事会监控较严格,高管的过度投资行为显然很难,这与 Eaton 等(1993)的理论有所不符。企业自由现金流(FCF)与过度投资之间成正相关关系,相关系数为 0.226,且在 1% 的水平上显著,这一结论从一个侧面证实了"自由现金流量假设"的合理性。

表 3-7　各主要变量的 Pearson 相关分析(过度投资样本)

变量	OverInvest	Option	Size	ER	FCF	ROE
OverInvest	1.000					
Option	0.099** (0.029)	1.000				
Size	-0.176*** (0.007)	0.056 (0.387)	1.000			
ER	0.225*** (0.000)	-0.047 (0.474)	-0.070 (0.279)	1.000		
FCF	0.226*** (0.001)	0.030 (0.654)	-0.162** (0.015)	-0.125* (0.062)	1.000	
ROE	0.096 (0.139)	-0.030 (0.647)	-0.081 (0.214)	0.195*** (0.003)	0.089 (0.185)	1.000

注:*** 表示在 1% 水平上显著,** 表示在 5% 水平上显著,* 表示在 10% 水平上显著。

从投资不足组来看,股票期权(Option)与投资不足(UnderInvest)正相关,相关系数为 0.121,且在 5％水平上显著,这说明股票期权将导致更多的投资不足。企业自由现金流(FCF)与投资不足成负相关关系,相关系数为0.197,且在 1％的水平上显著,即公司所拥有的"自由现金流量"越多,出现投资不足现象概率就越小。

表 3-8 各主要变量的 Pearson 相关分析(投资不足样本)

变量	UnderInvest	Option	Size	ER	FCF	ROE
UnderInvest	1.000					
Option	0.121** (0.014)	1.000				
Size	0.072 (0.147)	0.102** (0.039)	1.000			
ER	−0.129*** (0.009)	0.013 (0.799)	0.059 (0.236)	1.000		
FCF	−0.197*** (0.000)	0.001 (0.987)	−0.005 (0.917)	−0.119* (0.018)	1.000	
ROE	−0.043 (0.383)	−0.119** (0.017)	−0.028 (0.571)	−0.077 (0.123)	−0.001 (0.983)	1.000

注:***表示在 1％水平上显著,**表示在 5％水平上显著,*表示在 10％水平上显著。

(二)实证分析

为了进一步研究股票期权激励对公司非效率投资的影响,表 3-9 将样本分为过度投资与投资不足两组,分别汇报了股票期权激励与公司非效率投资之间的回归结果。从过度投资组来看,股票期权与公司过度投资之间成显著的正相关关系,这说明股票期权激励将导致过度投资,验证了假设 H1a。此外,自由现金流量与过度投资之间也成显著的正相关关系,可见"自由现金流量假说"在解释过度投资行为的过程中发挥着极其重要的作用。从公司投资不足组来看,股票期权对高管投资不足的影响也是正向的,验证了假设 H1b。此外,自由现金流量与公司的投资不足行为之间成显著的负相关关系,高管投资不足的现象会随着公司自由现金流量的增多而逐渐减弱。

表 3-9　股票期权激励与公司投资行为相互关系的回归结果

变量	OverInvest			UnderInvest		
	β 系数	t 值	p 值	β 系数	t 值	p 值
Constant	7.350	0.371	0.711	3.180	0.724	0.470
Option	9.810**	−1.139	0.049	8.800*	1.828	0.068
Size	−0.210**	−2.012	0.046	0.0400	1.140	0.255
ER	19.050***	3.479	0.001	−7.260***	−3.846	0.000
FCF	0.080***	3.610	0.000	−0.071***	−4.482	0.000
ROE	0.111	−0.140	0.889	−1.138	−0.572	0.568
Gshare	5.167	0.315	0.753	2.444	0.475	0.635
Growth	−0.649	−0.609	0.543	−0.071	−0.997	0.319
Z	−0.010	−0.842	0.401	0.001	0.321	0.748
Return	5.258	0.094	0.925	−34.580	−1.305	0.193
State	3.932**	2.265	0.025	−0.295	−0.370	0.711
IH	−1.212	−1.306	0.193	0.718	1.306	0.192
PayRT	−0.894	−0.200	0.841	0.017	−0.005	0.996
Age	−0.159	−0.441	0.660	−0.077	−0.751	0.453
Industry	控制			控制		
Year	控制			控制		
F 值	3.160			3.351		
p 值	0.000a			0.000a		
Adjusted R^2	0.122			0.080		
R^2	0.178			0.114		

注：＊＊＊表示在 1％水平上显著，＊＊表示在 5％水平上显著，＊表示在 10％水平上显著。

(三)稳健性测试

公司所采用的过度投资的度量方法对研究结论的准确性起着举足轻重的作用，因此需要对过度投资变量进行稳健性检验。Richardson(2002)所提出的公司过度投资的估测方法被学术界广泛采用，其中所涉及的公司成长性这一变量通常用企业的托宾 Q 值来衡量，而本书考虑到国内资本市场不完善、上市公司成长性往往被高估的现实情况,采用了主营业务收入增长率来替代托宾 Q 值。为了检测本书所估算的过度投资变量结果,我们在估算公司过度投资变量时将企业成长性变量重新用托宾 Q 值来衡量,其回归结果在统计的相关性和显著性方面与本书的结论基本一致。这说明用本部分所采用的公司过度投资的度量方法所得出的结论是稳健的。

二、非效率投资—公司绩效影响模型的实证结果与分析

本部分选取 2006—2012 年实施股票期权激励的 74 家 A 股上市公司为样本,按照实证模型(3.4)至模型(3.5)对非效率投资与公司绩效之间的关系进行实证考察。

(一)描述性统计分析

先对各主要变量做一个描述性统计分析,表 3-10 和表 3-11 汇报了过度投资组和投资不足组相关变量的描述性统计结果。由表可知,过度投资组和投资不足组的每股净利润(EPS)的平均值分布是 0.465 和 0.212,而最小值低至-0.523 和-4.753,这表明样本公司的每股净利润比较低;净资产收益率(ROE)的平均值分别为 0.137 和 0.083,而最大值高达 1.081 和 0.452,这表明公司的绩效水平较低、资源配置不均衡;过度投资(OverInvest)平均值为 0.297,而投资不足(UnderInvest)平均值为-1.670,可见公司的投资不足现象较过度投资现象严重;机构投资者持股比例(IH)平均值为 7.332 和 7.943,可见机构投资者的持股比例相对较低,这在一定程度上抑制了机构投资者监督职能的发挥;现金股利发放率(PayRT)平均值为 0.277 和 0.285,这表明公司的现金股利发放率普遍偏低,国内上市公司普遍存在"惜派"现象。

表 3-10　相关变量描述性统计(过度投资样本)

变量	平均值	中值	最大值	最小值	标准差	观测样本
EPS	0.465	0.510	5.440	-0.523	0.324	33
ROE	0.137	0.118	1.081	-0.065	0.112	33
OverInvest	0.297	1.320	131.000	0.040	11.800	33

变量	平均值	中值	最大值	最小值	标准差	观测样本
Size	20.500	22.500	26.800	−7.860	7.490	33
ER	1.040	1.068	3.531	0.103	0.240	33
Growth	0.521	0.062	189.154	−0.571	6.211	33
Z	19.050	2.810	905.000	1.000	80.500	33
Option	0.050	0.030	1.040	0.003	0.082	33
IH	7.332	1.288	52.338	0.000	11.322	33
PayRT	0.277	0.208	2.769	0.000	0.327	33

表 3-11　相关变量的描述性统计(投资不足样本)

变量	平均值	中值	最大值	最小值	标准差	观测样本
EPS	0.212	0.210	2.190	−4.753	0.652	41
ROE	0.083	0.085	0.453	−2.772	0.177	41
UnderInvest	−1.670	−1.450	−0.001	−93.700	5.860	41
Size	18.440	21.560	26.660	−8.30	9.010	41
ER	1.010	1.048	3.632	0.119	0.251	41
Growth	0.921	0.234	234.712	−2.544	7.111	41
Z	15.450	3.730	393.400	1.000	36.500	41
Option	0.057	0.033	0.512	0.004	0.073	41
IH	7.943	1.433	43.421	0.000	11.422	41
PayRT	0.285	0.209	3.415	0.000	0.329	41

　　为了揭示各变量相互关系的强弱,对过度投资和投资不足样本分别进行 Pearson 相关分析(见表 3-12 和表 3-13)。由表可知,公司的每股净利润(EPS)和净资产收益率(ROE)与过度投资(OverInvest)之间负相关,且在5%水平上显著。此外,每股净利润(EPS)和净资产收益率(ROE)与投资不足(UnderInvest)负相关,并且分别在1%和10%水平上显著,这表明,无论是过度投资还是投资不足,公司的非效率投资都将导致公司绩效的下降。此外,现金持有量(Cash)与过度投资正相关,且在1%水平上显著,可见,公司持有大量的现金流量更容易引发高管的过度投资行为,"自由现金流量假

设"得到了证实。在过度投资组,机构投资者持股比例(IH)与公司的每股净利润(EPS)正相关,且在 10% 水平上显著,很显然,机构投资者在公司治理过程发挥了较好的监督职能。

表 3-12 各主要变量的 Pearson 相关分析（过度投资样本）

变量	EPS	ROE	OverInvest	Size	ER	Cash	Growth	Z	Option	IH	PayRT
EPS	1										
ROE	0.601** (0.000)	1									
OverInvest	-0.079** (0.035)	-0.096* (0.039)	1								
Size	0.004 (0.954)	-0.081 (0.214)	-0.176** (0.007)	1							
ER	0.041 (0.527)	0.195** (0.003)	0.225** (0.000)	-0.070 (0.279)	1						
Cash	-0.013 (0.840)	-0.096 (0.143)	0.003* (0.064)	-0.030 (0.640)	-0.204** (0.002)	1					
Growth	-0.023 (0.719)	0.015 (0.814)	-0.022 (0.741)	0.000 (0.998)	-0.011 (0.863)	-0.074 (0.254)	1				
Z	-0.118 (0.069)	-0.108 (0.098)	-0.054 (0.406)	0.032 (0.626)	0.030 (0.641)	-0.011 (0.870)	-0.021 (0.750)	1			
Option	-0.037 (0.569)	-0.030 (0.647)	-0.099 (0.129)	0.056 (0.387)	-0.047 (0.474)	0.117 (0.073)	-0.025 (0.699)	0.180** (0.005)	1		
IH	0.164* (0.011)	0.029 (0.654)	0.143* (0.027)	0.079 (0.226)	0.208** (0.001)	-0.169** (0.009)	-0.059 (0.368)	0.115 (0.076)	-0.011 (0.867)	1	
PayRT	-0.235** (0.000)	-0.243** (0.000)	-0.089 (0.170)	0.044 (0.501)	-0.258** (0.000)	0.095 (0.142)	-0.061 (0.351)	0.473** (0.000)	0.130* (0.044)	-0.012 (0.848)	1

注：***表示在1%水平上显著，**表示在5%水平上显著，*表示在10%水平上显著。

表3-13　各主要变量的 Pearson 相关分析（投资不足样本）

变量	EPS	ROE	UnderInvest	Size	ER	Cash	Growth	Z	Option	IH	PayRT
EPS	1										
ROE	0.568** (0.000)	1									
UnderInvest	-079*** (0.009)	-0.043* (0.083)	1								
Size	-0.093 (0.061)	-0.028 (0571)	0.072 (0.147)	1							
ER	-0.077 (0.119)	-0.077 (0.123)	-0.129** (0.009)	0.059 (0.236)	1						
Cash	0.123* (0.040)	0.076 (0.127)	0.027 (0.588)	-0.029 (0.558)	-0.293** (0.000)	1					
Growth	0.026 (0.599)	0.038 (0.451)	-0.006 (0.906)	-0.006 (0.902)	0.083 (0.094)	-0.080 (0.107)	1				
Z	-0.175** (0.000)	-0.335** (0.000)	0.043 (0.338)	0.043 (0.385)	-0.031 (0.529)	-0.066 (0.183)	-0.035 (0.480)	1			
Option	-0.043 (0.388)	-0.119* (0.017)	0.121* (0.014)	0.012* (0.039)	0.013 (0.799)	-0.069 (0.167)	0.000 (0.994)	0.055 (0.269)	1		
IH	0.022 (0.654)	0.014 (0.785)	-0.054 (0.279)	-0.007 (0.889)	-0.035 (0.477)	0.040 (0.416)	-0.044 (0.374)	0.071 (0.150)	-0.222** (0.000)	1	
PayRT	0.027 (0.591)	0.021 (0.680)	-0.001 (0.987)	0.066 (0.180)	-0.141** (0.004)	0.035 (0.483)	-0.068 (0.172)	-0.006 (0.897)	-0.080 (0.105)	0.107* (0.031)	1

注：***表示在1%水平上显著，**表示在5%水平上显著，*表示在10%水平上显著。

(二)实证分析

本节将对非效率投资与公司绩效之间的关系做一个实证考察,回归结果如下,首先把总样本分为过度投资样本(OverInvest)和投资不足样本(UnderInvest),并以 OverInvest 和 UnderInvest 为解释变量,每股净利润(EPS)和净资产收益率(ROE)为被解释变量,对相关假设进行了检验。

表 3-14 和表 3-15 按每股净利润(EPS)和净资产收益率(ROE)两组分别汇报了公司过度投资和投资不足对公司绩效影响的回归结果。从过度投资组的回归结果可以发现,过度投资与每股净利润(EPS)和净资产收益率(ROE)都成负相关关系,并且在 5% 和 10% 水平上显著,可见公司的过度投资将导致公司绩效下降。而对于投资不足组而言,投资不足与每股净利润(EPS)和净资产收益率(ROE)都成负相关关系,并且在 5% 和 10% 水平上显著,可见,投资不足也将导致公司绩效的下降。

通过上述分析,可以发现无论是过度投资样本组还是投资不足样本组,非效率投资都将导致公司绩效的下降,这使得假设 H2a 和 H2b 得到了验证。另外,从过度投资组来看,机构投资者持股比例(IH)与公司的每股净利润(EPS)、净资产收益率(ROE)都成正相关关系,并且在 1% 和 10% 水平上显著;而从投资不足组来看,机构投资者持股比例(IH)与公司的每股净利润(EPS)和净资产收益率(ROE)也都成正相关关系,并且表中在 1% 水平上显著。可见,机构投资者持股比例的提高可以有效抑制高管的各种非效率投资行为,进而提高公司的绩效水平。这是因为,与个人投资者相比,机构投资者至少拥有如下优势:资金规模相对庞大,专业素质高,财务分析能力强,且拥有低成本的信息获取优势,以及投资组合更加多样化。而且,机构投资者更容易发挥其优势,充分利用"用手投票"或"用脚投票"的方式,以最大化投资回报率为目标,影响上市公司的重大决策,保护包括自身在内的中小投资者的利益。

表 3-14　过度投资与公司绩效相互关系的回归结果

变量	EPS			ROE		
	β 系数	t 值	p 值	β 系数	t 值	p 值
(Constant)	0.537***	3.715	0.026	0.126***	3.225	0.001
OverInvest	−0.218**	1.225	0.022	−0.391E−12*	0.543	0.088
Size	0.002	0.452	0.651	−0.001	−0.903	0.368
ER	−0.121	−0.705	0.482	0.081*	1.705	0.090
Cash	−0.052	−0.186	0.853	−0.072	−0.959	0.338
Growth	−0.001	−0.396	0.692	0.044	0.089	0.929
Z	0.069	0.181	0.856	−0.023	−0.222	0.824
Option	0.141	0.426	0.670	0.038	0.426	0.671
IH	0.012***	5.022	1.04E−06	0.001*	1.749	0.082
PayRT	−0.267***	−2.766	0.006	−0.061**	−2.348	0.020
Industry	控制	控制	控制	控制	控制	控制
Year	控制	控制	控制	控制	控制	控制
F 值	4.700			2.740		
p 值	0.000a			0.005a		
Adjusted R^2	0.124			0.062		
R^2	0.157			0.098		

注：＊＊＊表示在 1% 水平上显著，＊＊表示在 5% 水平上显著，＊表示在 10% 水平上显著。

表 3-15　投资不足与公司绩效相互关系的回归结果

变量	EPS			ROE		
	β 系数	t 值	p 值	β 系数	t 值	p 值
(Constant)	0.308***	3.62	0.033	0.129***	3.363	0.001
UnderInvest	−3.86E−11**	−1.171	0.042	−6.38E−12*	−0.451	0.052
Size	−0.003	−1.455	0.146	0.016	0.173	0.863
ER	−0.126	−1.227	0.220	−0.088*	−1.686	0.093
Cash	−0.016	−0.078	0.937	−0.019	−0.225	0.822

续　表

变量	EPS			ROE		
	β 系数	t 值	p 值	β 系数	t 值	p 值
Growth	0.002	0.336	0.737	0.002	0.614	0.540
Z	-0.001^{**}	-2.352	0.019	-0.001^{***}	-6.335	0.065
Option	0.074	0.281	0.779	-0.196^{*}	-1.649	0.099
IH	0.017^{***}	8.820	$3.68E-17$	0.004^{***}	4.586	$6.09E-06$
PayRT	0.044	0.923	0.357	0.006	0.276	0.783
Industry	控制	控制	控制	控制	控制	控制
Year	控制	控制	控制	控制	控制	控制
F 值	11.784			9.294		
p 值	0.000a			0.000a		
Adjusted R^2	0.193			0.157		
R^2	0.211			0.176		

注：＊＊＊表示在1%水平上显著，＊＊表示在5%水平上显著，＊表示在10%水平上显著。

三、股票期权激励—公司绩效模型的实证结果与分析

本部分选取2006—2012年实施股票期权激励的74家的A股上市公司为样本，按照实证模型(3.8)对股票期权激励与公司绩效之间的关系进行实证考察。

(一)描述性统计分析

先对股票期权激励与公司绩效的变化规律做一个描述性统计分析，表3-16汇报了相关变量的描述性统计结果。由表可知，每股净利润(EPS)的平均值是0.367，最小值低至－3.723，这表明样本公司部分股票的净利润比较低；净资产收益率(ROE)的平均值是0.103，最大值高达3.159，这表明样本公司所在股市资源配置不均衡；企业规模(Size)的平均值为19.605，最小值低至－8.303，这反映了样本公司的规模较小，且存在一些举债经营的企业；第一大股东持股比例(Big1)平均值为0.332，最大值高达0.768，反映了样本公司的股权相对较为集中，可能存在大股东与管理层合谋等问题；主

营业务收入增长率(Growth)的平均值为 0.849,与最大值 219.014 存在较大差距,反映了样本公司成长机会较少;机构投资者持股比例(IH)平均值为 7.343,最大值高达 53.348,表明机构投资者的持股比例偏低,并不能对高管的道德风险行为进行有效的监督。

表 3-16　相关变量描述性统计

变量	平均值	中值	最大值	最小值	标准差	观测样本
EPS	0.367	0.310	3.140	−3.723	0.469	74
ROE	0.103	0.096	3.159	−2.772	0.188	74
Option	0.063	0.034	1.040	0.003	0.090	74
Size	19.605	21.788	26.895	−8.303	7.773	74
ER	1.020	1.058	3.331	0.109	0.230	74
Big1	0.332	0.297	0.768	0.036	0.164	74
Growth	0.849	0.179	219.014	−1.574	8.147	74
State	0.432	0	1.000	0	0.496	74
IH	7.343	1.788	53.348	0	10.362	74
PayRT	0.368	0.157	101.665	0	3.595	74

　　为了揭示各变量相互关系的强弱,对样本进行 Pearson 相关分析(见表 3-17)。由表 3-17 可知,公司的股票期权(Option)与每股净利润(EPS)和净资产负相关,且在 1% 水平上显著。表明公司绩效将随着股票期权激励的增强而相应下降。此外,第一大股东持股比例(Big1)与每股净利润(EPS)和净资产收益率(ROE)成负相关关系,并且在 5% 水平上显著。可见,相对集中的股权结构有利于大股东对中小股东进行"隧道挖掘"[①],从而导致代理成本的增加以及公司绩效的下降。

---

　　① "隧道挖掘"即控股股东会利用各种渠道侵占上市公司及其他股东的利益,侵占原本属于少数股东的资金,如控股股东利用金字塔式股权结构,将公司资金通过证券回购、资产转移、利用转移定价进行内部交易等方式转移到自己手中,侵害公司小股东利益的(Johnson et al.,2000)。

表 3-17　各主要变量的 Pearson 相关分析

	EPS	ROE	Option	Size	ER	Big1
EPS	1.000					
ROE	0.486*** (0.000)	1.000				
Option	−0.044** (0.011)	−0.043** (0.026)	1.000			
Size	−0.037 (0.292)	−0.024 (0.509)	0.073** (0.039)	1.000		
ER	−0.130*** (0.000)	0.060* (0.093)	−0.040 (0.255)	0.032 (0.366)	1.000	
Big1	−0.085** (0.017)	−0.072** (0.043)	0.123*** (0.001)	0.026 (0.464)	0.008 (0.825)	1.000

注：***表示在1%水平上显著，**表示在5%水平上显著，*表示在10%水平上显著。

（二）实证分析

在上述相关性分析的基础上，以公司绩效为被解释变量，股票期权激励为解释变量，进行回归分析，表 3-18 按 EPS 与 ROE 两组分别汇报了股票期权激励与公司绩效之间关系的回归结果。从回归结果来看，股票期权激励（Option）与公司每股净利润（EPS）和净资产收益率（ROE）都成负相关关系，并且在 1% 和 5% 水平上显著。可见，股票期权的实施最终将导致公司绩效的下降，在此过程中，股票期权激励制度并没有表现出应有的激励效果，这项制度已经从一项有效的激励制度变成向高管输送福利和私利的渠道，其实施的最终结果将是公司绩效的下降，假设 H3 得到了验证。机构投资者持股比例（IH）与公司每股净利润（EPS）和净资产收益率（ROE）都成正相关关系，且都在 1% 水平上显著，这说明机构投资者的参与在抑制高管道德风险行为、提高公司治理水平方面产生了积极影响（孙凌姗等，2006）。

表 3-18 股票期权激励与公司经营绩效相互关系的回归结果

变量	EPS			ROE		
	β 系数	t 值	p 值	β 系数	t 值	p 值
Constant	0.379**	5.664	0.012	0.074**	2.249	0.025
Option	−0.084***	−0.257	0.009	−0.094**	−1.013	0.012
Size	−0.002	−0.700	0.484	−0.036	−0.381	0.704
ER	−0.252***	−3.687	0.000	0.064*	1.794	0.073
Big1	0.076	0.048	0.962	−0.041	−0.930	0.352
Growth	0.002	0.269	0.788	0.001	0.490	0.624
State	0.044	1.481	0.139	−0.009	−0.614	0.540
IH	0.017***	11.129	0.000	0.003***	4.756	0.000
PayRT	−0.003	−0.663	0.507	−0.043	−0.233	0.816
Industry	控制	控制	控制	控制	控制	控制
Year	控制	控制	控制	控制	控制	控制
F 值	17.200			3.704		
p 值	0.000a			0.000a		
Adjusted R^2	0.159			0.131		
R^2	0.169			0.142		

注:***表示在1%水平上显著,**表示在5%水平上显著,*表示在10%水平上显著。

(三)稳健性检验

为了检验我国上市公司高管股票期权激励与公司绩效是否存在内生性问题,本书参考了罗富碧(2008)和吕长江等(2011)的研究,以 Option 为因变量,EPS 和 ROE 为自变量,建立了回归模型

$$\text{Option}_t = \alpha + \beta_1 \text{Per}_{t-1} + \beta_2 \text{Size}_{t-1} + \beta_3 \text{ER}_{t-1} + \beta_4 \text{Big1}_{t-1} + \beta_5 \text{Growth}_{t-1}$$
$$+ \beta_6 \text{State}_{t-1} + \beta_7 \text{IH}_{t-1} + \beta_8 \text{IR}_{t-1} + \sum \text{Industry} + \sum \text{Year} + \varepsilon$$

$$(3.9)$$

表 3-19　股票期权激励与公司绩效内生性检验各变量描述表

变量	符号	定义
被解释变量	Option	股票期权比例,用股票期权在总股本当中所占的比重表示
解释变量	Per	公司绩效,用每股净利润和净资产收益率来衡量
	EPS	每股净利润,用税后利润与股本总数的比值表示
	ROE	净资产收益率,用净利润与股东权益的比值表示
控制变量	Size	公司规模,用总资产的自然对数表示
	ER	产权比率,用负债额/所有者权益总额表示,用于衡量公司的流动性约束
	State	为虚拟变量,国有取值为 1,非国有取值为 0
	Growth	成长机会,用主营业务收入增长率表示
	Option	股票期权比例,用股票期权在总股本当中所占的比重表示
	IH	机构投资者持股比例
	Big1	第一大股东持股比例
	Industry	行业虚拟变量,共有 10 个行业虚拟变量
	Year	年份虚拟变量,共有 7 个年份虚拟变量
	IR	独立董事比率,用独立董事在董事会中所占比重表示

上述模型中的公司经营绩效(Per_{t-1})用 EPS_{t-1} 和 ROE_{t-1} 两个指标来表示。公司规模($Size_{t-1}$)用公司总资产的自然对数来表示,通常认为公司规模越大越倾向于制定股票期权激励制度。融资结构通常用产权比率(ER_{t-1})来表示,债权融资作为一种有效的公司治理机制,对解决公司的"委托—代理"问题有着重要的作用。

股权结构用第一大股东持股比例($Big1_{t-1}$)来表示,股权结构对公司股票期权激励契约合理性的影响取决于大股东在其间所发挥的监督效应和侵占效应之间的博弈。此外,机构投资者持股比例(IH_{t-1})也是影响股票期权激励契约合理性的重要因素。公司成长性($Growth_{t-1}$)用主营业务收入增长率来表示。独立董事比率(IR_{t-1})用独立董事人数在董事会中所占的比重来衡量,独立董事制度作为一项重要的内部治理机制,在股票期权激励契约的制定过程中起着决定性的作用,独立董事可以通过发表直接意见对股票期权激励契约的设计进行直接干预。此外,股票期权激励制度的实施还要考虑到行业因素,公司所处行业的特征决定了其公司战略目标的确定以及对竞争性人才的需求特点,也就决定了公司对股权激励模式和股权激励契约决定性要素(如行权价格、行权期、行权数量和行权条件)的确定。

接下来,对模型(3.9)进行分组回归分析(见表 3-20),其回归结果显示,公司的每股净利润(EPS)和净资产收益率(ROE)与股票期权激励(Option)负相关,并且在 5% 水平上显著。实施股票期权需要支付相应的成本,过高的激励成本显然会打击公司实施股票期权激励制度的积极性,因此绩效好的公司反而会阻碍股票期权激励制度的实施。回归结果与模型(3.9)的结论一致,可见股票期权激励与公司绩效之间的实证结果是稳健的。

表 3-20　股票期权激励与公司绩效内生性检验多元回归结果

变量	Option					
	EPS			ROE		
	β 系数	t 值	p 值	β 系数	t 值	p 值
Constant	0.052***	4.129	0	0.442***	3.281	0.001
EPS	−0.113**	0.169	0.466			
ROE				−0.077**	2.093	0.037
Size	0.079**	2.152	0.032	0.558	0.322	0.748
ER	−0.596	−0.425	0.671	0.047**	2.564	0.011
Big1	0.036**	2.022	0.044	−0.151	−0.964	0.336
Growth	−0.036	−0.304	0.761	−0.006	−0.509	0.611
State	−0.269***	−4.636	0	−0.272***	−4.616	0
IH	−0.068**	−2.225	0.026	−0.056	−1.948	0.052
IR	0.041	1.465	0.143	0.046	1.594	0.111
p 值	0			0***		
Adjusted R^2	0.044			0.047	0.322	0.748
R^2	0.054			0.057**	2.564	0.011

注:***表示在 1% 水平上显著,**表示在 5% 水平上显著,*表示在 10% 水平上显著。

四、非效率投资对股票期权激励与公司绩效关系的中介效应检验

本部分借鉴心理学中介效应的研究方法,按照三步回归方法(3SLS),构建了以下三组模型,以检验非效率投资对股票期权激励与公司绩效关系的中介效应:

$$Per = \alpha_0 + \alpha_1 Option + \alpha_2 Control + \sum Industry + \sum Year + \varepsilon \quad (3.10)$$

$$OverInvest = \beta_0 + \beta_1 Option + \beta_2 Control + \sum Industry + \sum Year + \varepsilon \quad (3.11)$$

$$UnderInvest = \beta + \beta_1 Option + \beta_2 Control + \sum Industry + \sum Year + \varepsilon \quad (3.12)$$

$$Per = \chi + \chi_1 Option + \chi_2 OverInvest + \chi_3 Control + \sum Industry + \sum Year + \varepsilon \quad (3.13)$$

$$Per = \chi + \chi_1 Option + \chi_2 UnderInvest + \chi_3 Control + \sum Industry + \sum Year + \varepsilon \quad (3.14)$$

模型中的 Per 指的是公司绩效,分别用每股净利润(EPS)和净资产收益率(ROE)来表示,Control 指的是控制变量。通过上文分析可知,股票期权与公司绩效成负相关关系(p 值>0.1,不显著)。当引入过度投资变量后,股票期权与公司绩效仍无显著相关关系(p 值>0.1,不显著)。引入投资不足变量后,当公司绩效采用 ROE 表示时,期权比例与公司绩效呈显著正相关关系(p 值<0.1);当公司绩效采用 EPS 表示时,期权比例与公司绩效无显著相关关系(p 值>0.1)。并且期权比例的相关系数下降 t 检验显著,这一结果支持了本书提出的公司投资行为是中介变量的假设,假设 H1c 和 H1d 得到检验,即期权比例与投资行为都是公司绩效的影响因素,在影响公司绩效的过程中,投资行为作为一个中介变量影响了公司绩效。当公司绩效采用 ROE 衡量时,对于过度投资与投资不足,中介效应占总效应的比例分别为 $-0.076 \times 0.052/(-0.037) \times 100\% = 10.7\%$,$0.098 \times (-0.021)/(-0.037) \times 100\% = 5.6\%$。同样,当公司绩效采用 EPS 衡量时,对于过度投资与投资不足,中介效应占总效应的比例分别为 55.1%、52.9%,这有助于我们深入认识公司治理机制与公司绩效之间的作用机理

（见表 3-21）。

表 3-21　非效率投资对股票期权与公司绩效的中介效应检验

公司绩效变量	步骤	标准化回归方程	回归系数检验	中介效应占总效应比例/%	t 值
ROE	1	$Per = -0.037\ Option$	$SE = 0.084, t = -1.013$	10.7	-5.726
	2	$OverInvest = -0.076\ Option$ $UnderInvest = 0.098\ Option$	$SE = 0.962, t = -1.128$ $SE = 0.456, t = 1.849$	5.6	1.313
	3	$Per = 0.052 OverInvest + 0.004 Option$ $Per = -0.021 UnderInvest - 0.095\ Option$	$SE = 0.006, t = 0.778$ $SE = 0.087, t = 0.064$ $SE = 0.015, t = -0.422$ $SE = 0.127, t = -1.906$		
EPS	1	$Per = -0.009\ Option$	$SE = 0.198, t = -0.257$	55.1	-0.239
	2	$OverInvest = -0.074\ Option$ $UnderInvest = 0.085\ Option$	$SE = 0.960, t = -1.104$ $SE = 0.433, t = 1.595$	52.9	-0.261
	3	$Per = 0.067\ OverInvest + 0.021\ Option$ $Per = -0.056\ UnderInvest + 0.011 Option$	$SE = 0.023, t = 1.050$ $SE = 0.322, t = 0.337$ $SE = 0.033, t = -1.217$ $SE = 0.272, t = 0.245$		

五、董事会监督对非效率投资与公司绩效关系的调节作用检验

在理论假设以及模型设计的基础上，本部分将对董事会监督对非效率投资与公司绩效关系的调节作用做实证考察。表 3-22 和表 3-23 分别按 EPS 和 ROE 两组汇报了董事会监督对投资政策与公司绩效关系的调节作用的回归结果。从过度投资样本组的回归结果可以发现，OverInvest * IR 与每股净利润（EPS）负相关，并且在 5% 的水平上显著；OverInvest * IR 与净资产收益率（ROE）也成负相关，并且在 1% 的水平上显著，可见董事会的监督职能在一定程度上可以抑制高管的过度投资行为。

表 3-22　董事会监督对过度投资与公司绩效关系调节作用的回归结果

变量	EPS			ROE		
	β 系数	t 值	p 值	β 系数	t 值	p 值
Constant	0.538***	3.699	0.000	0.127***	3.252	0.001
OverInvest	0.267	1.124	0.262	0.000	0.370	0.712
IR	−0.004	−1.282	0.201	−0.001	−1.145	0.253
OverInvest * IR	−0.034**	0.016	0.004	−0.001***	0.284	0.000
Size	−0.002	0.578	0.548	−0.001	−0.981	0.502
ER	−0.134	−0.763	0.446	0.083*	1.710	0.089
Cash	−0.039	−0.138	0.891	−0.066	−0.878	0.381
Growth	0.024	0.936	0.350	−0.007	−0.977	0.330
Z	0.564	0.147	0.883	0.000	−0.374	0.709
Option	0.194	0.584	0.560	0.054	0.606	0.545
IH	0.012***	4.671	0.000	0.001**	2.022	0.044
PayRT	−0.261***	−2.690	0.008	−0.056**	−2.182	0.030
Industry	控制	控制	控制	控制	控制	控制
Year	控制	控制	控制	控制	控制	控制
F 值	4.093			2.376		
p 值	0.000			0.009a		
Adjusted R^2	0.169			0.205		
R^2	0.127			0.238		

注：＊＊＊表示在 1% 水平上显著，＊＊表示在 5% 水平上显著，＊表示在 10% 水平上显著。

　　而对于投资不足样本组而言，UnderInvest * IR 与每股净利润（EPS）和净资产收益率（ROE）都成负相关关系，且都在 5% 的水平上显著，可见董事会的监督可以有效抑制高管的投资不足行为。

表 3-23　董事会监督对投资不足与公司绩效关系调节作用的回归结果

变量	EPS			ROE		
	β 系数	t 值	p 值	β 系数	t 值	p 值
Constant	0.317***	3.660	0.000	0.131	3.341	0.001
UnderInvest	0.0001	−1.066	0.287	0.0001	−0.643	0.521
IR	0.0002	0.100	0.920	0.001	0.867	0.386
UnderInvest * IR	−0.023**	−0.333	0.039	−0.032**	0.731	0.045
Size	−0.003	−1.553	0.121	0.000	0.091	0.927
ER	−0.137	−1.318	0.188	−0.090*	−1.698	0.090
Cash	−0.024	−0.116	0.908	−0.027	−0.313	0.754
Growth	0.001	0.232	0.817	0.001	0.535	0.593
Z	−0.001**	−2.308	0.022	−0.001***	−6.262	0.000
Option	0.064	0.240	0.810	−0.194	−1.614	0.107
IH	0.017***	8.779	0.000	0.004***	4.606	0.000
PayRT	0.044	0.919	0.359	0.005	0.242	0.809
Industry	控制	控制	控制	控制	控制	控制
Year	控制	控制	控制	控制	控制	控制
F 值	9.578			7.584		
p 值	0.000			0.000		
Adjusted R^2	0.290			0.234		
R^2	0.312			0.277		

注：＊＊＊表示在1％水平上显著，＊＊表示在5％水平上显著，＊表示在10％水平上显著。

通过上述分析可以发现，从过度投资样本组以及投资不足样本组来看，独立董事制度在股票期权实施过程以及投资政策制定过程中都发挥了有效的监督职能，高管的非效率投资在很大程度上受到独立董事的监督和约束。在独立董事监督范围内，公司投资决策是一项重要内容。即使独立董事不具有足够多的专业知识和业务经验，他们也可以借助外部力量对投资决策进行分析并采取相应行动。因此，独立董事的知识、经验并不必然会阻碍其监督职能的发挥（唐雪松等，2007）。可见，上市公司独立董事在决策参与方面发挥着重要作用（何卫东，2003）。这一研究结论为我国上市公司进一步完善独立董事制度、监管层进一步制定相应的监管规则提供了理论支持,这也验证了假设 H4a 和 H4b。

第四节　本章小结

本章主要研究了股票期权激励、非效率投资及公司绩效之间的关系,根据实证研究的需要,本书选择了 2006—2012 年实施股票期权激励制度的 74 家国内 A 股上市公司为研究样本,并对股票期权激励直接效应,以及公司非效率投资对股票期权激励与公司绩效关系的影响进行了详细的分析。结合第二章的理论分析,本章紧紧围绕股票期权、投资行为和公司绩效这三组变量之间的两两关系,分别提出相应的理论假设。为了揭示投资行为对股票期权激励与公司绩效关系所起的中介作用,本章提出了假设 H1c 和假设 H1d;为了揭示董事会监督职能对投资行为与公司绩效之间相互关系的调节作用,本章提出了假设 H4a 和假设 H4b。之后,详细介绍了调节变量检验和中介变量检验这两种重要的统计学分析方法,并运用上述统计分析方法,对相关研究假设进行实证检验。在实证模型的构建方面,本章将股票期权作为解释变量、将公司绩效作为被解释变量,建立起两者之间的实证回归模型,以揭示股票期权激励制度对公司绩效的直接效应。由于公司的非效率投资在股票期权激励制度的实施过程中起着重要的中介作用,我们选择股票期权作为解释变量、非效率投资作为中介变量、公司绩效作为被解释变量,建立起股票期权与非效率投资之间以及非效率投资与公司绩效之间的两两回归模型,以揭示非效率投资在公司股票期权激励效应产生过程中所起的中介和桥梁作用。同时,以独立董事率为调节变量,建立起非效率投资与公司绩效之间的相应回归模型,以此来论证董事会监督对公司绩效所产生的间接影响,并按照本章构建的实证模型对相关理论结论和命题假设进行实证分析与验证。

第四章　股票期权激励、过度负债及公司绩效的相互关系

所有者与经营者之间普遍存在的"委托—代理"关系使得公司的整体利益与高管个人利益存在着天然的冲突,当公司面临倒闭或清算威胁而董事会又无法对高管的道德风险行为进行监督或存在监督困难时,高管出于保全自己职位或追求自身效用最大化的考虑往往会对融资结构进行寻租行为(Crossman et al. ,1982),即存在融资领域的"管理者防御"现象。本章将从过度负债的视角来探讨股票期权激励对公司绩效的影响机制,归纳股票期权激励、过度负债与公司绩效之间相互关系的命题假设,设计出与命题相对应的实证模型,并对其进行实证分析。

第一节　理论模型

本节将设计股票期权激励、过度负债与公司绩效三者之间相互关系的命题假设,为之后的实证模型构建和模型检验奠定相应的理论基础。

一、股票期权激励对过度负债影响的理论假设

Kreps(1982)提出的"声誉模型"认为,历史悠久、声誉良好的公司在融资过程中能够发挥自身的声誉机制,降低债务融资成本。其间,高管为了维护公司的声誉和平稳发展,往往会选择相对安全、能保证及时还清的融资方式;而投资者在对公司进行投资之前通常会对公司的融资结构进行细致的分析,以此来判断公司"声誉"的好坏。当公司的负债比重较高时,投资者会认为公司对自身的发展前景持乐观态度所以愿意选择到期"还本付息"的发行债券和向银行贷款的债权融资方式进行融资。投资者投资信心的增强会

促使公司股票价格快速上涨,而公司股票价格上涨最直接的受益者就是那些持有股票期权的高管,这些高管人员以股票期权契约上规定的价格买入本公司股票,然后再以较高的市场价格售出,从而获得股票买卖差价所带来的股票期权溢价收益。持有股票期权的高管为了实现个人收益最大化,显然更愿意选择有利于提高公司股价的债权融资方式。

我们还可以通过一个简单的数学模型对股票期权与融资结构之间的关系进行说明。假设企业高管的股权融资金额为 G,其他股东的股权融资金额为 S,则企业获得的股权融资总额为 $G+S$,高管所占的股权份额为 $G/(G+S)$,假设公司通过债权融资获得的资金额为 D,同时公司的资产收益率为 x,债务利息率为 y,(x、y 均为百分数,且 $x>y$),则公司高管的股权收益率为

$$R=[(G+S)x+(x-y)D]G/(G+S)$$

通过这个简单的公式,我们可以发现高管的股权收益率与债务融资量成正相关关系,即高管的股权收益会随着债务量的增加而增加。股权融资和债权融资是公司进行外部直接融资的两种重要方式,在公司融资过程中呈现出此消彼长的态势,债权融资的增加意味着股权融资的减少。在筹资过程中如果公司能筹集到足够多的债权资本,那么就可以减少股权融资的比例,D 增加的同时 S 不断减少,两者共同作用可以极大地提高高管的股权收益。因此高管人员为增加自身的股权收益倾向于增加债权融资的比例。可见,公司的债权融资行为将有助于高管股票期权收益和股东个人收益的增加。另外,获授股权激励的管理者倾向于通过承担额外风险的方式将公司财富从债权人向股东转移,管理者风险偏好提高会增加公司对外融资难度和融资成本(Liu et al.,2011),这促使公司持有更多现金以应对未来潜在的融资需求,其相较于未实施股权激励的公司将持有更多现金,这就是实施股权激励的高额外部融资成本效应。Ortiz-Molina(2007),Shuto 等(2011)的研究也都发现,管理层股权激励水平与负债融资成本正相关。

通过以上分析可知,高管的过度负债水平会随着股票期权激励增加而相应增加,两者之间成正相关关系,因此,我们提出如下假设:

假设 H5a:高管股票期权激励与过度负债正相关;

假设 H5b:过度负债是股票期权激励与公司绩效的中介变量。

二、过度负债对公司绩效影响的理论假设

公司通常可以通过融资方式的选择来影响其投资决策进而间接影响公司的经营绩效,Hart(1982)认为债权融资而不是股权融资能够较好地约束高管的过度投资行为,进而促进公司绩效水平的提高。事实上,当公司拥有大量自由现金流量时,如何避免公司的过度投资成了解决股东与高管之间利益冲突的关键,"自由现金流假说"认为债务的硬约束将减少高管控制的自由现金流量(Jensen,1986),对于公司的整体利益而言,较高的债务水平可以有效地激励高管努力工作,监督他们将企业有限的资源投入净现值为正的项目当中,减少企业的过度投资行为,降低代理成本,提高公司绩效。即使公司的经营陷入了困境,到期无法支付债务的本金和利息,公司也可以通过破产清算的方式来降低代理成本。Jensen(1986)认为债务的存在可以有效地约束向投资者支付"自由现金流量",进而防止管理者浪费资源。此外,债务融资还可以对高管和投资项目起到事前监督和筛选的作用,从而有效地减少逆向选择行为,破产清算的威胁使得高管更加努力地工作,企业也会保留一些资金用来偿债(Hart et al.,1989),这在一定程度上会促进公司绩效的提高。

从代理成本的角度来分析,在公司融资总额既定的情况下,公司增加债权融资比重(相应减少股权融资的比重)可以保证高管的持股比例不会受到稀释,高管持股比例维持在相对较高的水平有助于高管个人利益与股东利益保持一致,有助于减少高管道德风险行为、减少与股东之间的利益冲突、降低代理成本,从而提高公司的经营绩效。

此外,债权融资还存在避税效应,很多国家的税法都规定:公司负债的利息支出作为收入的抵减项目是在税前列支的,因此可以带来税收上的优惠,这种收益称为税盾收益,这种效应称为负债的税盾效应。企业显然可以通过负债比重的增加来提高收益,税率越高,公司通过债务的避税效应所获得的收益也越多,但是盲目增加债务的比重和规模,也会使公司面临一定的经营风险。

另外,我们也可以通过以下模型来揭示债务比重与高管努力程度和公司绩效之间的关系:假设 D 为公司债务,高管努力程度 e 是公司债务 D 的

函数，即 $e=e(D)$；公司所得税率为 t；公司投资额用 I 来表示；Y 为公司总收益，为不受高管努力程度影响的固定收益；c 为公司观察和验证高管努力程度所需支付的成本；π 代表公司利润。当公司总收益 $Y>$公司债务 D 时，公司除支付债务外还有一部分剩余收益，高管努力工作能够起到增加公司价值的作用；相反，当公司总收益 $Y<$公司债务 D 时，公司将面临破产的威胁。公司利润 π 的计算公式为：

$$\pi=[Y_0+e(D)-I+tD]\times\text{Prob}（Y\geqslant D）+（Y_0-c-I+tD）\times$$
$$\text{Prob}(Y<D) \tag{4.1}$$

式（4.1）中，$\text{Prob}(Y\geqslant D)$ 是 D 的减函数，为研究方便，设 $D<1$，且 $\text{Prob}（Y\geqslant D）=1-D$，则有

$$\pi=[Y_0+e(D)-I+tD]（1-D）+（Y_0-c-I+tD）D$$
$$=Y_0-I+（t-c）D+e(D)(1-D)$$

要使 π 达到最大值，必须满足一阶导数为零的条件，即

$$t-c-e(D)+(1-D)\frac{\partial e}{\partial D}=0$$

即 $\dfrac{\partial e}{\partial D}=\dfrac{c+1-t}{1-D}$

由于 $1-D>0$，因此，在 $c+1-t>0$ 的情况下，$\dfrac{\partial e}{\partial D}>0$，可知 e 是 D 的增函数，即随着公司债务的增加，高管会更加努力地工作，进而提高公司的价值。

结合上述分析，我们可以认为公司负债水平的增加将有利于公司绩效的提高。

假设 H6：过度负债与公司绩效正相关。

三、股票期权激励对公司绩效影响的理论假设

Demsetz 等（1985），Himmelberg 等（1999），Guay 等（1999）认为股票期权激励与公司业绩存在一种关系。"壕沟效应假说"则认为当高管的持股比例达到一定的高度之后，高管会凭借自己在公司的控制权地位采取道德风险行为以获得控制权私人收益，从而使高管的行为渐渐偏离公司的经营目标，比如为了巩固自己在公司中的控制权地位，经营者会想尽一切办法阻止

本公司被其他公司收购或兼并,从而使公司的资源无法优化配置,最终造成公司价值的下降(Fama et al.,1983)。美国 20 世纪 90 年代接连出现的财务丑闻,从一个方面证实了"壕沟效应假说"在现实经济活动当中的真实存在,持有大量股票期权的高管会通过做假账、虚报利润等盈余管理①方式人为地抬高股票价格,从而获得大量的股票期权溢价收益(Bums et al.,2009;Bergstresser et al.,2006)。国内的很多学者也得出了相似的结论,杜志雄等(2004)使用 2000 年江苏省 100 家乡镇企业的数据考察了乡镇企业高管持股对于公司绩效的影响,结果未能发现股权向高管倾斜对公司绩效产生积极影响的证据。李玲(2006)对 2003 年 1098 家上市公司进行研究,发现交通运输仓储业的高管持股比例与股东权益报酬率之间成显著的负相关关系。顾斌等(2007)通过实证研究发现,我国上市公司高管股票期权激励并没有发挥出应有的积极效应,之所以出现这样的现象是因为公司治理结构的不完善以及绩效指标的不科学为高管人员的寻租行为提供了诸多便利(周建波等,2002)。

高管的道德风险行为还体现在融资政策上。在行权前,高管在筹资时会尽量减少债权融资的比重,以避免企业因巨大的还款压力而导致股价下跌(Yermark,1997),债权比重的减少使得债务的"硬约束"作用很难得到有效发挥,公司的绩效会因此下降。因此,我们可以认为高管的股票期权激励有可能会引起公司绩效的下降。因此,我们提出如下假设:

假设 H3:高管股票期权激励与公司绩效负相关。

四、董事会监督对过度负债与公司绩效关系的调节作用

根据 Jensen(1986)所提出的"自由现金流量假说",高管为了追求私人收益,倾向于扩大企业的规模,一旦公司拥有较多的自由现金流量,高管可能会将这部分自由现金流量投入净现值为负的项目当中,从而产生过度投资。保持较高的债务水平可以迫使高管减少可以自由支配的现金流量,监督他们将有限的资金投入净现值为正的项目中,减少企业的过度投资行为,

---

① 盈余管理是指高管通过职业判断选择不同会计政策,构造经济业务,修改财务报告数据,旨在误导某些外部股东对公司发展潜力的理解,并影响某些以财务数据为基础的契约结果(Healy et al.,1999)。

降低代理成本,提高公司绩效(Dewatripont et al. ,1994)。同时,负债"税盾"效应的存在使得公司的市场价值会随着公司负债水平的提高而相应提高。因此,在面临融资政策选择时,代表广大投资者利益的董事会为了提高公司的整体价值通常会相应增加债权融资的比重而减少股权融资的比重,从而导致公司融资过程中的过度负债。董事会监督职能的发挥可以有效地减少股东与高管之间的利益分歧,监督高管的非效率融资行为,最小化代理成本,提高公司的绩效。因此,我们提出假设:

假设 H7:相对于董事会监督职能较弱的公司,董事会监督职能较强的公司,其过度负债对公司绩效的影响更大一些。

五、研究框架设计

通过以上分析,本部分提出如图 4-1 所示的股票期权激励、过度负债与公司绩效相互关系的研究假设框架。

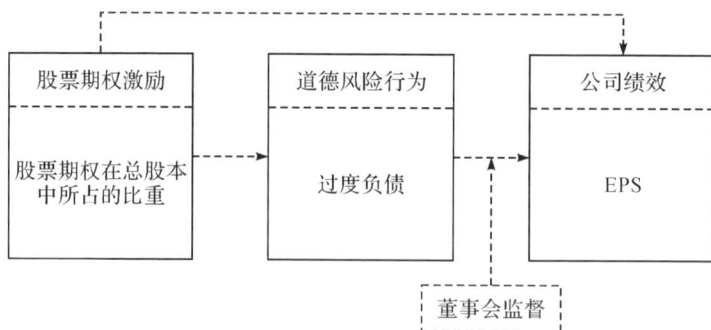

图 4-1　股票期权激励、过度负债与公司绩效相互关系的研究假设框架

第二节　研究设计与方法

本节将在上一节理论模型的基础上建立起融资行为影响股票期权激励效应的实证模型。其中的中介变量检验方法和调节变量检验方法在第三章已经进行了详细的介绍,本节不再赘述。

一、数据来源与样本

实证研究所需的数据和样本与第三章的数据和样本基本相似,详细内容可参考第三章的第二节的第一部分。

二、中介变量检验方法

中介变量检验方法在第三章第二节第二部分已有详细介绍,此处不再赘述。

三、调节变量检验方法

调节变量检验方法在第三章第二节第三部分已有详细介绍,此处不再赘述。

四、实证模型与变量选择

(一)股票期权激励对过度负债的影响机制模型

1. 实证回归模型

我们在参考了 Richardson(2006)研究成果的基础上,设计出了假设模型(4.2)以考察高管股票期权激励与公司过度负债之间的关系。

$$\mathrm{ER}_t = \alpha + \beta_1 \mathrm{Option}_{t-1} + \beta_2 \mathrm{State}_{t-1} + \beta_3 \mathrm{Size}_{t-1} + \beta_4 \mathrm{ROE}_{t-1} + \beta_5 \mathrm{Big1}_{t-1} +$$
$$\beta_6 \mathrm{GXL}_{t-1} + \beta_7 \mathrm{Growth}_{t-1} + \beta_8 \mathrm{PayRT}_{t-1} + \beta_9 \mathrm{FZWSD}_{t-1} + \sum \mathrm{Industry}$$
$$+ \sum \mathrm{Year} + \varepsilon \tag{4.2}$$

2. 变量说明

(1)被解释变量

模型(4.2)中的被解释变量由公司在 t 年的产权比率(ER_t)来衡量。产权比率指的是公司负债总额与所有者权益总额的比值,这一数值可以较好地反映公司过度负债水平,评估融资结构的合理性。

(2)解释变量

模型的解释变量为公司在 $t-1$ 年的股票期权(Option_{t-1}),通常用高管所持有的股票期权在公司总股本中所占的比重来表示。

(3)控制变量

根据辛清泉(2006),敬辉蓉等(2007)的研究成果,本部分将公司在 $t-$

1 年的股权性质（State$_{t-1}$）、公司规模（Size$_{t-1}$）、净资产收益率（ROE$_{t-1}$）、第一大股东持股比例（Big1$_{t-1}$）、股息率（GXL$_{t-1}$）、企业成长性（Growth$_{t-1}$）、现金股利发放率（PayRT$_{t-1}$）、非债务税盾（FZWSD$_{t-1}$）作为控制变量。

①公司股权性质（State$_{t-1}$）：此为虚拟变量，国有取值为 1，非国有取值为 0，国有上市公司与银行的"同源性"使得负债融资很难发挥预算"硬约束"的作用，很难对公司的非效率投资行为起到有效的抑制作用（辛清泉等，2007）。

②公司规模（Size$_{t-1}$）：洪锡熙等（2000），Booth（2001）等发现，财务杠杆与公司规模之间存在正相关关系，即公司规模越大，公司的资产负债率越高。这是因为规模大的公司为了降低经营风险和破产风险，往往会采用多元化经营和纵向一体化经营等方式来分散风险。多元化经营使得公司有多元的、稳定的现金流收入，不容易陷入财务困境，可以承担较高的负债水平。而纵向一体化经营战略则可以通过节约交易费用、提高公司经济效益的方式来增强自身债务融资能力。因此，与小公司相比，大公司的经营风险较低、破产概率较小，预计"财务困境成本"也较低，大公司多会通过保持较高的资产负债率来满足自身发展需要。

③净资产收益率（ROE$_{t-1}$）：通常用净资产收益来反映公司的盈利能力。有关公司盈利能力与融资结构之间的关系存在两种截然不同的观点：一种观点认为，公司盈利水平与资产负债率之间存在负相关关系，当公司的盈利水平较高时，公司通常希望通过内部融资的方式满足融资需要；反之，如果盈利水平较低，那么公司就只能求助于外部融资方式了，这种观点很容易理解，也符合融资优序理论（殷文倩，2021）。另外一种观点则认为，公司盈利水平与资产负债率之间存在正相关关系（赵志霞，2013）。盈利水平较高的公司之所以采用高负债的融资策略，是因为公司想通过债务合理避税、减少高管的在职消费以及向外界传递公司拥有优质资源的信号。因此，公司盈利能力与融资结构之间的关系尚无定论。

④第一大股东持股比例（Big1$_{t-1}$）：通常用第一大股东持股比例来代表公司的股权集中程度。股权过度集中的公司倾向于采用股权融资（而非债

权融资)的方式筹集资金,这一方面是因为大股东所需承担的股权融资成本①较低,有利于大股东通过股权融资赚取私利;另一方面是股权融资会使公司的每股净资产得以增加,大股东会因此而获利。我国证券市场不发达、保护中小股东利益的法律法规不完善的现实条件更进一步加剧了一股独大的股东利用自己的控制权牟取私利的可能性。

⑤股息率(GXL_{t-1}):通常用来代表股权融资成本。股权融资成本主要由股息成本和发行成本两部分组成,股息成本通常可以用股息率来衡量,即股息率(GXL_{t-1})=分配股利/(每股收益×市盈率),由于国内股票市场的市盈率长期偏高,导致了公司的股息成本非常低。公司在选择融资方式时,出于成本最小化的考虑,自然会选择融资成本较低的股权融资。

⑥企业成长性($Growth_{t-1}$):一般用主营业务收入增长率来表示企业成长性。对于企业成长性与融资结构之间的相互关系尚未得出一致结论:洪锡熙等(2000),Supanvanij(2006)认为企业成长性与融资结构之间不存在显著关系;吕长江等(2001)则认为高成长性的公司由于对未来投资选择更富弹性,债务代理成本可能更高,因而公司更倾向于采用融资成本更低的股权融资筹集资金,公司成长性与债务比率之间成负相关关系;敬辉蓉等(2007)认为高成长性的公司破产成本较大,因此对股权融资的依赖性较大,公司成长性与债务比率之间是负相关关系。

⑦现金股利发放率($PayRT_{t-1}$):用来代表公司股利支付水平,投资者可以通过股利支付水平来判断公司盈余水平以及未来发展状况。一般而言,盈余水平较高的公司有足够的资金给股东发放现金股利,这样的公司显然不需要通过负债来筹集资金;反之,较低的现金股利发放率则反映出公司较低的盈余水平,当公司在发展过程中面临资金紧张时,这类公司很难通过内部融资获取所需资金,此时公司进行负债融资的愿望就会越发强烈。

⑧非债务税盾($FZWSD_{t-1}$):一般用折旧费与总资产的比值来度量非债务税盾。Modigliani等(1958)认为,公司倾向于使用负债融资的方式来减免企业所得税,DeAngelo等(1980)的权衡理论对此理论进行了改进,他们

---

① 大股东所需承担的股权融资成本通常包括融资前后权益价值的减少、中介费用和新资金利润分享成本三个部分。

认为,在一个考虑所有正常税负和非债务税盾的模型中,折旧、税务亏损递延、投资税贷＋＋和等非债务税盾可以替代负债融资税收利益,当一家公司在其他条件一样的情况下,拥有非债务税盾越多就应该越少地使用负债。他们发展了与非债务税盾相关的观点:当有非债务税盾时,公司就不可能完全使用负债税盾,公司非债务税盾决定了公司的利息抵减有效边际税率。从这方面来看,公司的非债务税盾越多,其使用负债的激励越低,公司负债率也就更低。

与前文相似,我们设置了 10 个行业(Industry)的虚拟变量,当样本属于相应行业时,该变量取值为 1,否则取值为 0,同时设置了 7 个年份(Year)的虚拟变量以反映公司所处外部环境的系统性差别。当样本属于相应年份时,该变量取值为 1,否则取值为 0。

详细的变量描述见表 4-1。

表 4-1 股票期权与过度负债相互关系的实证模型变量描述

变量	符号	定义
被解释变量	ER	产权比率,用负债额/所有者权益总额表示,用于衡量公司的融资结构
解释变量	Option	股票期权比例,用股票期权在总股本当中所占比重表示
控制变量	Size	公司规模,用总资产的自然对数来表示
	ROE	净资产收益率
	Big1	第一大股东持股比例
	Growth	公司成长性,用主营业务收入增长率来表示
	State	公司股权性质,为虚拟变量,国有取值为 1,非国有取值为 0
	GXL	股息率,用分配股利/(每股收益×市盈率)表示,用于衡量股权融资成本
	PayRT	现金股利发放率,用每股股利/每股盈利表示
	FZWSD	非债务税盾,用折旧率/总资产表示
	Industry	行业虚拟变量,共有 10 个行业虚拟变量
	Year	年份虚拟变量,共有 7 个年份虚拟变量

(二)过度负债对公司绩效的影响机制模型

1. 实证回归模型

有关过度负债和公司绩效之间的关系,理论界并没有得出一致的结论。融资优序理论认为,当公司绩效下降所带来的较低内部盈余无法填补公司资金缺口时,公司将通过负债来进行外部融资,融资量将随着投资规模的扩大而不断增加。从我国企业发展的实际也可以看出,绩效好的企业盈利能力较好,内部留存收益也较高,公司完全可以通过内部融资的方式筹集资金,负债融资的可能性较小,资产负债率会较低。另外,根据权衡理论,当公司的负债比重高至一定程度时,公司的破产概率会增加,债权人为弥补企业破产可能给自身带来的巨大损失,通常会要求较高的利率补偿,企业的经营绩效也会因此而下降。Modlgliani 等(1958)认为,负债的避税功能将有助于增加公司的价值,即债权融资与公司绩效之间存在正相关关系。为了揭示公司融资行为与公司绩效之间的关系,本部分将建立多元线性回归模型(4.3),并且用相关数据进行回归检验;同时,为了揭示董事会监督职能对两者之间相互关系的调节作用,建立了模型(4.4)。

$$\text{Per}_t = \alpha + \beta_1 \text{ER}_{t-1} + \beta_2 \text{Size}_{t-1} + \beta_3 \text{Big1}_{t-1} + \beta_4 \text{Growth}_{t-1} + \beta_5 \text{Option} + \sum \text{Industry} + \sum \text{Year} + \varepsilon \tag{4.3}$$

$$\text{Per}_t = \alpha + \beta_1 \text{ER}_{t-1} + \beta_2 \text{IR}_{t-1} + \beta_3 \text{ER}_{t-1} \times \text{IR}_{t-1} + \beta_4 \text{Size}_{t-1} + \beta_5 \text{Big1}_{t-1} + \beta_6 \text{Growth}_{t-1} + \beta_7 \text{Option}_{t-1} + \sum \text{Industry} + \sum \text{Year} + \varepsilon \tag{4.4}$$

2. 变量说明

(1)被解释变量

公式中的 Per_t 表示公司在 t 年的公司绩效,通常用每股净利润(EPS_{t-1})和净资产收益率(ROE_{t-1})两个指标来进行衡量。净资产收益率是公司净利润与股东权益的比值,反映股东权益的获利水平,这一指标会影响公司的股票价格。每股净利润是税后利润与股本总额的比值,反映了每股创造的税后利润,数值越高,表明创造的利润越多。

(2)解释变量

ER_{t-1} 表示 $t-1$ 年的产权比率,在这里作为解释变量,我们通常用产权比率来衡量公司的过度负债水平,由于负债融资存在信号传递功能,公司的绩效水平会随着产权比率的增加而提高。

（3）控制变量

公司绩效除了由融资结构决定之外，还会受到其他相关因素的影响，在研究过程中必须对这些影响因素加以控制才能更好地研究融资结构与公司绩效之间的关系。

①公司规模（$Size_{t-1}$）：公司规模可以通过公司资本结构以及公司治理效率间接对公司绩效产生影响，用总资产的自然对数来表示。

②第一大股东持股比例（Big1）：用来衡量股权集中度。有关股权集中度与公司绩效之间的关系，存在两种不同的观点。一种观点认为，较高的股权集中度将导致大股东为实现自身利益最大化而对广大中小股东进行"隧道挖掘"，从而形成"第二类代理问题"，代理问题的产生将导致公司绩效的下降。另一种观点则认为，与股权结构相对分散的公司相比，股权结构较为集中的公司处理问题和决策效率更高，信息传递更加方便、快捷；同时，较高的股权集中度使得大股东有更大的动力和能力对高管的机会主义行为进行有效的监督，大股东与高管之间的"第一类代理问题"将得到有效解决，公司的经营绩效也会因此而得到提高。

③公司成长性（$Growth_{t-1}$）：通常用公司主营业务收入增长率来衡量，它与公司价值成正相关关系。公司的经营绩效不仅仅取决于过去和当前的财务业绩，还与公司未来的发展密切相关，成长性高的企业更容易获得投资者的信心和资金，未来的发展空间也更大，这样的企业一旦获得充足的资金，将会释放出无限的发展潜力，为公司创造出更多的价值。

④股票期权比例（$Option_{t-1}$）：股票期权比例可以通过对高管的激励间接对公司绩效产生影响，这也是公司实施股票期权制度的初衷，通常用股票期权占总股本比重来表示。

（4）调节变量

模型中的调节变量用独立董事比率（IR_{t-1}）来表示。公司的 IR 值较小时，独立董事在董事会中所占的比重较小，董事会的监督职能较弱；而当公司的 IR 值较大时，独立董事在董事会中占据较大的比重，董事会的监督职能较强。

详细的变量描述见表 4-2。

表 4-2　过度负债与公司绩效相互关系的实证模型变量描述

变量	符号	定义
被解释变量	ER	产权比率,用负债额/所有者权益总额表示,用于衡量公司的流动性约束
解释变量	Per	公司绩效,用每股净利润与净资产收益率两个指标来衡量
	EPS	每股净利润,用税后利润与股本总数的比值表示
	ROE	净资产收益率,用净利润与股东权益的比值表示
控制变量	Size	公司规模,用总资产的自然对数表示
	Growth	公司成长性,用主营业务收入增长率表示
	Option	股票期权比例,用股票期权占总股本比重表示
	Big1	第一大股东持股比例
	Industry	行业虚拟变量,共有 10 个行业虚拟变量
	Year	年份虚拟变量,共有 7 个年份虚拟变量
调节变量	IR	独立董事比率,用独立董事在董事会中所占比重表示

(三)股票期权激励对公司绩效的影响机制模型

有关股票期权激励与公司绩效相互关系的实证模型在第三章第二节第六部分已有详细介绍,此处不再赘述。

第三节　实证分析

一、股票期权激励—过度负债影响模型的实证结果与分析

本部分将对股票期权激励与融资行为之间关系的实证结果进行描述性统计分析和实证分析。

(一)描述性统计分析

为了揭示公司各主要变量在股票期权激励实施前后的变化规律,对各

变量的数值进行描述性统计分析,表 4-3 汇报了主要变量的描述性统计结果。我们通常用公司的产权比率(ER)来反映公司的融资结构,较高的产权比率意味着较高的债权融资水平,由表 4-3 可知,产权比率的平均值是 1.020,最大值为 3.331,这表明样本公司负债率较高。公司股权性质(State)的均值为 0.432,说明国有企业在上市公司中所占比重较大,这与国内大多数上市公司多由国企改制而来的现实情况相符。净资产收益率(ROE)的平均值是 0.103,最大值为 3.159,表明样本公司股市参差不齐,股市的资源配置效率存在较大的差异。第一大股东持股比例(Big1)平均值为 33.2%,最大值为 76.8%,反映了样本公司的股权过度集中,可能存在大股东与管理层合谋等问题。公司成长性(Growth)的平均值为 0.849,最大值为 219.014,反映了样本公司成长机会一般,部分公司成长机会非常大。非债务税盾(FZWSD)的平均值为 0.032,最高值为 0.754,说明非债务税盾所起的作用并不大。

表 4-3　股票期权激励与过度负债相互关系主要变量描述性统计

变量	平均值	中值	最大值	最小值	标准差	观测样本
ER	1.020	1.058	3.331	0.109	0.230	74
Option	0.063	0.034	1.040	0.003	0.090	74
State	0.432	0.000	1.000	0.000	0.496	74
Size	19.600	21.780	26.890	−8.300	7.773	74
ROE	0.103	0.096	3.159	−2.77	0.188	74
Big1	0.332	0.297	0.768	0.036	0.164	72
GXL	0.428	0.259	6.751	0.001	0.607	74
Growth	0.849	0.179	219.014	−1.574	8.147	74
PayRT	0.368	0.157	101.665	0.000	3.595	74
FZWSD	0.032	0.017	0.754	0.001	0.065	74

为进一步分析各个变量之间的相关性,我们对样本进行了 Pearson 相关分析,从数据结果(见表 4-4)来看,产权比率(ER)与股票期权(Option)成正相关关系,并且在 0.1 水平上显著。说明高管在获得股票期权之后,为了获得更多的股票期权收益,会尽量增加负债融资的比重,高管所持股票期权越多,公

司的产权比率就越高。此外,公司股权性质(State)与 ER 成正相关关系,且在
10%水平上显著,即上市公司的国有性质越明显公司的负债比重就越高,可见
国有企业与银行的"同宗性"促使高管更加倾向于选择债权融资。

表 4-4　股票期权激励与过度负债相互关系各变量的 Pearson 相关分析

变量	ER	Option	State	Size	ROE	Big1	GXL
ER	1.000						
Option	0.040* (0.055)	1.000					
State	0.099*** (0.005)	−0.141*** (0.000)	1.000				
Size	0.032 (0.366)	0.073** (0.039)	0.042 (0.235)	1.000			
ROE	0.060* (0.093)	−0.043 (0.226)	−0.012 (0.728)	−0.024 (0.509)	1.000		
Big1	0.008 (0.825)	0.123*** (0.001)	0.007 (0.847)	0.026 (0.464)	−0.072** (0.043)	1.000	
GXL	−0.145*** (0.001)	0.017 (0.694)	0.013 (0.774)	0.000 (0.997)	−0.323*** (0.000)	0.087** (0.049)	1.000

注:***表示在1%水平上显著,**表示在5%水平上显著,*表示在10%水平上显著。

(二)实证分析

在上述相关性分析的基础上,对股票期权激励(Option)与公司产权比
率(ER)之间的关系进行回归分析,表 4-5 汇报了股票期权激励与公司产权
比率之间关系的回归结果。从回归结果来看,股票期权激励与产权比率正
相关,并且在 1%水平上显著,这说明,高管股票期权激励的增强将会导致
公司产权比率的增加,假设 H5a 得到检验。股东一般希望通过增加债权融
资的方式来加大高管的破产成本,进而约束高管的过度投资行为以减轻公
司代理成本,实现资源的合理配置。同时,高管为了获得更多的股票期权溢
价收益也乐于采用高负债比率的融资政策。另外,公司的净资产收益率
(ROE)和企业成长性(Growth)与公司产权比率(ER)之间亦有显著的正相
关关系。可见,负债比重的提高有利于公司绩效的提升以及公司的快速
成长。

表 4-5　股票期权激励与过度负债相互关系的回归结果

变量	ER		
	β 系数	t 值	p 值
Constant	0.480***	16.725	0.000
Option	0.063***	0.573	0.009
State	0.009	0.721	0.471
Size	0.000	0.206	0.837
ROE	0.163*	1.810	0.071
Big1	0.000	0.119	0.906
GXL	−0.025**	−2.030	0.043
Growth	0.028***	5.148	0.000
PayRT	−0.002	−1.530	0.127
FZWSD	0.166*	1.789	0.074
F 值	4.694		
p 值	0.000a		
Adjusted R^2	0.068		
R^2	0.087		

注：＊＊＊表示在1％水平上显著，＊＊表示在5％水平上显著，＊表示在10％水平上显著。

(三)稳健性测试

　　公司的股利发放行为与融资行为之间有着天然的联系,在现阶段,企业的股利发放政策已不再是一个简单的利润分配问题,同时也是再融资的问题。为了检验公司股利发放行为对融资行为的影响,我们以公司的产权比率(ER)为因变量,以 PayRT 为自变量进行回归分析(见表 4-6)。从回归结果可以看出:公司现金股利发放率(PayRT)与产权比率(ER)之间成负相关关系,并且在 0.05 水平上显著。可见,较高的现金股利发放率通常反映出公司较高的盈余水平,当公司在发展过程中面临融资压力时,很容易通过内部融资获取所需的资金,而负债融资的愿望会相应减弱。这一结论恰好揭示了公司股利发放行为与过度负债之间存在的内在联系。

表 4-6　股利发放行为与过度负债相互关系的回归结果

变量	ER	
	β 系数	t 值
PayRT	-0.001^{**}	-0.363
State	0.011	0.806
Size	-0.002	-0.023
ROE	0.156^{*}	1.688
Big1	0.004	0.097
GXL	-0.024^{**}	-2.017
Growth	0.028^{***}	5.111
Option		
FZWSD	0.168^{*}	1.852
Industry		
Year		
F 值	5.232	
p 值	0.000a	
Adjusted R^2	0.077	
R^2	0.095	

注：$***$ 表示在 1% 水平上显著，$**$ 表示在 5% 水平上显著，$*$ 表示在 10% 水平上显著。

二、过度负债—公司绩效影响模型的实证结果与分析

本部分选取 2006—2012 年实施股票期权的 74 家 A 股上市公司为样本，按照实证模型(4.3)对过度负债对公司绩效影响的关系进行实证考察。

(一)描述性统计分析

先做一个描述性统计分析，表 4-7 汇报了主要变量的描述性统计结果。由表可知，每股净利润(EPS)的平均值是 0.367，最小值为 -3.723，这表明样本公司部分股票的净利润比较低；净资产收益率(ROE)的平均值是 0.103，最大值为 3.159，这表明样本公司股市参差不齐，资源配置不均衡；产权比率(ER)的平均值为 1.020，中值为 1.058，最大值为 3.331，最小值为

0.109,这表明我国上市公司的负债还处在一个相对较低的水平,公司在面临融资决策的时候更倾向于选择无须还本付息的股权融资,尽量避免采用对高管约束性较强的债权融资。第一大股东持股比例(Big1)均值为33.2%,最大值高达76.8%,可见我国上市公司的股权结构较为集中,这与国内上市公司大多是由国有企业改制而来、国有股在公司中拥有绝对控股地位有关。

表 4-7　过度负债与公司绩效相互关系实证分析的主要变量描述性统计

变量	平均值	中值	最大值	最小值	标准差	观测样本
EPS	0.367	0.310	3.140	−3.723	0.469	74
ROE	0.103	0.096	3.159	−2.772	0.188	74
ER	1.020	1.058	3.331	0.109	0.230	74
Size	19.605	21.788	26.895	−8.303	7.773	74
Big1	0.332	0.297	0.768	0.036	0.164	74
Growth	0.849	0.179	219.014	−1.574	8.147	74
Option	0.063	0.034	1.040	0.003	0.090	74

为了揭示各变量相互关系的强弱,对样本进行 Pearson 相关分析(见表 4-8)。从表中的数据,我们可以看出公司的每股净利润(EPS)和净资产收益率(ROE)与产权比率(ER)均为正相关关系,并分别在 1% 和 10% 水平上显著。可见,公司的高负债融资政策将导致公司绩效的提高,两者之间是正相关关系。第一大股东持股比例(Big1)与每股净利润(EPS)和净资产收益率(ROE)均是负相关关系,且都在 1% 水平上显著,可见,相对集中的股权结构将导致公司绩效下降。较高的股权集中度将导致大股东为实现自身利益最大化而对广大中小股东进行"隧道挖掘",从而形成"第二类代理问题",代理问题的产生将导致公司绩效的下降。

表 4-8　过度负债与公司绩效相互关系实证分析各主要变量 pearson 相关分析

	EPS	ROE	LEV	Size	Big1	Growth	Option
EPS	1.000						
ROE	0.486** (0.000)	1.000					

续　表

	EPS	ROE	LEV	Size	Big1	Growth	Option
LEV	0.130*** (0.000)	0.060* (0.093)	1.000				
Size	−0.037 (0.292)	−0.024 (0.509)	0.032 (0.366)	1.000			
Big1	−0.383*** (0.000)	−0.181*** (0.000)	−0.037 (0.292)	−0.049 (0.164)	1.000		
Growth	0.004 (0.917)	0.019 (0.917)	0.010 (0.783)	0.001 (0.984)	−0.006 (0.863)	1.000	
Option	−0.044 (0.211)	−0.043 (0.211)	−0.040 (0.255)	0.073* (0.039)	−0.112** (0.002)	−0.018 (0.606)	1.000

注：＊＊＊表示在1％水平上显著，＊＊表示在5％水平上显著，＊表示在10％水平上显著。

(二)实证分析

本部分将以每股净利润(EPS)和净资产收益率(ROE)为被解释变量，产权比率(ER)为解释变量，对相关假设进行检验。表 4-9 汇报了产权比率对公司绩效的回归结果，从回归结果来看，产权比率(ER)与每股净利润(EPS)和净资产收益率(ROE)均为正相关关系，且在 1％和 10％水平上显著。可见，无论是以每股净利润(EPS)还是以净资产收益率(ROE)来代表公司的绩效，公司债权融资的增加(产权比率的提高)都将导致公司绩效水平的提升，假设 H6 得到了验证。"自由现金流量假说"较高的债务水平可以有效地激励高管努力工作，监督他们将公司的资源投入净现值为正的项目中，减少企业的过度投资行为，降低代理成本，进而提高公司绩效。债务的公司治理功能在此过程中得到了充分的体现。同时，负债比重的提高可以保证高管的持股比例不会被稀释，高管的持股比例维持在相对较高的水平有利于高管个人利益与股东利益保持一致，有助于减少与股东之间的利益冲突、降低代理成本。另外，第一大股东持股比例(Big1)与每股净利润(EPS)和净资产收益率(ROE)均为负相关，且在 5％和 10％水平上显著，这说明相对集中的股权结构并不利于公司绩效的提高，大股东可能会利用自身的控制权地位侵害中小股东的利益，从而造成代理成本的增加和公司绩效的下降。

表 4-9　过度负债对公司绩效的多元回归结果

变量	EPS			ROE		
	β 系数	t 值	p 值	β 系数	t 值	p 值
Constant	0.636***	9.482	0.000	0.108***	3.616	0.003
ER	0.271***	3.736	0.0002	0.073*	1.829	0.068
Size	−0.002	−0.813	0.416	−0.049	−0.570	0.569
Big1	−0.002**	−2.213	0.027	−0.001*	−1.955	0.051
Growth	0.025	0.123	0.902	0.039	0.475	0.635
Option	−0.303	−1.448	0.148	−0.110	−1.313	0.189
Industry	控制	控制	控制	控制	控制	控制
Year	控制	控制	控制	控制	控制	控制
F 值	4.524			2.008		
p 值	0.000a			0.045a		
Adjusted R^2	0.222			0.106		
R^2	0.228			0.113		

注：＊＊＊表示在1％水平上显著，＊＊表示在5％水平上显著，＊表示在10％水平上显著。

(三)稳健性测试

本部分试图用企业的托宾 Q 值来代替净资产收益率（ROE）和每股净利润（EPS），以检验其稳健性。从回归结果（见表 4-10）来看，可以发现，公司的资产负债率（LEV）与企业的托宾 Q 值之间成正相关关系，并且在1％水平上显著。这说明，公司的高产权比率确实有助于公司绩效的提高，本部分的研究结果是稳健的。

表 4-10　过度负债对企业托宾 Q 值的多元回归结果

变量	托宾 Q 值		
	β 系数	t 值	p 值
Constant	2.730***	15.328	0.000
ER	1.663***	−6.736	0.000
Size	0.005	1.007	0.314

变量	托宾 Q 值		
	β 系数	t 值	p 值
Big1	−0.007**	−2.490	0.013
Growth	−0.002	−0.454	0.650
Option	0.957	1.129	0.259
Industry	控制	控制	控制
Year	控制	控制	控制
F 值	11.522		
p 值	0.000a		
Adjusted R^2	0.184		
R^2	0.191		

注：＊＊＊表示在 1％水平上显著，＊＊表示在 5％水平上显著，＊表示在 10％水平上显著。

三、股票期权激励—公司绩效影响模型的实证结果与分析

本部分选取 2006—2012 年实施股票期权的 74 家 A 股上市公司为样本，按照实证模型(4.5)对股票期权与公司绩效之间的关系进行实证考察，其内容与第三章第三节第三部分相同，此处不再赘述。

四、过度负债对股票期权与公司绩效关系的中介效应检验

与上述方法相似，本部分按照三步回归方法(3SLS)，构建了以下三组模型，以检验过度负债对股票期权与公司绩效关系的中介效应：

$$\text{Per} = \alpha_0 + \alpha_1 \text{option} + \alpha_2 \text{Control} + \sum \text{Industry} + \sum \text{Year} + \varepsilon \tag{4.7}$$

$$\text{ER} = \beta_0 + \beta_1 \text{Option} + \beta_2 \text{Control} + \sum \text{Industry} + \sum \text{Year} + \varepsilon \tag{4.8}$$

$$\text{Per} = \chi + \chi_1 \text{Option} + \chi_2 \text{ER} + \chi_3 \text{Control} + \sum \text{Industry} + \sum \text{Year} + \varepsilon \tag{4.9}$$

模型中的 Per 指公司绩效，用每股净利润(EPS)和净资产收益率(ROE)来表示，ER 为产权比率，用来衡量公司的过度负债水平，Control 为控制变量。通过上文分析可知，股票期权与公司绩效成负相关关系(p 值>0.1，影响不显著)。当引入产权比率变量后，股票期权与公司绩效仍无显著相关关系(p

值＞0.1），并且期权比例的相关系数下降的 t 检验显著，这一结果支持了过度负债是中介变量的假设，假设 H5b 得到检验，即期权比例与产权比率都是公司绩效的影响因素，在影响公司绩效的过程中，产权比率作为一个中介变量影响公司绩效。当公司绩效采用 ROE 衡量时，中介效应占总效应的比例为 $-0.055 \times 0.071/(-0.0845) \times 100\% = 4.6\%$。同样，当公司绩效采用 EPS 衡量时，中介效应占总效应的比例为 -44.7%，这有助于我们深入认识公司股票期权激励与公司绩效之间的作用机理。

表 4-11　过度负债对股票期权与公司绩效的中介效应检验

公司绩效变量	步骤	标准化回归方程	回归系数检验	中介效应占总效应比例/%	t 值
ROE	1	Per＝－0.0845 Option	SE＝0.0842, t＝－1.004	4.6	0.151
	2	ER＝－0.055 Option	SE＝0.095, t＝－0.573　SE＝0.040, t＝1.794		
	3	Per＝0.071ER－0.0852Option	SE＝0.0841, t＝－1.013		
EPS	1	Per＝－0.033 Option	SE＝0.199, t＝－0.167	－44.7	1.531
	2	ER＝－0.059 Option	SE＝0.096, t＝－0.617　SE＝0.068, t＝－3.687		
	3	Per＝－0.250ER－0.051Option	SE＝0.198, t＝－0.257		

五、董事会监督对过度负债与公司绩效关系的调节作用检验

表 4-12 汇报了董事会监督对过度负债与公司绩效关系调节作用的回归结果。从回归结果来看，产权比率和独立董事率的交叉项（ER * IR）与每股净利润（EPS）和净资产收益率（ROE）均为正相关关系，但并不显著，可见董事会的监督很难起到抑制高管道德风险行为、提高公司绩效的作用，假设 H7 没有通过检验。究其原因，可能是因为公司负债比重较大时，债权人为了确保债务的安全会在债务契约上增加一些限制性条款，或者直接代表进入董事会参与公司的经营决策（包括解聘独立董事），这将影响到独立董事的独立性，进而影响到董事会监督职能的发挥；也可能是因为独立董事参与公司治理的时间和精力有限、自身能力有限、无法获得充分的信息、受制于

大股东而缺乏独立性(何卫东,2002)。独立董事有效履行职责需要具备一些先决条件如独立董事更大的工作投入以及丰富的信息资源,但是,获取更多信息和更大工作投入意味着独立董事监督成本的大幅提升,在目前独立董事普遍在董事会领取固定津贴、缺乏激励机制的情况下期望独立董事承担更大成本以提高监督水平并不现实,因此,独立董事在抑制高管过度投资中的作用受到严重影响(唐清泉等,2006)。

表 4-12　董事会监督对过度负债与公司绩效关系调节作用的回归结果

变量	EPS			ROE		
	β 系数	t 值	p 值	β 系数	t 值	p 值
Constant	0.637^{***}	8.890	0.000	0.106^{***}	3.437	0.001
ER	-0.271^{***}	-3.081	0.002	0.078^{*}	1.823	0.069
IR	-0.001	-0.270	0.787	0.002	0.735	0.462
ER×IR	0.001	0.140	0.888	0.004	-0.895	0.371
Size	-0.002	-0.788	0.431	-0.001	-0.519	0.604
Big1	-0.002^{**}	-2.348	0.019	-0.001^{**}	-2.089	0.037
Growth	0.007	0.999	0.318	0.002	0.833	0.405
Option	-0.283	-1.356	0.175	-0.103	-1.225	0.221
Industry	控制	控制	控制	控制	控制	控制
Year	控制	控制	控制	控制	控制	控制
F 值	2.899			1.576		
p 值	0.005			0.139		
Adjusted R^2	0.157			0.149		
R^2	0.226			0.204		

注:＊＊＊表示在1％水平上显著,＊＊表示在5％水平上显著,＊表示在10％水平上显著。

第四节　本章小结

　　本章选择了2006—2012年实施股票期权激励制度的74家国内A股上市公司为研究样本,并对股票期权激励的直接效应,以及过度负债对股票期权激励与公司绩效关系的中介效应进行了解释。结合第二章的理论分析,本章紧紧围绕股票期权、过度负债和公司绩效这三组变量之间的两两关系,分别提出相应的理论假设。为了揭示过度负债在股票期权激励与公司绩效关系中所起的中介作用,本章提出了假设H5b。为了揭示董事会监督职能对过度负债与公司绩效之间相互关系的调节作用,本章提出了假设H7。本章将股票期权作为解释变量,将公司绩效作为被解释变量,建立起两者之间的实证回归模型,以揭示股票期权对公司绩效的直接效应。由于过度负债在股票期权激励制度的实施过程中起着重要的中介作用,我们选择股票期权作为解释变量,选择过度负债作为中介变量,选择公司绩效作为被解释变量,建立起股票期权与过度负债之间以及过度负债与公司绩效之间的两两回归模型,以揭示过度负债在公司股票期权激励与公司绩效关系中所起的中介作用。同时,以独立董事比率为调节变量,建立起过度负债与公司绩效之间的相应回归模型,以此来论证董事会监督对公司绩效所产生的间接影响。在相关概念模型与研究假设的基础上,通过收集74份上市公司样本数据,综合运用多种回归分析方法,对股票期权激励与过度负债关系、过度负债与公司绩效关系以及股票期权激励与公司绩效关系进行了实证检验。然后,按照三步回归方法(3SLS),分别构建了三组模型,以检验本章所提出的研究假设。通过实证分析,证实了过度负债在股票期权与公司绩效相互关系中所起的中介作用,为我们揭开了股票期权激励与公司绩效之间的"黑箱"。本章还实证分析了董事会监督在过度负债与公司绩效相互关系中所起调节作用。本书中除了假设H7(董事会监督对过度负债与公司绩效之间关系的调节作用)没有得到检验以外,其他假设均通过了检验。

第五章　股票期权激励、股利"惜派"及公司绩效的相互关系

股利政策的本质就是如何将公司的收益在回报股东和留存自用之间进行分配的问题,在既定的投资决策下,这种选择还可以归结为公司是否应该用留存收益(内部融资)或出售新股票(外部融资)的方式来融通所需要的股权资本。投资、融资和股利发放作为公司的三大财务活动,彼此之间有着密切的联系,作为前一章内容的扩展和深化,本章内容将在文献梳理的基础上,归纳出股票期权激励、股利"惜派"与公司绩效之间相互关系的命题假设,设计出与命题相对应的实证模型,并对其进行实证分析。

第一节　理论模型

实证研究的第一步是设计出股票期权激励、股利"惜派"与公司绩效三者之间相互关系的命题假设,为之后的实证模型构建和实证检验奠定相应的理论基础。

一、针对股票期权激励与股利"惜派"间关系的理论假设

公司的股利政策具有信息传递功能,可以引起股价变化,持有股票期权的高管为了获得更多的股票期权溢价收益,往往倾向于采用少发放现金股利、多回购公司股票的政策来提高公司的股票价格(Lambert et al. ,1989;Fenn et al. ,2001;Kouki,2009)。国内的众多学者如陈清泰(2001)也认为上市公司增加现金股利发放(即减少股利"惜派")会直接减少高管的股票期权价值,高管人员通常会采用减少现金股利发放(即股利"惜派")的方式来提高股票期权的价值,这一观点也可以通过 Black-Scholes 模型得到验证

（张海平，2011）。根据 Black-Scholes 模型，股票期权的价值是由 6 个因素决定的，包括股票期权的行权价格、股票期权的到期日、标的证券的现值、标的证券的预期股息、风险的变动以及无风险利率，股权期权的价值公式如下

$$C=S \cdot \mathrm{e}^{-q(T-t)} N(d_1)-E \cdot \mathrm{e}^{-r(T-t)} N(d_2)$$

其中，C 为看涨期权的价值；S 为股票现价；q 为预期股息；$T-t$ 为到期期限；E 为股票期权的行权价格；r 为预期无风险利率；$N(d_x)$ 为从标准正态分布中推出的随机变量低于 d_x 的概率。

为了揭示股票期权价值 C 与预期股息 q 之间的内在联系，我们对 q 求偏导数，得

$$\frac{\partial C}{\partial q}=-S(T-t)\mathrm{e}^{-q(T-t)} N(d_1)<0$$

由于股票期权一般都是看涨期权，因此对 q 的偏导数小于零，由此可知 C 为单调减函数，预期股息 q 的增加将会带来期权价值的减少，自利的高管显然会通过减少现金股利的发放来提高股票期权的价值，而股份回购或者股票股利的填权效应则可提高标的证券的现值，根据 Black-Schofes 模型，证券的现值增加，期权价值也会相应增加。

上述结论似乎与前文所阐述的观点有所矛盾，信号传递理论和代理成本理论都认为增加现金股利的发放有利于高管获得更多的收益，而通过 Black-Scholes 模型的证明却得到了相反的结论。事实上，两者并不矛盾，高管的同一股利发放行为之所以会产生两个截然不同的结果是因为研究问题的视角不同，信号传递理论和代理成本理论是站在公司价值最大化的角度来探讨股利发放问题的，而 Black-Scholes 模型则是从高管个人收益最大化的角度来揭示股利政策的内在规律的。由此可见，高管为了获得更多的股票期权溢价收益倾向于股利"惜派"，两者之间是正相关关系。因此，提出以下假设：

假设 H8a：高管股票期权激励与股利"惜派"正相关。

假设 H8b：股利"惜派"是股票期权激励与公司绩效的中介变量。

二、股利"惜派"对公司绩效影响的理论假设

现金股利政策与公司价值之间的关系也可以从投资和融资的角度进行

阐述。约翰逊的"自由现金流量假说"较好地揭示了公司现金股利政策与投资政策之间的关系。"自由现金流量"指的是超过所有投资项目资金需求量的现金流量，并且这些项目在以适用的资本成本折现后要有正的净现值。拥有大量"自由现金流量"的公司倾向于不断扩大公司的投资规模、实施多元化扩充投资。为了使公司保持充足的自由现金流量，高管通常会采取较低的现金股利支付甚至零现金股利政策。由此可见，公司保持较高的股利发放水平，一方面，可以减少高管对自由现金流量的支配权，在一定程度上起到抑制高管过度投资行为的作用；另一方面，内源资金的减少使得公司很难通过内部融资来满足新项目对资金的需求，为了解决融资困境，公司一般会通过股权融资或债权融资的方式筹集资金，这意味着公司将接受债权人和资本市场更加严格的监管，高管只有努力工作，提高公司的整体价值，才能在资本市场上筹得更多的资金。这不仅为外部投资者借股权结构的变化对内部人进行控制提供可能，而且再次发行股票后，公司的每股税后利润被摊薄，公司要维持较高的现金股利支付水平，就必须付出更大的努力，这些都有助于缓解所有者和经营者之间的"委托—代理"问题，降低代理成本，进而提高公司的整体价值（Easterbrook，1984）。国内学者杨熠等（2004）在考察了 1994—2001 年 962 份现金股利公告之后发现，在我国，支付现金股利可以降低上市公司的"自由现金流量"从而缓解股东与高管之间的代理冲突（席华霞，2013）。

"一鸟在手理论"认为投资者一般偏好能够"消除不确定性"的现金股利政策，因为较高的现金股利支付水平有利于降低投资风险。当公司提高现金股利支付水平时，公司的股票价格会随之上升；反之，当公司降低现金股利支付水平时，投资者会要求更高的报酬率，从而导致公司股票价格下降。因此，我们可以把现金股利当作反映公司价值的一项指标，公司的价值会随着现金股利发放率的增加而增加（Williams，1938；Walter，1956）。Gordon（1963）在 Williams 模型的基础上，将"消除不确定性"的观点更加明确化，他指出，风险厌恶型投资者会认为未来的资本利得具有较高的风险，相对于不确定的资本利得而言，"实实在在"的现金股利可以消除他们对公司未来盈利状况不确定的疑虑，当这种消除不确定性的心理达到一定程度时，投资者就会更加偏好现金股利，并愿意为那些能够支付较高现金股利的股票支付较高的价格,公司的价值也会得到较大的提升。

现金股利政策还具备特殊的"信号传递功能",提高现金股利的发放不仅可以使股东的财富有所增加,而且还能向市场传递公司具有优质资产以及较高经营水平的正面信息,这会吸引更多的外部投资者购买本公司的股票,从而促进公司绩效的提高(Miller et al.,1985)。

可见,现金股利的发放将有助于公司绩效的提升,因此,本书提出以下假设:

假设 H9:股利"惜派"与公司绩效负相关。

三、股票期权激励对公司绩效影响的理论假设

这部分内容在第三章和第四章都有详细的论述,此处只做简单介绍。为了有效解决公司治理中普遍存在的"委托—代理"问题,公司对高管人员实施了股票期权激励制度,然而,股票期权激励的实施效果却不太令人满意,甚至出现了中途终止或取消股票期权激励方案的事件,可见股票期权激励制度在现实中存在激励负效应。"壕沟效应假说"认为当经营者的持股比例达到一定高度之后,经营者会凭借自己在公司的控制权地位采取道德风险行为以获得控制权私人收益,从而使高管的行为渐渐偏离公司的经营目标。

高管的道德风险行为还体现在股利政策方面,股利政策具有信号传递功能,会引起股价变化(李常青,2001)。因此,持有股票期权的高管会在行权日到来之前采取高现金股利的政策,刺激公司股价持续走高(Fenn et al.,2001),以获得更多的股票期权溢价收益,这种股利政策将导致公司绩效的下降。Brown 等(2007)从股利政策以及盈余管理角度对高管持股和公司绩效之间的关系进行了阐述,通过对 1993—2003 年 1700 家美国上市公司的研究,发现在 2003 年实施减税政策后,高管持股越高,在行权日到来之前增加发放现金股利的概率就越大,而公司大股东持股比例和高管持股比例越高,公司股价就越低,即当大股东持股比例为平均水平时,高管持股每增加一个标准差,公司股票收益率就降低 1.7%,表明市场已经预期到减税后公司将以发放股利的形式代替回购,是大股东和高管之间"委托—代理"矛盾的具体表现之一。

国内的很多学者也得出了相似的结论,杜志雄等(2004)使用2000年江苏省100家乡镇企业的数据考察了乡镇企业高管持股对公司绩效的影响,结果未能发现股权向高管倾斜对公司绩效产生积极影响的证据。李玲(2006)对2003年1098家上市公司进行了研究,发现交通运输仓储业的高管持股比例与股东权益报酬率之间成显著的负相关关系。顾斌等(2007)通过实证研究发现,我国上市公司高管股票期权激励并没有发挥应有的积极效应,之所以出现这样的现象是因为公司治理结构的不完善以及绩效指标的不科学为高管人员的寻租行为提供了诸多便利(周建波等,2002)。

通过上述分析,我们认为高管的股票期权激励有可能会引起公司绩效的下降。因此,提出假设:

假设H3:高管股票期权激励与公司绩效负相关。

四、董事会监督对股利"惜派"与公司绩效关系的调节作用

董事会的监督职能会对公司的股利发放行为产生间接影响,现金股利政策具有特殊的"信号传递功能",提高现金股利发放率不仅可以让股东的财富得到增加而且还向市场传递了公司拥有优质资产以及较高经营水平的正面信息,这有助于吸引更多的外部投资者对公司进行投资,公司的整体价值也会因此而得到大幅度提升。然而,自利的高管为了获得更多的股票期权溢价收益,通常会以减少现金股利发放(即股利"惜派")的方式来提升股票期权的价值。股利"惜派"带来的最终结果将会是高管个人收益的增加以及公司整体利益的减少[1]。为了防止股利"惜派"所引起的公司绩效下滑,董事会对高管实施了严格的监督管理,董事会的监督职能可以起到抑制高管道德风险行为、提高公司绩效的作用。

通过上述分析,我们提出以下假设:

假设H10:相对于董事会监督职能较弱的公司,董事会监督职能较强的公司,其股利"惜派"对公司绩效的影响更小一些。

---

① 股利发放行为与公司绩效之间的相互关系在第六章第一节第二部分已有详细论述。

五、研究框架设计

通过以上分析,本部分提出如图 5-1 所示的股票期权激励、股利"惜派"与公司绩效相互关系的研究假设框架。

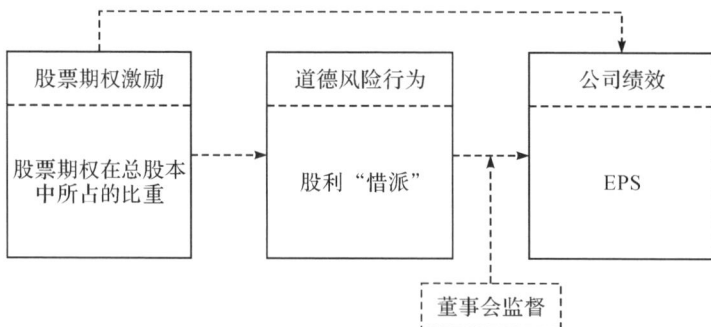

图 5-1　股票期权激励、股利"惜派"与公司绩效相互关系的研究假设框架

第二节　研究设计与方法

我们将在上一节理论假设的基础上建立起股票期权激励、股利"惜派"与公司绩效相互关系的实证模型。其中的样本来源、中介变量检验方法以及调节变量检验方法在第三章第二节已有详细介绍,此处不再赘述。

一、数据来源与样本

本部分主要对股票期权激励、股利"惜派"及公司绩效之间的相互关系进行研究。基于前面所提出的研究假设以及研究目的,我们对样本进行了一定程度的筛选,其筛选的原则与第三章第二节第一部分相同,不再赘述。

二、中介变量检验方法

中介变量检验方法在第三章第二节第二部分已有详细介绍,在此不再赘述。

三、调节变量检验方法

有关调节变量检验方法在第三章第二节第三部分已有详细介绍,请参考相关内容。

四、实证模型建构和变量选择

(一)股票期权激励对股利"惜派"的影响机制模型

1. 实证回归模型

本部分试图揭示股票期权与公司股利"惜派"之间的关系,在数据获取方面,通常用现金股利发放率(PayRT)来代表现金股利的发放数据,这一指标可以有效地反映公司的股利发放政策和支付股利的能力,并且,很好地避免了上市公司股本规模对每股股利绝对数的影响,在数值上体现为普通股净收益中股利所占的比重,现金股利发放率(PayRT)的数值与股利"惜派"成反向变动关系,现金股利发放率低说明公司股利"惜派"较为严重,反之,则表示不严重,现金股利发放率可表示为

现金股利发放率=[∑(税前每股股利×基准股本)/净利润]×100%

式中,"∑"指的是年度内分红汇总;"基准股本"为上市公司分红公告日的总股本。根据前文的理论分析,提出以下假设模型

$$
\begin{aligned}
\text{PayRT}_t = {} & \alpha + \beta_1 \text{Option}_{t-1} + \beta_2 \text{Size}_{t-1} + \beta_3 \text{Big1}_{t-1} + \beta_4 \text{State}_{t-1} \\
& + \beta_5 \text{Growth}_{t-1} + \beta_6 \text{ROA}_{t-1} + \beta_7 \text{CFO}_{t-1} + \beta_8 \text{ER}_{t-1} + \beta_9 \text{PB}_{t-1} \\
& + \beta_{10} \text{Cash}_{t-1} + \sum \text{Industry} + \sum \text{Year} + \varepsilon
\end{aligned}
\tag{5.1}
$$

2. 变量说明

(1)被解释变量

模型(5.1)中的被解释变量为公司在 t 年的现金股利发放率(PayRT_t),用来反映公司股利"惜派"的严重程度。

(2)解释变量

模型中的解释变量为公司在 $t-1$ 年的股票期权变量(Option_{t-1}),通常用高管所持有的股票期权在总股本中所占的比重来表示。

（3）控制变量

模型中的控制变量包括公司在 $t-1$ 年的企业规模（$Size_{t-1}$）、第一大股东持股比例（$Big1_{t-1}$）、公司的股权性质（$State_{t-1}$）、公司成长机会（$Growth_{t-1}$）、总资产净利率（ROA_{t-1}）、每股经营性现金流量（CFO_{t-1}）、产权比率（ER_{t-1}）、市净率（PB_{t-1}）、现金持有量（$Cash_{t-1}$）以及行业虚拟变量（Industry）和年份虚拟变量（Year）。

①公司规模（$Size_{t-1}$）：公司规模对公司的股利政策有着一定的影响，规模大的公司通常会提高现金股利的发放率。

②第一大股东持股比例（Big1）：用来衡量公司股市集中度。股权集中度与上市公司现金股利支付之间存在正相关关系。黄娟娟等（2007）认为，股利迎合理论较好地解释了股权集中度与公司现金股利政策之间的关系，大股东为了满足自身日常开销的需要，通常希望公司能够支付较多的现金股利，当公司的股权高度集中时，这种愿望会变得更加强烈，公司为了迎合大股东的需要，会加大现金股利的支付数额。

③公司的股权性质（$State_{t-1}$）：股权性质同样会影响上市公司的股利政策，与非国有上市公司相比，国有上市公司与银行之间的"同源性"使得国有上市公司在面临融资约束时，更容易从资本市场上筹得资金，较低的融资约束水平可以让国有上市公司拥有更多的资金用于支付现金股利。

④公司成长性（$Growth_{t-1}$）：公司成长性与公司现金股利发放率之间存在负相关关系。当公司面临较多的成长机会（即拥有更多的净现值为正的投资项目）时，高管出于对公司未来发展的考虑，会将大量资金投入具有高成长性的项目当中，使得高管所能自由支配的现金流量急剧减少，这在一定程度上影响了公司现金股利的支付（DeAngelo et al.，2006）。本书以主营业务收入增长率来代表公司面临的成长机会。

⑤盈利能力：公司现金股利政策还与公司的盈利能力有关，公司遵循"无盈利、不发放"的原则，只有当盈利水平较高时，公司才有充足的资金来发放现金股利。公司的盈利能力通常用总资产净利率（ROA_{t-1}）和市净率（PB_{t-1}）来衡量。

⑥现金持有量：现金股利的支付还必须有较高的现金持有量作为保证，现金持有量越高的公司越有可能支付高额的现金股利。本章用现金持有量

（Cash$_{t-1}$）与每股经营性现金流量（CFO$_{t-1}$）来代表公司现金持有水平。

⑦产权比率（ER$_{t-1}$）：产权比率较高的企业由于面临高额贷款利息的压力，无法抽出更多的资金用于现金股利的发放，这必然导致公司现金股利发放率的减少。

与上文相似，我们设置了 10 个行业（Industry）的虚拟变量，当样本属于相应行业时，该变量取值为 1，否则取值为 0。同时设置了 7 个年份（Year）的虚拟变量以反映公司所处外部环境的系统性差别。当样本属于相应年份时，该变量取值为 1，否则取值为 0。

详细的变量描述见表 5-1。

表 5-1　股票期权与股利"惜派"相互关系的实证模型变量描述

变量	符号	定义
被解释变量	PayRT	现金股利发放率
解释变量	Option	股票期权比例，用股票期权在总股本当中所占比重表示
控制变量	Size	公司规模，用总资产的自然对数表示
	ER	产权比率，用负债额/所有者权益总额表示，用于衡量公司的流动性约束
	Big1	第一大股东持股比例
	Growth	公司成长性，用主营业务收入增长率表示
	State	公司的股权性质为虚拟变量，国有取值为 1，非国有取值为 0
	ROA	总资产净利率
	CFO	每股经营性现金流量
	PB	市净率
	Cash	现金持有量，用货币资金/总资产表示
	Industry	行业虚拟变量，共有 10 个行业虚拟变量
	Year	年份虚拟变量，共有 7 个年份虚拟变量

(二)股利"惜派"对公司绩效的影响机制模型

1. 实证回归模型

根据前文的理论假设,构建多元线性回归模型(5.2)和(5.3)以揭示股利"惜派"与公司绩效之间的关系以及董事会监督在其间所起的调节作用。

在变量的选取过程中要特别注意变量的"跨期"影响,即当年的现金股利分配计划会影响到公司下一年的经营绩效,公司本年度的经营绩效亦受公司上一年股利分配政策的影响。根据前文的理论分析,提出以下假设模型

$$Per_t = \alpha + \beta_1 PayRT_{t-1} + \beta_2 Size_{t-1} + \beta_3 ER_{t-1} + \beta_4 Big1_{t-1} + \beta_5 Growth_{t-1}$$
$$+ \beta_6 AT_{t-1} + \beta_7 Option_{t-1} + \sum Industry + \sum Year + \varepsilon \qquad (5.2)$$

$$Per_t = \alpha + \beta_1 PayRT_{t-1} + \beta_2 IR_{t-1} + \beta_3 PayRT_{t-1} \times IR_{t-1} + \beta_4 Size_{t-1} +$$
$$\beta_5 ER_{t-1} + \beta_6 Big1_{t-1} + \beta_7 Growth_{t-1} + \beta_8 AT_{t-1} + \beta_9 Option_{t-1} +$$
$$\sum Industry + \sum Year + \varepsilon \qquad (5.3)$$

2. 变量说明

(1)被解释变量

与上文相似,被解释变量为公司在 t 年的公司绩效(Per_t),通常用每股净利润(EPS_{t-1})和净资产收益率(ROE_{t-1})两个指标来进行衡量,之所以没有选用使用频率较高的托宾 Q 值作为因变量,是因为我国的股票市场还处在发展阶段,各方面还不成熟,股票价格容易受到市场上投机行为的影响,股价很难反映公司真实的绩效水平。

(2)解释变量

模型中的解释变量通常用公司在 $t-1$ 年的现金股利发放率($PayRT_{t-1}$)来衡量公司的股利"惜派"程度。

(3)控制变量

①公司规模($Size_{t-1}$):用总资产的自然对数来表示。与规模小的公司相比,规模大的公司可以发挥自身所具有的"规模经济优势"[1],通过更加充

---

① 规模经济是指由于生产专业化水平的提高以及企业单位成本的下降,企业长期平均成本随产量的增加而递减的经济(高鸿业,2018)。

分的专业化分工以及大规模厂房、仓库的充分利用来降低生产成本,从而促进公司经营绩效的提高。从财务角度来看,规模大的公司更容易从银行获得贷款,当公司把这部分资金投资于规模更大、成长性更高、收益更高的项目时,公司的价值就会得到很大的提升。

②产权比率(ER):公司保持适度的负债比重不仅可以减免公司所得税[①],而且可以发挥负债的正向财务杠杆作用,从而放大公司的净资产收益率。

③总资产周转率(AT_{t-1}):用销售收入/总资产来表示,总资产周转率能够很好地反映公司资产的运用效率,在公司销售利润率很难提高的情况下,公司总是试图提高总资产周转率,加速资金的使用频率,以提高总资产收益率,最终实现公司价值的提升。

④股票期权激励($Option_{t-1}$):用股票期权在总股本当中所占比重来表示。

(4)调节变量

模型中的调节变量通常用独立董事比率(IR_{t-1})来衡量,独立董事在董事会中所占的比重可以较好地反映出董事会监督职能的大小。当独立董事在董事会中所占比重较小时,董事会对高管人员的监督和约束较弱,高管为了提升股票期权的价值,通常会凭借自身的控制权地位减少现金股利的发放;反之,则会增加现金股利的发放。

详细的变量描述见表 5-2。

表 5-2　股利"惜派"与公司绩效相互关系的实证模型变量描述

变量	符号	定义
被解释变量	Per	公司绩效,通常用每股净利润(EPS)和净资产收益率(ROE)两个指标衡量
	EPS	每股净利润,用税后利润与股本总数的比值表示
	ROE	净资产收益率,用净利润与股东权益的比值表示
解释变量	PayRT	现金股利发放率

---

①　由于债务产生的利息费用是在缴纳公司所得税之前扣除的,因此可以抵减公司所需上缴的所得税。

续　表

变量	符号	定义
控制变量	Size	公司规模,用总资产的自然对数表示
	ER	产权比率,用负债额/所有者权益总额表示,用于衡量公司的流动性约束
	Big1	第一大股东持股比例
	Growth	公司成长性,用主营业务收入增长率来示
	AT	总资产周转率,用销售收入/总资产表示
	Option	股票期权比例,用股票期权在总股本当中所占比重表示
	Industry	行业虚拟变量,共有 10 个行业虚拟变量
	Year	年份虚拟变量,共有 7 个年份虚拟变量
调节变量	IR	独立董事比率,用独立董事在董事会中所占比重表示

(三)股票期权激励对公司绩效的影响机制模型

有关股票期权激励与公司绩效的实证模型在第三章第二节第六部分已有详细介绍,此处不再赘述。

第三节　实证分析

一、股票期权激励—股利"惜派"影响模型的实证结果与分析

本节将对股票期权激励与公司股利"惜派"之间的实证结果进行考察,包括对主要变量的描述性统计分析和变量之间相互关系的实证分析。

(一)描述性统计分析

为了揭示公司各主要变量在股票期权激励实施前后的变化规律,对各变量的数值进行描述性统计分析,表 5-3 汇报了主要变量的描述性统计结

果。由表可知,现金股利发放率(PayRT)的平均值是 0.368,最大值为 101.665,这表明公司的现金股利发放率还比较低,很多公司存在"惜派"现象。第一大股东持股比例(Big1)平均值为 33.2%,最大值为 76.8%,反映了样本公司的股权过度集中,可能存在大股东与管理层合谋等问题。主营业务收入增长率(Growth)的平均值为 0.849,最大值为 219.014,反映了样本公司成长性一般,部分公司成长性较好。

表 5-3 主要变量描述性统计

变量	平均值	中值	最大值	最小值	标准差	观测样本
PayRT	0.368	0.157	101.665	0.000	3.595	74
option	0.063	0.034	1.040	0.003	0.090	74
Size	19.600	21.780	26.890	−8.300	7.773	74
Big1	0.332	0.297	0.768	0.036	0.164	74
State	0.432	0.000	1.000	0.000	0.496	74
Growth	0.849	0.179	219.014	−1.574	8.147	74

在做回归分析之前首先对各变量做一个相关性分析,从表 5-4 样本相关性分析的数据来看,股票期权激励(Option)与现金股利发放率(PayRT)之间成负相关关系,并且在 5% 水平上显著。可见,股票期权的实施在一定程度上会诱发高管的道德风险行为,高管为了获得更多的股票期权溢价收益会倾向于减少现金股利的发放,这使得股利的"信号传递功能"难以得到有效发挥。

表 5-4 各变量的 Pearson 相关分析

变量	PayRT	Option	Size	Big1	State	Growth
PayRT	1.000					
Option	−0.006** (0.045)	1.000				
Size	0.008 (0.815)	0.073** (0.039)	1.000			
Big1	0.031 (0.383)	0.123*** (0.000)	0.026 (0.464)	1.000		

变量	PayRT	Option	Size	Big1	State	Growth
State	0.047 (0.185)	−0.141*** (0.000)	0.042 (0.235)	0.007 (0.847)	1.000	
Growth	−0.004 (0.911)	−0.018 (0.606)	0.001 (0.984)	0.006 (0.867)	−0.044 (0.220)	1.000

注：***表示在1%水平上显著，**表示在5%水平上显著，*表示在10%水平上显著。

(二)实证分析

本部分以现金股利发放率(PayRT)为因变量,对相关假设进行检验,表5-5汇报了股票期权激励与公司股利"惜派"之间关系的回归结果。从公司现金股利发放率的数据来看,只有股票期权比例(Option)和产权比率(ER)对公司现金股利发放率(PayRT)的作用是显著的,其中股票期权比例与现金股利发放率(PayRT)成负相关关系,产权比率与股票期权比例成负相关关系,而其他变量与现金股利发放率(PayRT)的关系均不显著,这说明股票期权已经成为高管牟取私利的途径与方式,高管通常希望通过减少现金股利的发放(即股利"惜派")来提高股票期权的价值,进而获得更多的股票期权溢价收益。总之,对公司现金股利政策来说,我国公司股权期权激励机制并不能提高公司现金股利发放水平,反而会导致现金股利发放水平的进一步下降,导致股利"惜派"现象越发严重,假设H8a得到验证。

表 5-5　股票期权激励与股利"惜派"之间相互关系的回归结果

变量	PayRT		
	β系数	t 值	p 值
(Constant)	0.619	0.312	0.755
Option	−0.185**	−0.101	0.042
Size	0.003	0.201	0.840
Big1	0.008	−1.552	0.121
State	0.465	0.904	0.366
Growth	0.019	1.441	0.150

续 表

变量	PayRT		
	β 系数	t 值	p 值
ROA	−3.132	0.078	0.938
CFO	0.120	−0.752	0.452
ER	−1.580**	0.634	0.026
PB	0.001	−0.160	0.873
Cash	1.178	0.825	0.410
Industry	控制		
Year	控制		
F 值	0.763		
p 值	0.077a		
Adjustes R^2	−0.004		
R^2	0.013		

注:***表示在1%水平上显著,**表示在5%水平上显著,*表示在10%水平上显著。

(三)稳健性测试

先分析公司的现金持有量(Cash)对公司现金股利发放行为的影响,以及董事会的监督职能(IR)在其间所起的调节作用(在数值上以 Cash * IR 来表示),对其进行稳健性测试。即以 Cash 和 Cash * IR 为自变量,以现金股利发放率(PayRT)为因变量进行回归分析(回归结果见表 5-6)。从表中可以看出,公司现金持有量(Cash)与现金股利发放率(PayRT)之间成正相关关系,并且在 5%水平上显著。当公司持有较多的现金流量时,公司会增加现金股利的发放,而当公司持有的现金流量较少时,会自然而然地削减现金股利的发放,可见公司所持有的现金流量对现金股利的发放起着决定性的作用。而 Cash * IR 与 PayRT 之间存在显著的正相关关系,这说明独立董事制度能够有效地发挥自身的监督职能,进而影响到公司的股利发放水平。

表 5-6　股票期权激励与股利"惜派"之间相互关系稳健性检验回归结果

变量	PayRT	
	β 系数	t 值
Cash	1.218**	0.750
Cash * IR	0.028**	−0.359
Size	0.003	0.165
Big1	0.007	0.741
State	0.462	1.454
Growth	0.020	0.320
ROA	−3.115	−1.254
CFO	0.121	0.787
ER	−1.571*	−1.855
PB	0.001	0.047
Option		
Industry	控制	
Year	控制	
F 值	0.845	
p 值	0.586a	
Adjusted R^2	−0.002	
R^2	0.013	

注:***表示在 1%水平上显著,**表示在 5%水平上显著,*表示在 10%水平上显著。

通过分析公司 ROA 对公司现金股利发放行为的影响,以及董事会的监督职能在其间所起的调节作用(在数值上以 ROA * IR 来表示),对其进行稳健性测试。即以 ROA 和 ROA * IR 为自变量,以 PayRT 为因变量进行回归分析(回归结果见表 5-7)。通过数据的分析,我们发现公司的总资产净利率(ROA)与现金股利发放率(PayRT)之间成显著的正相关关系,即增加现金股利支付有利于公司绩效水平的提高,恰好论证了现金股利政策的信号传递功能。此外,总资产净利率(ROA)与独立董事占比(IR)的现金股利发放率(PayRT)之间存在显著的正相关关系,这表明董事会在其间发挥了较好的监督作用。

表 5-7　稳健性检验回归结果

变量	PayRT	
	β 系数	t 值
ROA	3.079**	−1.221
ROA * IR	0.018**	−0.097
Size	0.002	0.114
Big1	0.007	0.738
State	0.454	1.427
Growth	0.019	0.312
ROA		
CFO	0.135	0.887
ER	−1.733**	−2.118
PB	0.001	0.048
Option		
Industry		
Year		
F 值	0.870	
p 值	0.552a	
Adjusted R^2	0.102	
R^2	0.12	

注：＊＊＊表示在 1％水平上显著，＊＊表示在 5％水平上显著，＊表示在 10％水平上显著。

以上稳健性检验结果表明，本部分所得出的相关结论是稳健的。

二、股利"惜派"—公司绩效影响模型的实证结果与分析

本部分选取 2006—2012 年实施股票期权的 74 家 A 股上市公司为样本，按照实证模型（5.2）对股利"惜派"与公司绩效之间的关系进行实证考察。

（一）描述性统计分析

先对股利"惜派"与公司绩效实证分析的主要变量做一个描述性统计分

析,表5-8汇报了主要变量的描述性统计结果。由表可知,每股净利润(EPS)的平均值是0.367,最小值为−3.723,这表明样本公司部分股票的净利润比较低;净资产收益率(ROE)的平均值是0.103,最大值为3.159,这表明样本公司股市参差不齐,资源配置不均衡;现金股利发放率(PayRT)的均值为0.368,最大值为101.665,均值与最大值存在较大的差距,可见上市公司的现金股利发放率普遍偏低,公司普遍存在"惜派"现象,很多公司为了降低外源融资的成本,会将更多的收益留存下来作为公司内部融资的来源。

表 5-8 主要变量描述性统计

变量	平均值	中值	最大值	最小值	标准差	观测样本
EPS	0.367	0.310	3.140	−3.723	0.469	74
ROE	0.103	0.096	3.159	−2.772	0.188	74
PayRT	0.368	0.157	101.665	0	3.595	74
Size	19.605	21.788	26.895	−8.303	7.773	74
ER	1.020	1.058	3.331	0.109	0.230	74
Big1	0.332	0.297	0.768	0.036	0.164	74
Growth	0.849	0.179	219.014	−1.574	8.147	74
AT	0.775	0.644	4.644	0.063	0.528	73
Option	0.063	0.034	1.040	0.003	0.090	74

为了揭示各变量相互关系的强弱,我们对样本进行 Pearson 相关分析(结果见表5-9)。根据表中数据,可以看出公司的每股净利润(EPS)和净资产收益率(ROE)与现金股利发放率(PayRT)均为正相关关系,且在10%的水平上显著。这表明公司绩效将会随着现金股利的增加而相应提高,即股利"惜派"与公司绩效之间是负相关关系。

表 5-9 各主要变量 Pearson 相关分析

变量	EPS	ROE	PayRT	Size	ER	Big1	Growth	AT	Option
EPS	1								
ROE	0.486** (0.000)	1							

变量	EPS	ROE	PayRT	Size	ER	Big1	Growth	AT	Option
PayRT	0.025* (0.087)	0.021* (0.062)	1						
Size	−0.037 (0.292)	−0.024 (0.509)	0.008 (0.815)	1					
ER	0.130*** (0.000)	0.060* (0.093)	−0.056 (0.113)	0.032 (0.366)	1				
Big1	−0.085* (0.017)	−0.072** (0.043)	0.031 (0.383)	0.026 (0.464)	0.008 (0.825)	1			
Growth	0.004 (0.917)	0.019 (0.592)	−0.004 (0.911)	0.001 (0.984)	0.010 (0.783)	0.006 (0.867)	1		
AT	0.042 (0.240)	0.064 (0.073)	0.004 (0.901)	0.017 (0.637)	0.044 (0.217)	−0.030 (0.401)	−0.037 (0.300)	1	
Option	−0.044 (0.211)	−0.043 (0.226)	−0.006 (0.855)	0.073** (0.039)	−0.040 (0.255)	0.123*** (0.001)	−0.018 (0.606)	−0.028 (0.430)	1

注：*** 表示在 1% 水平上显著，** 表示在 5% 水平上显著，* 表示在 10% 水平上显著。

(二)实证分析

为了考察股利"惜派"与公司绩效之间的相关关系,本部分对相关假设进行了回归分析,回归结果见表 5-10。从 EPS 组来看,股利发放率(PayRT)与每股净利润(EPS)之间存在正相关关系,且在 10% 水平上显著;ROE 组的数据也表现出相似的特点,现金股利发放率(PayRT)与净资产收益率(ROE)之间存在相关关系,并且在 10% 水平上显著。由此可见,现金股利发放率(PayRT)与公司绩效(Per)之间存在正相关关系,公司的绩效水平会随着股利"惜派"现象的增加而相应降低,假设 H9 得到了验证。之所以呈现出这一特征是因为投资者一般偏好能够"消除不确定性"的现金股利政策,因为较高的现金股利支付水平有利于降低投资风险,当公司提高现金股利支付水平时,公司的股票价格也会随之上涨;反之,股票价格将会下跌。按照 Miller 等(1985)提出的"信号传递理论",较多的现金股利发放可以使股东财富得到增加,同时向市场传递公司具有优质资产以及较高经营水平的正面信息,这会有助于吸引更多的外部投资者购买本公司的股票,从而促进公司绩效的提高。

表 5-10　股利"惜派"与公司绩效相互关系实证研究多元回归结果

变量	EPS			ROE		
	β 系数	t 值	p 值	β 系数	t 值	p 值
Constant	0.612***	8.636	0.000	0.092***	2.964	0.003
PayRT	0.004*	−0.846	0.098	0.001*	−0.399	0.069
Size	−0.002	−0.832	0.406	−0.001	−0.588	0.556
ER	0.278**	−3.820	0.014	0.070*	1.737	0.083
Big1	−0.002**	−2.157	0.031	−0.001*	−1.903	0.057
Growth	0.000	0.164	0.870	0.044	0.539	0.590
AT	0.037	1.183	0.237	0.022*	1.730	0.084
Option	−0.299	−1.430	0.153	−0.108	−1.292	0.197
Industry	控制	控制	控制	控制	控制	控制
Year	控制	控制	控制	控制	控制	控制
F 值	3.532			1.885		
p 值	0.001a			0.069a		
Adjusted R^2	0.222			0.108		
R^2	0.331			0.117		

注：*** 表示在 1% 水平上显著，** 表示在 5% 水平上显著，* 表示在 10% 水平上显著。

(三)稳健性测试

为了对上述结论的稳健性进行测试，我们以公司的托宾 Q 值代替 EPS 和 ROE 来衡量公司的经营绩效，并对此进行回归分析，回归结果见表 5-11。从回归结论来看，公司的现金股利发放率(PayRT)与公司的托宾 Q 值之间存在正相关关系，并且在 5% 水平上显著。这进一步证实了股利"惜派"与企业绩效之间的负相关关系，可见，现金股利的发放有利于公司绩效的提高。这一结果正好能够证实本部分研究的结论是稳健的。

表 5-11　股利"惜派"与公司托宾 Q 值相互关系的多元回归结果

变量	托宾 Q 值		
	β 系数	t 值	p 值
Constant	2.828***	14.759	0.000
PayRT	0.292**	−2.323	0.021
Size	0.005	1.143	0.254
ER	−1.759***	−7.041	0.000
Big1	−0.007**	−2.470	0.014
Growth	−0.003	−0.560	0.576
Option	0.738	0.869	0.385
Industry	控制	控制	控制
Year	控制	控制	控制
F 值	9.075		
p 值	0.000a		
Adjusted R^2	0.089		
R^2	0.100		

注：＊＊＊表示在1％水平上显著，＊＊表示在5％水平上显著，＊表示在10％水平上显著。

三、股票期权激励—公司绩效影响模型的实证结果与分析

本部分选取 2006—2012 年实施股票期权的 74 家 A 股上市公司为样本，按照实证模型(5.4)对股票期权与公司绩效之间的关系进行实证考察，其内容与第三章第三节第三部分相同，此处不再赘述。

四、股利"惜派"的中介效应检验

借鉴中介效应研究方法，按照三步回归方法(3SLS)，本部分构建了以下三组模型，以检验股利"惜派"对股票期权激励与公司绩效关系的中介效应：

$$\mathrm{Per} = \alpha_0 + \alpha_1 \mathrm{option} + \alpha_2 \mathrm{Control} + \sum \mathrm{Industry} + \sum \mathrm{Year} + \varepsilon \qquad (5.6)$$

$$\mathrm{PayRT} = \beta_0 + \beta_1 \mathrm{Option} + \beta_2 \mathrm{Control} + \sum \mathrm{Industry} + \sum \mathrm{Year} + \varepsilon \qquad (5.7)$$

$$Per = \chi + \chi_1 Option + \chi_2 PayRT + \chi_3 Control + \sum Industry + \sum Year + \varepsilon$$

$$(5.8)$$

模型中的 Per 指的是公司绩效,分别用每股净利润(EPS)和净资产收益率(ROE)来表示;PayRT 为现金股利发放率,用来衡量公司的股利"惜派"现象的严重程度;Control 为控制变量。通过上文分析可知,股票期权(Option)与公司绩效(Per)成负相关关系(p 值>0.1,影响不显著),当引入现金股利发放率(PayRT)变量后,股票期权与公司绩效仍无显著相关关系(p 值>0.1),并且期权比例的相关系数下降的 t 检验显著,这一结果支持了本书提出的公司股利"惜派"是中介变量的假设,假设 H8b 得到检验,即股票期权与现金股利发放率都是公司绩效的影响因素,在影响公司绩效的过程中,现金股利发放率作为一个中介变量影响公司绩效。当公司绩效采用净资产收益率(ROE)衡量时,中介效应占总效应的比例为 $-0.134 \times (-0.00043)/(-0.08507) \times 100\% = -0.07\%$,同样,当公司绩效采用每股净利润(EPS)衡量时,中介效应占总效应的比例为 -1.23%,这有助于我们深入认识股票期权与公司绩效之间的作用机理,逐步揭开股票期权与公司绩效之间的"黑箱"。

表 5-12 股利"惜派"对股票期权与公司绩效的中介效应检验

公司绩效变量	步骤	标准化回归方程	回归系数检验	中介效应占总效应比例/%	t 值
ROE	1	Per＝－0.08507 Option	SE＝0.08404,t＝－1.012	－0.07	0.0071
	2	PayRT＝－0.134 Option	SE＝1.929,t＝－0.069		
	3	Per＝－0.00043PayRT－0.08515 Option	SE＝0.002,t＝－0.233 SE＝0.08410,t＝－1.013		
EPS	1	Per＝－0.0501 Option	SE＝0.19768,t＝－0.253	－1.23	0.0160
	2	PayRT＝－0.220 Option	SE＝1.855,t＝－0.118		
	3	Per＝－0.0028PayRT－0.0508 Option	SE＝0.004,t＝－0.663 SE＝0.19775,t＝－0.257		

五、董事会监督的调节作用检验

为了考察董事会监督对股利"惜派"与公司绩效关系的调节作用,本部分将对相关假设进行回归分析,回归结果见表 5-13。从 EPS 组和 ROE 组的回归结果来看,PayRT * IR 与 EPS(ROE)之间均成正相关关系,并在10%和5%水平上显著,这说明董事会的监督职能可以较好地抑制高管的非效率股利发放行为,进而提高公司的绩效水平,这验证了假设 H10。

表 5-13　董事会监督的调节作用的回归结果

变量	EPS			ROE		
	β 系数	t 值	p 值	β 系数	t 值	p 值
Constant	0.608***	8.296	0.000	0.097***	3.047	0.002
PayRT	−0.004	−0.802	0.423	−0.001	−0.499	0.618
IR	−0.001	−0.366	0.714	−0.001	−0.615	0.539
PayRT * IR	0.004*	0.119	0.092	0.001**	0.339	0.035
Size	−0.002	−0.800	0.424	0.000	−0.534	0.594
ER	−0.276	−3.361	0.001	0.063	1.539	0.124
Big1	−0.002**	−2.296	0.022	−0.001**	−2.029	0.043
Growth	0.008	1.156	0.248	0.003	1.063	0.288
AT	0.042	1.324	0.186	0.022*	1.688	0.092
Option	−0.277	−1.325	0.186	−0.102	−1.202	0.230
Industry	控制	控制	控制	控制	控制	控制
Year	控制	控制	控制	控制	控制	控制
F 值	2.526			1.478		
p 值	0.007			0.052		
Adjusted R^2	0.129			0.115		
R^2	0.185			0.173		

注:***表示在1%水平上显著,**表示在5%水平上显著,*表示在10%水平上显著。

第四节　本章小结

本书以"委托—代理"理论为基础,从道德风险的视角探讨了股票期权激励、股利"惜派"及公司绩效之间的关系,并构建了"股票期权激励—股利'惜派'—公司绩效"的理论分析框架。本章首先对股票期权激励直接效应以及股利"惜派"对股票期权激励效应影响的实证研究路径进行了详细的解释,然后紧紧围绕股票期权、股利"惜派"和公司绩效这三组变量之间的两两关系,分别提出相应的理论假设。为了揭示股利"惜派"在股票期权激励与公司绩效关系中所起的中介作用,本章提出了假设 H8b;为了揭示董事会监督职能对股利"惜派"与公司绩效之间相互关系的调节作用,本章提出了假设 H10。在实证模型设计部分,本章将股票期权作为解释变量,将公司绩效作为被解释变量,建立起两者之间的实证回归模型,以揭示股票期权对公司绩效的直接效应。由于股利"惜派"在股票期权激励制度的实施过程中起着重要的中介作用,我们选择股票期权作为解释变量,选择股利"惜派"作为中介变量,选择公司绩效作为被解释变量,建立起股票期权与股利"惜派"之间以及股利"惜派"与公司绩效之间的回归模型,以揭示股利"惜派"在公司股票期权激励效应产生过程中所起的中介作用。同时,以独立董事比率为调节变量,建立起股利"惜派"与公司绩效之间的相应回归模型,以此来论证董事会监督职能对公司绩效所产生的间接影响。通过对相关模型的实证分析,证实了股利"惜派"在股票期权与公司绩效相互关系中所起的中介作用,为我们揭开了股票期权激励与公司绩效之间的黑箱。本章还实证分析了董事会监督在股利"惜派"与公司绩效相互关系中所起调节作用。

第六章　结论与展望

第一节　假设检验结果总结

本书主要以实施股票期权激励制度的国内 A 股上市公司为研究对象，基于"委托—代理"理论，探讨股票期权激励对公司绩效的影响机制。为了揭示其内在影响机制，本书分别从投资行为、融资行为和股利发放三个方面来探讨道德风险行为对股票期权激励与公司绩效之间关系的中介作用，构建"股票期权激励—道德风险行为—公司绩效"的理论分析框架，在获得上市公司样本数据的基础上，经过多种回归分析对本书提出的 5 组 17 个研究假设进行了实证检验，其中 16 个假设通过了检验，获得了显著支持，1 个假设未通过检验，没有获得支持，实证检验结果汇总如表 6-1 所示。

表 6-1　研究假设汇总

假设		假设内容	预期符号
股票期权激励对道德风险行为的影响	假设 H1a	高管股票期权激励与过度投资正相关	支持
	假设 H1b	高管股票期权激励与投资不足正相关	支持
	假设 H5a	高管股票期权激励与过度负债正相关	支持
	假设 H8a	高管股票期权激励与股利"惜派"正相关	支持
道德风险行为对公司绩效的影响	假设 H2a	过度投资与公司绩效负相关	支持
	假设 H2b	投资不足与公司绩效负相关	支持
	假设 H6	过度负债与公司绩效正相关	支持
	假设 H9	股利"惜派"与公司绩效负相关	支持

续　表

假设		假设内容	预期符号
股票期权激励对公司绩效的直接效应	假设 H3	高管股票期权激励与公司绩效负相关	支持
道德风险行为对股票期权激励与公司绩效关系的中介作用	假设 H1c	过度投资是股票期权激励与公司绩效的中介变量	支持
	假设 H1d	投资不足是股票期权激励与公司绩效的中介变量	支持
	假设 H5b	过度负债是股票期权激励与公司绩效的中介变量	支持
	假设 H8b	股利"惜派"是股票期权激励与公司绩效的中介变量	支持
董事会监督的调节作用	假设 H4a	相对于董事会监督职能较弱的公司,董事会监督职能较强的公司,其过度投资对公司绩效的影响更小一些	支持
	假设 H4b	相对于董事会监督职能较弱的公司,董事会监督职能较强的公司,其投资不足对公司绩效的影响更小一些	支持
	假设 H7	相对于董事会监督职能较弱的公司,董事会监督职能较强的公司,其过度负债对公司绩效的影响更大一些	不支持
	假设 H10	相对于董事会监督职能较弱的公司,董事会监督职能较强的公司,其股利"惜派"对公司绩效的影响更小一些	支持

第二节　主要研究结论

股票期权激励问题一直是 19 世纪以来管理学、经济学、会计学、金融学领域研究的热点问题。股票期权激励设立的宗旨是希望通过高管和公司的利润共享、风险共担来激励高管努力工作,以实现公司价值最大化。就本质而言,股票期权激励制度在一定程度上能够抑制高管的道德风险行为、提高公司绩效,然而,也有可能引发新的道德风险行为,导致公司绩效下降。本书以 2006 年初至 2012 年底我国实施股票期权激励制度的 47 家 A 股上市公司为样本,在国内外相关研究的基础上,以"委托—代理"理论、不完全契约理论、人力资本产权理论、剩余索取权理论、关系型交易理论为理论基础,采用定性研究和定量研究相结合的方法,从高管道德风险行为的视角,研究了股票期权激励对公司绩效的影响机制,剖析了在股票期权激励背景下,高管实施非效率投资、过度负债和股利"惜派"的真正动因。本书主要结论如下。

第一,为了更加深入地了解股票期权激励效应产生的整个过程,本书从高管道德风险行为的视角研究了股票期权激励对公司绩效的影响机制。本书首先研究了股票期权制度背景下国内上市公司非效率投资行为,从样本数据来看,股票期权将导致更多的非效率投资行为。之后研究了高管非效率投资与公司绩效之间的相互关系,从研究结果来看,高管的非效率投资与公司绩效负相关。本书接着研究了股票期权激励对公司绩效的直接效应,经过对样本数据的分析,我们发现,高管的股票期权激励与公司绩效成显著的负相关关系,股票期权激励制度的实施将直接导致公司绩效的下降。可见,高管的股票期权激励制度已经从一项有效的激励制度变成了向高管输送福利和私利的渠道。

第二,通过对股票期权激励、过度负债及公司绩效三者之间相互关系的研究,发现高管为了获得更多的股票期权溢价收益会实施过度负债的融资策略,而债权融资比重的增加不仅可以激励高管人员更加努力地工作,还能有效约束高管的道德风险行为,减少与股东利益的冲突,降低代理成本,进而提高公司的经营绩效。之后研究了股票期权激励与公司绩效之间的相互关系,结果发现两者之间成负相关关系。

第三,本书还研究了股票期权制度背景下国内上市公司的股利发放行为,经过理论分析和实证检验,我们发现股票期权激励的实施将导致公司的股利"惜派",而股利"惜派"将会引起公司绩效的下滑,即股票期权激励与公司绩效之间成负相关关系。因此,公司如果想要保持较高的绩效水平就必须相应地减少股利"惜派"现象的发生。

第四,本书试图揭示董事会监督在股票期权激励制度实施过程中所起的调节作用,然而,实证检验的结果表明,独立董事制度在股票期权制度的实施过程中并不能充分发挥应有的监督和约束作用。这可能与现阶段独立董事制度的不完善以及相关法律法规的不健全有关。国内的上市公司之所以纷纷设立独立董事制度,很大程度上是为了满足证监会有关设立独立董事的要求,而不是为了提高公司治理水平。这一研究结论为我国上市公司进一步完善独立董事制度、监管层进一步制定相应的监管规则提供了理论支持。为了更好地发挥独立董事制度的监督职能,我们应该考虑将独立董事的薪酬与公司业绩挂钩,使其真正做到与公司风险共担、利润共享;同时,其薪酬也应该由"独立董事协会"或者监事会等中间组织进行审批,以起到真正的监督作用。

第五,本书在对各个假设进行实证检验的时候发现,机构投资者持股比例与公司绩效之间成显著的正相关关系。机构投资者具备的专业知识、技能以及广阔的信息获取渠道有助于他们对高管的道德风险行为进行有效的监督,从而保证股票期权激励制度的正面效应获得最大限度的发挥。因此,公司应该相应地提高机构投资者的持股比例,以弥补独立董事制度监督职能缺失的不足。

第三节　相关政策建议

结合本书理论分析所提出的假设以及实证检验得出的结果,本书认为企业对高管道德风险行为的防范和治理可以从以下几个方面来进行。

一、建立高管道德风险行为的制约机制

高管在经营活动中存在的道德风险行为必将引起相应制约机制的产生,由于投资、融资和股利发放是公司的三大财务活动,并且彼此之间有着密切的联系,因此,高管道德风险行为制约机制的设计可以从以下三个方面入手。

(一)将派发现金股利作为制约机制之一

根据"自由现金流量假说",派发现金股利减少了公司的"自由现金流量",从而减少了高管从事过度投资行为的机会(Jensen,1986;Vogt,

1994）。而且,现金股利的发放会减少公司的内部现金流,当公司无法通过收益的内部留存获得必要资金时,外部融资就成了唯一的筹资渠道,而在外部融资的过程中公司必然会受到市场监督,从而降低了高管发生非效率投资行为的概率。此外,如果机构投资者与个人投资者相比较税赋较轻时,现金股利将导致所有权客户效应,将吸引更多的机构投资者,机构投资者在识别优质企业和劝说企业控制"委托—代理"现象发生时有信息优势,因此可以在监督高管方面发挥更大作用。2001 年,证监会颁布的《上市公司新股发行管理办法》将派发现金股利作为企业再融资的条件并对其进行了明确规定,原因之一就是希望发挥现金股利应有的治理作用。

(二)公司可以通过举借债务的方式来抑制高管的过度投资行为

公司可以通过举债的方式减少高管利用自由现金流量缔造"商业帝国"的行为(Jensen,1986)。Myers(1977),汪辉(2003)认为,负债可以有效抑制高管的过度投资行为,提高公司经营绩效。负债的到期还本付息硬约束会使高管面临极大的压力,如果到期无法支付本息,企业将面临破产,高管将被解雇,因此高管会在投资过程中采取谨慎态度,尽量减少过度投资行为。此外,债权人的监督职能还可以通过参与公司治理的方式得以实现,参与的方式有两种:一是主债权人董事制度,让债权人的代表直接进入董事会,共同监督高管,以设计出能让公司总价值实现最大化的激励契约;二是主债权人监事制度,让主债权人的代表直接进入监事会,行使监事的职权,当公司的财务状况出现异常时,以董事的身份参加董事会会议,参与公司的战略决策,将自己所持有的债权额以一定的标准折算成股份参与投票。

(三)建立新型银企关系,充分发挥债权人的作用

现阶段国有上市公司和国有银行的"同源性"使得债权人缺乏参与公司治理的制度基础,为了发挥债权人的相机治理机制,可以借鉴德国、日本的主银行制度,建立我国新型的银企关系。首先,要改革商业银行的产权制度,国家应放弃对大银行的高度控股,以避免银企同质,使银行和企业之间形成真正的商业关系;其次,取消银行业进入限制,削弱商业银行实质上的垄断经营,建立产权、经营模式、规模差异化的商业银行体系。

二、完善公司治理机制

股票期权激励制度引入中国以后并没有发挥应有的激励效果,反而引起高管的道德风险行为,其症结在于公司治理中的约束与监督机制并没有随着股票期权激励制度的引入而进行相应的完善与补充,以致形成制度漏洞。因此,如何通过独立董事、薪酬委员会、监事会等机构来完善公司治理中的内部约束和监督机制,尽可能地防止高管的道德风险行为,保证股票期权激励有效执行是上市公司的首要任务。

(一)加强对独立董事的监督

董事会承担着代表广大股东监督高管的职责,高管的道德风险行为除了取决于高管所持股票期权以外,还受到董事会监督职能的影响,特别是,独立董事制度在监督过程中发挥着更加重要的作用。国外大量研究表明独立董事可以保护股东利益,例如,在企业业绩下滑时更换高管,实施使公司价值更高的并购行为,使高管报酬与企业业绩更加一致,盈余报告具有更高信息质量。然而现阶段独立董事的履职情况并不理想(独立董事缺席或委托出席会议的比例高达 36.80%[①]),这在一定程度上限制了独立董事监督职能的发挥,因此如何加强对独立董事履职情况的监督,促使独立董事更好地发挥其监督职能,是公司道德风险行为治理中的重要内容。目前对独立董事的激励和监督仍然停留在声誉机制和法律约束层面,为了让独立董事认真履行自己的职责、更加充分地发挥独立董事的作用,应该考虑将独立董事的薪酬与公司业绩挂钩,使其真正做到与公司风险共担、利润共享。而其薪酬也应该由"独立董事协会"或者监事会等中间组织进行审批,从而起到真正的监督作用。

(二)强化薪酬委员会的独立性与有效性

薪酬委员会的人员构成一直是影响薪酬委员会有效性的重要因素,众多学者通过研究发现,薪酬委员会成员的独立性和专业性越高,所设计的薪

---

① 数据来自《2012 年度上市公司投资者保护状况评价报告》。

酬契约就越有效。然而在实施股票期权激励制度的公司当中，一些公司的董事长或高管进入了薪酬委员会，当董事长或高管有权力影响薪酬委员会的决策时，他们会在个人利益最大化思想的影响下，制定出有利于自身的薪酬契约，从而影响薪酬委员会的独立性(Bebchuk et al.，2002)。因此，为了保持薪酬委员会的独立性，应规定其成员必须由独立董事组成，且董事长和高管不得参与薪酬契约的设计与实施过程。此外，还应该建立一套行之有效的薪酬委员会运行机制，如委员会成员的选聘、考核和激励等，以保证其有效地履行自己的职责。

(三)加强监事会的监督制衡作用，积极推行独立监事制度

中国上市公司治理体系设计采用了监事会与独立董事并存的双重监督模式，因此，监事会对高管的监督和制约同样起着重要的作用。为了加强监事会的监督制衡作用、保证监事会的独立性，应该积极推行独立监事制度。独立董事的选聘和罢免应由中小股东来实施，其薪酬应该由独立于上市公司之外的第三方来支付。在股票期权激励制度的设计与执行过程中，独立监事主要负责监督薪酬委员会的组织管理工作、公司绩效及员工绩效考核的公正性、股票期权激励计划是否按规定程序执行等。在监督的过程中为了取得公信力，可以通过法律等手段来确保监督程序的合法性和完备性。

三、完善市场环境

作为一种长效激励模式，股票期权激励机制的有效发挥需要借助于一系列的市场环节相互传导，因此构建完善的产品市场、经理人市场、资本市场和控制权市场是股票期权激励效应得以发挥的重要前提。

(一)建立完善的产品市场

完善的产品市场是公司治理机制得以有效发挥的重要保障，产品市场竞争通过两个方面来影响公司内部治理机制进而对高管的道德风险行为产生影响。从高管的角度来看，激烈的产品市场竞争给高管带来较大的职业风险，如果投资失败，公司将面临破产清算的威胁，高管也可能会失去工作，因此高管在投资决策的制定和实施过程中会尽量减少非效率投资行为。从

股东的角度来看,激烈的产品市场竞争迫使大股东提高投资效率,加强对高管道德风险行为的监督,较好地弱化了大股东占用资金以及大股东和高管合谋的动机。总之,激烈的产品市场竞争给高管和大股东都带来了巨大的压力,为了维持公司在市场上的竞争力,迫使他们权衡利弊得失,减少非效率投资,降低公司代理成本,改善内部治理机制。

(二)加快职业经理人市场建设

引入职业经理人市场治理机制可以帮助公司广泛筛选、甄别个人素质和能力较强的职业经理人,克服由于信息不对称引起的逆向选择和道德风险行为问题。此外,经理人市场的充分竞争环境也能帮助职业经理人始终保持危机感,从而勉励自身努力工作并减少道德风险行为,以弥补股票期权激励机制对高管激励和约束的不足。然而,现阶段我国的职业经理人市场并不发达,使得上市公司在选聘经理人的时候只能通过非正式渠道(如猎头或个人关系网)来进行,这种非正式渠道存在信息不准确、不全面以及信息获取成本较高等缺点。因此,建立职业经理人信息流动平台、为公司职业经理人的选择提供充分的信息、降低选择成本,成了建立职业经理人市场的关键。除此之外,要建成一个完善的经理人市场需要构建一套有效的声誉显示机制、市场选择与评价机制和控制约束机制。声誉显示机制指的是对职业经理人的个人能力和工作努力程度进行公开显示和评价,以抑制高管的道德风险行为;市场选择与评价机制是指构建一种由市场来确定高管个人价值的评价体系,通过市场竞争对高管优胜劣汰,从而对高管产生引导与约束作用,以避免高管采取投机、造假等行为;控制约束机制是指通过法律法规、公司内部规定等强制性规定对高管的道德风险行为进行约束与限制,具体体现为对高管的事后惩罚。上述三种机制的有效构建和运行,是构建完善的经理人市场的关键。

(三)构建稳定有效的资本市场

有效的资本市场是股票期权激励制度得以高效运行的保障,然而我国资本市场的"弱式有效性"成了阻碍股票期权激励制度有效运行的瓶颈。如我国的股票市场存在较多的投机性,公司的股票价格不能反映公司的真实价值。当宏观经济形势较好时,高管无须努力就可以获得股票价格上涨所带来的股票期权溢价收益;相反,当宏观经济形势低迷时,即使高管努力工作也未必能使公司的股价有所上涨,即股票的市场价格不能对高管的努力程度和公司的绩效给予客观的反映(向显湖等,2010)。在资本市场存在"弱式有效性"的情况下,上市公司勉强推行股票期权激励制度,不但不能起到应有的激励效果,还可能引发高管的道德风险行为。因此,将我国的资本市场从政策工具转变成实现资源有效配置的机制,使公司的股票价格能够客观反映公司的真实价值,是股票期权激励制度得以有效运行的前提。

(四)建立起有效的控制权市场

除了建立"强势有效性"的资本市场以外,建立在高效运作资本市场之上的控制权市场也是影响股票期权激励制度有效发挥的重要因素,其内容包括杠杆收购、公司重组、公司接管等。公司控制权市场可以对高管的投资、融资、净现金流分配、红利选择等方面的道德风险行为进行有效的约束。控制权市场是不同管理团队为取得"管理公司资源的权力"而相互竞争的竞技场,广大的股东只需要被动地拒绝或接受竞争团队抛来的"绣球"即可。因此,公司内部的管理层和那些希望接管该公司抑或取代他们的其他公司的管理层之间的矛盾构成了公司控制权市场上的主要矛盾。当公司管理层的欺骗、懒惰或不胜任使股东遭受巨大的损失时,控制权市场上的接管竞标给整个公司和广大的股东提供了一个替换整个管理层的途径。如果参加竞标的管理层认为自己有能力改变公司经营无效率的现状、提高公司的经营绩效,那么他们会在保证公司广大股东及自身利益的前提下,为该公司的"资源管理权"报出一个比现阶段的管理层更高的价格,从而有效地解决高管道德风险行为所带来的公司经营低效率的问题,使公司的整体利益、股东的个人利益以及参与竞标的管理层的利益都得到了满足。具体的操作方式为:参与竞标的管理层在股票市场上对现有的公司进行收购或兼并,一旦收购或兼并成功就对现有的管理层进行替换。公司现有管理层在激烈的竞争环境下,必然会努力工作,提高公司的经营绩效,以避免被潜在的管理层所取代。

四、发挥机构投资者的治理作用

机构投资者参与公司治理标志着现代公司治理模式已经从高管主导模式转变为高管与投资者共同主导模式,这使得"内部人控制"现象有了较大的改善,较好地缓解了股东与高管之间的代理冲突。由于机构投资者掌握着大量的投票权并能获得较大的收益,机构投资者有较强的动力和能力去监督高管的道德风险行为以提高公司的整体价值(Noe,2002)。机构投资者通过以下几个途径对公司高管的道德风险行为产生影响:①机构投资者受资金持有人的委托对高管的投资行为实施必要的监督,如果高管的非效率投资行为引起基金净值低于目标警戒线,将导致基金清盘,这会对高管的非效率投资行为产生强有力的约束,迫使高管以公司价值最大化为目标进行投资。②机构投资者可以借助媒体、研究报告等传达对公司投资决策的意见,一旦机构投资者发现公司股价大幅下跌,就可以要求董事会更换高管,这会对高管的控制权产生巨大威胁,进而迫使高管努力工作提高投资效率。③机构投资者可以凭借自身在信息收集分析、投资决策运作等方面的优势,对公司的投资项目做出客观的评估和专业的分析,以防止高管将资金投入净现值为负的投资项目造成过度投资或放弃净现值为正的投资项目造成投资不足。

但是,现阶段我国机构投资者未能积极参与公司治理,整体上没有发挥其应有的治理效率,为了提高机构投资者的参与积极性,本书建议:①实施具有弹性的印花税税制,对机构投资者短期交易行为征收高税率的印花税,增加机构投资者的短期交易成本,有效遏制短期投资行为。②为解决机构投资者参与公司治理能力不足的缺陷,可以参照美国的做法,成立机构投资者理事会和机构投资者服务公司。公司的提案如果能够得到机构投资者的建议,将会获得较高的支持率。

五、完善信息披露制度

信息不对称是高管道德风险行为产生的主要原因之一,本书通过对有关理论的阐述和分析认为,高质量的会计信息披露可以有效地降低信息使用者的信息获取成本以及投资决策时所面临的不确定性,有助于提高资本市场资源配置效率和市场秩序。从公司非效率投资行为的角度来看,高质量的会计信息可以减轻高管通过股利发放或债权融资向外界传递私有信息的负担,从而减轻公司的非效率投资行为,提高投资效率。现代企业中的"两权分离"导致了股东和高管之间的利益冲突,此时企业所要解决的问题就是监督和激励高管在不损害股东利益的前提下进行投资和经营决策。而高质量的会计信息可以对董事会、管理层和职工的行为进行有效的监督和激励,引导高管做出正确的投资决策,有效防止高管通过非效率投资行为侵占股东利益。

因此,让公司的利益相关者获得高质量的会计信息是减少公司非效率投资行为的关键。为此,本书认为,首先,应该进一步完善信息披露监管组织体系,建议设立隶属全国人大的独立的国家会计信息监管机构,来分别监管会计从业中介机构和人员、会计信息披露主体遵循相关规范情况以及会计信息质量总体监测,财政部门、证券监管部门以及会计职业团体各司其职,将自己定位于会计准则制定及评价、上市公司会计信息日常检查监督和行业自律管理功能,形成完整的会计信息监管体系。其次,应该加快建立完善的企业行为信息库,对企业(不局限于上市公司)包括证券交易、诚信经营、绿色生产以及社会责任履行情况等与道德风险行为有关的信息进行完整统计,这一方面将大大降低利益相关者的交易成本,从而提高利益相关者对企业进行投资的积极性;另一方面也将对企业行为形成强大的外部约束力,从而促使其降低机会主义倾向。再次,充分发挥市场中介机构的作用,建立权威的公司信息披露质量评价体系,建立独立有效的审计系统,聘请外部审计机构参与审核披露的过程,防止高管层在信息披露过程中的造假行为均具有重要作用。最后,要提高信息披露违规成本。自将信息披露违规列入刑事处罚范围以来,上市公司会计信息披露质量有明显提高,将刑事与民事责任追究制度并举进一步增加信息披露违规成本才能真正提高信息披露质量。高质量的信息披露能够缓解内部控制人与外部投资者、债权人之间的信息不对称,降低代理成本,提高资本市场的资源配置效率,减少上市公司非效率投资。

六、完善相关法律法规

国家的法律法规是保护投资者利益、抑制公司发生道德风险行为的重要治理机制,法律法规越完善,就越能够有效地保护投资者的利益,产生道德风险行为的机会也就越少(Nenov,2003;Dyck et al.,2004)。我国现阶段还缺少专门保护投资者利益的法律制度,但《公司法》《证券法》《破产法》等一系列法律法规在一定程度上也能够起到监督高管道德风险行为、保护投资者利益的作用。为了进一步完善我国的股票期权激励制度,国家颁布了一系列的法律法规,2005年底颁布了《上市公司股权激励管理办法(试行)》,2006年1月颁布了《国有控股上市公司(境外)实施股权激励试行办法》,2006年10月颁布实施了《国有控股上市公司(境内)实施股票期权激励试行办法》。更为重要的是,2005年4月29日,《关于上市公司股权分置改革试点有关问题的通知》的发布解决了困扰中国股票市场很久的"股权分置"问题,使得同股不同价、同股不同权、非流通股不能上市流通的现象得到治理,中国股市成了真实反映国家经济发展的"晴雨表"。同时,监管机构为了进一步规范股票期权激励的实施又陆续出台了一系列文件,如2008年出台的《关于规范国有控股上市公司实施股权激励制度有关问题的通知》《股权激励有关事项备忘录1号》《股票期权激励有关事项备忘录2号》和《股权激励有关事项备忘录3号》。为了充分发挥股票期权的激励作用,2016年7月,证监会发布《上市公司股权激励管理办法》,对股权激励定价标准、业绩考核条件、实施时间等多个维度做了放松,赋予上市公司更大的自治和灵活决策空间。2018年8月,证监会发布了《上市公司股权激励管理办法》修改办法,股权激励对象进一步扩大,同时吸纳外籍员工,允许外籍对象开立证券账户。在新规放松之后,上市公司股权激励方案的设计更加灵活有效,推出股权激励的热情被进一步激活,A股市场也迎来新一轮的股权激励高峰(孙金钜,2020)。

这一系列法规的颁布使得股票期权激励机制能够更好地发挥应有的激励效果,高管和股东有了更多的利益共同点,高管也开始关注公司绩效的提高,法律法规的完善必然会影响高管股票期权激励与道德风险行为之间的关系。因此,在高管道德风险行为防范和治理的政策建构中,不能忽视法律体系的建设。如果法律体系足够完善且有针对性,高管一旦发生道德风险行为,利益相关者就可以根据相关法律追究其责任,在弥补损失的同时使高管受到法律制裁,这无疑将大大增加高管采取道德风险行为的成本。

七、建立高管道德风险行为预警机制

高管道德风险行为的出现有可能来源于外部监管缺位或失效,但更是企业选择行为之内在动机驱动的结果,其出现并非无迹可寻。本书的实证分析发现,我国上市公司的道德风险行为与其非效率投资、资产负债率、现金股利发放率等财务指标存在紧密关联。因此,可以从上述指标乃至更多与高管道德风险行为可能存在相关性的指标(当然所有进入预警体系的指标与高管道德风险行为的相关性需经过大量数据的检验)入手建立高管道德风险行为的预警机制,根据企业各种指标的情况及其变化对高管出现道德风险行为的可能性进行分类预警(如黄色预警、红色预警等),从而对高管行为形成外在约束,降低其采取道德风险行为的内在动机。

第四节 研究局限与未来展望

本书虽然力求完整、严谨与客观,但由于笔者的能力、时间和水平有限,而本书所研究的问题又比较复杂且我国的股票期权激励制度还处在探索阶段,因此研究还存在一定的局限性,有待在以后的研究中改进。不足之处主要体现在以下四个方面。

第一,样本容量较小且缺乏时间序列分析。

首先是样本数量少。自 2006 年初实施《上市公司股权激励管理办法(试行)》到 2012 年 12 月 31 日,我国共有 121 家上市公司推出了股票期权激励方案。但是,由于宏观经济环境低迷、公司治理不完善、股票期权存在福利化倾向等原因,有 30 家上市公司终止了股票期权激励方案,再去除金融类公司以及 ST 公司,最终只剩下 74 家样本公司。这 74 家上市公司相对于 A 股所有上市公司而言,样本的数量实在太少了,这在一定程度上影响了实证结果的稳定性。其次是样本选取不科学。从 2006 年初到 2012 年底的 7 年间,陆续有 74 家公司推出了股票期权激励方案,按照科学的样本选取方法,应该对 2006—2012 年所有样本分年度进行实证检验,以便消除时间因素对股票期权激励效果的影响。但是,这样做将会导致样本数量的大

幅减少以及研究结论准确性的下降。为避免上述不利影响,本书尝试将不同时间点上的样本数据当作同一时间点上的横切面数据进行处理,这必然会影响到研究结论的科学性和准确性。因此,未来的研究方向可以在保证样本数量充足的情况下选用上市公司面板数据对相关问题进行分析和拓展。

第二,变量测度方法有待改善。

由于对股票期权激励效应的定量研究并不多见,从而使得股票期权在测度方面存在着较大的分歧与困难。本书以高管所持股票期权在公司总股本中所占比重来衡量股票期权的大小,这种方法本身存在一些缺陷,由于公司在某段时间内的总股本是固定不变的,股票期权与总股本的比值也会表现出一定的稳定性,这将直接影响到实证检验的最终结果。此外,对变量道德风险行为的衡量也不够科学,由于道德风险行为包括的范围极其广泛且贯穿于公司经营活动的全过程,对其进行全面、客观的衡量就显得异常困难,因此,本书从财务的角度选用了投资、融资和股利发放三个方面对其进行分析。尽管这种方法有一定的可靠性和理论依据,但是,不可否认,这种主观选取维度的方法存在或多或少的偏差。因此,未来的研究应该根据我国企业的实际情况不断完善股票期权以及道德风险行为衡量指标的设计。

第三,未考虑股票期权行权对研究结果的影响。

随着上市公司高管人员获授股票期权的陆续行权,高管人员手中的股票期权将逐渐兑换成限售期股票,而限售期股票和股票期权对高管的激励效果是不同的,高管在获授股票期权之后仍有可能会实施更多的道德风险行为,这将影响到股票期权的激励效果。但是,考虑到从 2006—2012 年已经行权的公司数量并不多,因此本书并未对此进行深入研究。随着时间的推移,持有股票期权的高管在满足了行权标准以后会陆续行使股票期权,行使股票期权的公司也会逐渐增多,这将为研究上市公司高管行权后的道德风险行为提供诸多的便利。

第四,多重中介效应检验问题。

本书中的道德风险行为是由非效率投资、融资政策和股利发放政策三个维度构成的,并检验了这三种道德风险行为对股票期权激励与公司绩效的中介效应,是一个典型多重中介效应检验问题。本书所选用的方法是最常用、最传统的，即由 Baron 等（1986）提出的检验中介变量的方法。近年来，学者们对该方法提出了一些批判（Judd et al.，2010；张莉等，2011），认为该检验方法容易影响人们对中介效应的研究，当研究者发现自变量对因变量的总效应不显著时，就会放弃对中介效应的研究，甚至放弃整个项目（Zhao et al.，2010）。此外，检验方法在检验多重中介作用时，检验功效较低，为了克服此问题，张莉等（2011）建议使用 Preacher 等（2008）提供的 Bootstrapping 方法，这也是未来研究的一个重要发展方向。

参考文献

中文部分

[1] 蔡蕙,2020.高管股权激励,机构投资者持股与企业业绩[J].财会通讯(3):59-62.

[2] 蔡宁,2004. 会计准则制定模式与财务舞弊:兼议 FASB 对准则制定模式的变革[J].财会通讯(4):64-67

[3] 陈德萍,陈永圣,2011.股权集中度,股权制衡度与公司绩效关系研究:2007—2009 年中小企业板块的实证检验[J].会计研究(1):38-43.

[4] 陈德球,马连福,钟昀珈,2009.自主性治理、投资行为与股票收益:基于上市公司投资者关系管理的研究视角[J].经济评论(3):11-19,26.

[5] 陈共荣,谢建宏,胡振国,2005. 中国转轨经济中资本结构与企业价值的相关性分析[J].系统工程(1):37-41.

[6] 陈骏,徐玉德,2012.高管薪酬激励会关注债权人利益吗? [J].会计研究(9):73-81.

[7] 陈其安,方彩霞,肖映红,2010. 基于上市公司高管人员过度自信的股利分配决策模型研究[J].中国管理科学(6):174-184.

[8] 陈清泰,2001. 股票期权激励制度法规政策研究报告[M].北京:中国财政经济出版社.

[9] 陈文强,王晓婷,贾生华,2020.股权激励,双重行权限制与企业风险承担[J].浙江大学学报(人文社会科学版)(3):79-100.

[10] 陈小悦,李晨,1995. 上海股市的收益与资本结构关系实证研究[J].北京大学学报(哲学社会科学版)(1):72-79.

[11] 陈晓萍,徐淑英,樊景立,2012. 组织与管理研究的实证方法[M].北京:北京大学出版社.

[12] 陈效东,周嘉南,黄登仕,2016.高管人员股权激励与公司非效率投资:抑制或者加剧?[J].会计研究(7):42-49.

[13] 陈信元,汪辉,2004.股东制衡与公司价值:模型及经验证据[J].数量经济技术经济研究(11):9.

[14] 陈信元,夏立军,2006.审计任期与审计质量:来自中国证券市场的经验证据[J].会计研究(1):44-53,93-94.

[15] 陈燕,罗宏,2008.我国上市公司现金股利政策的理论解释[J].财会月刊(1):87-89

[16] 谌新民,刘善敏,2003.上市公司经营者报酬结构性差异的实证研究[J].经济研究(8):55-63,92.

[17] 程仲鸣,夏银桂,2009.控股股东,自由现金流与企业过度投资[J].经济与管理研究(2):19-24.

[18] 储溢泉,仓勇涛,储一昀,2020.股杠激励、市场关注与市场预期实现[J].上海财经大学学报(2):81-93.

[19] 崔慧洁,陈翀,张亚男,2019.股权激励计划对企业组织资本的影响:基于中国上市公司的经验数据[J].中国流通经济(6):109-117.

[20] 戴璐,宋迪,2018.高管股权激励合约业绩目标的强制设计对公司管理绩效的影响[J].中国工业经济(4):117-136.

[21] 杜静然,孙策,2018.TCL集团股权激励中机会主义择时行为研究[J].财会通讯(10):101-105.

[22] 杜志雄,苑鹏,包宗顺,2004.乡镇企业产权改革、所有制结构及职工参与问题研究[J].管理世界(1):82-95,106-156.

[23] 樊纲,2000.腐败的经济学原理[J].改革与理论(3):24-25.

[24] 樊纲,王小鲁,2006.中国市场化指数:各地区市场化相对进程报告[M].北京:经济科学出版社.

[25] 冯根福,吴林江,刘世彦,2000.我国上市公司资本结构形成的影响因素分析[J].经济学家(5):59-66.

[26] 高程德,2000.现代公司理论[M].北京:北京大学出版社.

[27] 高鸿业,2018.西方经济学[M].北京:中国人民大学出版社.

[28] 龚勋,2007.现阶段目标公司反收购有关法律问题研究[D].上海:华东

政法大学.

[29] 谷秀娟,沈其云,2006.中国可转换公司债市场的发展与融资结构的优化[J].经济经纬 (1):137-140.

[30] 顾斌,周立烨,2007.我国上市公司股权激励实施效果的研究[J].会计研究(2):6.

[31] 顾群,翟淑萍,2011. 高新技术企业融资约束与 R&D 投资和企业成长性的相关性研究[J].财经论丛 (9):86-91

[32] 郭蕾,肖淑芳,李雪婧,等,2019.非高管员工股权激励与创新产出:基于中国上市高科技企业的经验证据[J].会计研究(7):59-67.

[33] 郭小金,2011.企业生命周期理论视角下的财务资源整合途径[J].江西社会科学 (4):74-78.

[34] 韩云,2017. 股利平稳性、代理成本与资本结构:基于随机前沿模型的实证分析[J].经济经纬 (6):152-158.

[35] 郝颖,刘星,林朝南,2005.我国上市公司高管人员过度自信与投资决策的实证研究[J].中国管理科学(5):142-148.

[36] 郝云宏,周翼翔,2010.董事会结构、公司治理与绩效:基于动态内生性视角的经验数据[J].中国工业经济(5):11.

[37] 何大安,苏志煌,2009. 代理人类型差异及其委托代理的实证分析[J]. 中国工业经济(6):11.

[38] 何大安,2004. 行为经济人有限理性的实现程度[J].中国社会科学(7):34-37.

[39] 何大安,2005.投资运行机理分析引论[M].上海:上海三联书店,上海人民出版社.

[40] 何大安,2006.选择行为的理性与非理性融合[M].上海:上海三联书店,上海人民出版社.

[41] 何大安,2009.公司治理中的政治、的问题与对策:兼论国有企业激励约束机制的建立与完善[J].管理世界(3):187-192.

[42] 何金耿,丁加华,2001. 上市公司投资决策行为的实证分析[J].证券市场导报 (9):44-47.

[43] 何任,范周乐,2018.激励型股权激励真的降低了代理成本吗? ——来

自中国上市公司的经验证据[J].会计之友(22):25-29.

[44] 何涛,陈晓,2002. 现金股利能否提高企业的市场价值:1997—1999 年上市公司会计年度报告期间的实证分析[J].金融研究 (8):26-38.

[45] 何卫东,张嘉颖,2002. 所有权结构、资本结构、董事会治理与公司价值[J].南开管理评论(2):17-20,52.

[46] 何源,白莹,文翘翘,2007.负债融资、大股东控制与企业过度投资行为[J].系统工程 (3):61-66.

[47] 洪峰,2010.基于权衡视角的上市公司管理层薪酬业绩敏感度影响因素研究[D].大连:东北财经大学.

[48] 洪锡熙,沈艺峰,2000. 我国上市公司资本结构影响因素的实证分析[J].厦门大学学报 (哲学社会科学版)(3):114-120.

[49] 侯丽,钟田丽,李佳宁,2019.股权激励合约会影响企业资本结构动态调整吗?[J].预测(2):59-67.

[50] 胡国强,盖地,2014. 高管股权激励与银行信贷决策:基于我国民营上市公司的经验证据[J].会计研究(4):58-65,96.

[51] 胡景涛,宿涵宁,王秀玲,2020.员工股权激励对企业经营业绩会产生补充的提升效应吗?[J].会计研究(4):119-129.

[52] 黄福广,周杰,刘建,2005.上市公司股权结构对投资决策的影响实证研究[J].现代财经(10):21-25.

[53] 黄娟娟,沈艺峰,2007. 上市公司的股利政策究竟迎合了谁的需要:来自中国上市公司的经验数据[J].会计研究 (8):36-43,95.

[54] 黄生权,唐小敏,2016. 高管团队特征、薪酬激励对内部控制质量影响的实证研究:来自创业板上市公司的经验数据[J].工业技术经济(2):65-72.

[55] 黄生权,唐小敏,2020.股权激励和内部控制对上市公司融资约束的影响[J].湖南农业大学学报(社会科学版)(2):65-72.

[56] 黄田桂,张悦,2008.企业改革 30 年:管理层激励效应:基于上市公司的样本分析[J].金融研究(12):12.

[57] 黄文锋,慕刘伟,赵宗华,2004.人力资本计量与股票期权制实施[J].金融研究(6):5.

[58] 黄新建,尤珊珊,2020. 股权激励契约、技术创新与创新效率[J]. 科研管理(3):217-226.

[59] 黄志忠，白云霞,2008. 股权激励与代理成本[J]. 中大管理研究 (4):38-52.

[60] 姜付秀,石贝贝,李行天,2015."诚信"的企业诚信吗？——基于盈余管理的经验证据[J]. 会计研究 (8):24-31,96.

[61] 姜付秀,伊志宏,苏蚝,等,2009.管理者背景特征与企业过度投资行为[J].管理世界(1):130-139.

[62] 姜毅,刘淑莲,2011.信息披露质量与控制权私人收益:以股权分置改革为背景[J].财经问题研究(9):7.

[63] 靳小翠,2017. 企业文化会影响企业社会责任吗？——来自中国沪市上市公司的经验证据[J]. 会计研究 (2):56-62,97.

[64] 敬辉蓉,赵静,2007. 竞争环境动态性对资本结构选择的影响:基于中国上市公司经验研究[J]. 商场现代化 (5):256-258.

[65] 孔玉生,彭爱群,2006. 我国上市公司现金股利政策的特点及成因分析[J]. 会计之友 (10):47-49.

[66] 雷光勇,刘慧龙,2007. 市场化进程、最终控制人性质与现金股利行为:来自中国 A 股公司的经验证据[J]. 管理世界 (7):120-128,172.

[67] 李斌,孙月静,2007.企业成长阶段性对于我国上市公司股权结构与公司绩效的影响[J].财贸经济.

[68] 李常青,彭锋,2009. 现金股利研究的新视角:基于企业生命周期理论[J].财经理论与实践 (9):67-73.

[69] 李常青,沈艺峰,2001. 沪深上市公司股利政策信息内涵的实证研究[J].中国经济问题 (5):43-52.

[70] 李汉军,张俊喜,2006.上市企业治理与绩效间的内生性程度[J].管理世界(5):8.

[71] 李佳,王晓,2010. 中国股票市场有效性的实证研究:基于方差比的检验方法[J].经济经纬 (1):137-140.

[72] 李维安,张国萍,2005. 经理层治理评价指数与相关绩效的实证研究:基于中国上市公司治理评价的研究 [J].济研究 (11):12.

[73] 李锡元,徐闯,2015. 国企实施职业经理人制度的本质、核心和路径[J]. 江汉论坛(2):5.

[74] 李云鹤,胡文伟,李湛,2010.企业生命周期视角下董事会治理结构演变:来自中国 A 股上市公司的经验研究[J].上海交通大学学报(12):6.

[75] 李云鹤,李湛,2012. 管理者代理行为、公司过度投资与公司治理:基于企业生命周期视角的实证研究[J].管理评论(7):117-131.

[76] 李云鹤,李湛,唐松莲,2011.企业生命周期、公司治理与公司资本配置效率[J].南开管理评论(3):12.

[77] 李增泉,2000. 激励机制与企业绩效:一项基于上市公司的实证研究[J].会计研究(1):24-30.

[78] 李增泉,2017.关系型交易的会计治理:关于中国会计研究国际化的范式探析[J].财经研究(2):4-33.

[79] 李增泉,孙铮,王志伟,2004.“掏空”与所有权安排[J].会计研究(12):11.

[80] 李忠海,张涤新,2011.基金持股与公司绩效:基金作为第二大股东持股的视角[J].上海经济研究(1):11.

[81] 刘进,池趁芳,2011. 企业战略管理研究新进展:基于制度经济学和组织社会学制度理论的视角[J].河北经贸大学学报(2):60-67.

[82] 刘圻,陈晓艳,2016. 高管腐败的成因:文献综述[J].财会月刊(9):79-82.

[83] 刘昌国,2006.公司治理机制、自由现金流量与上市公司过度投资行为研究[J].经济科学(4):50-58.

[84] 刘朝晖,2002.外部套利、市场反应与控股股东的非效率投资行为[J].世界经济(7):71-79.

[85] 刘娥平,杨庆森,方园丽,2017. 股东监督视角下投资者情绪对管理层自利行为的影响研究[J].财经研究(9):88-97.

[86] 刘光军,彭韶兵,2018.高管权力强度、股权激励与高管显性腐败[J].财经论丛(6):87-95.

[87] 刘国亮,王加胜,2000.上市公司股权结构、激励制度及绩效的实证研

究[J].经济理论与经济管理(5):40-45.

[88] 刘洪,赵曙明,2002.企业的发展演化与人力资源管理[J].南开管理评论(2):30-34.

[89] 刘怀珍,欧阳令南,2004.经理私人利益与过度投资[J].系统工程理论与实践(5):324-333.

[90] 刘井建,纪丹宁,王健,2017.高管股权激励计划、合约特征与公司现金持有[J].南开管理评论(1):43-56.

[91] 刘井建,李惠竹,张冬妮,等,2020.高管股权激励与大股东掏空抑制研究:大股东异质特征和制度情境的调节效应[J].管理工程学报(3):20-31.

[92] 刘磊,谢继君,李诗琪,2019.股权激励方式与现金股利:基于股东监督情境差异化视角的考察[J].会计与经济研究(9):61-77.

[93] 刘磊,谢继君,李诗琪,2019.股权激励方式与现金股利:基于股东监督情境差异化视角的考察[J].会计与经济研究(5):61-77

[94] 刘孟晖,高友才,2015.现金股利的异常派现、代理成本与公司价值:来自中国上市公司的经验证据[J].南开管理评论(1):152-160.

[95] 刘任重,郑延明,2020.CEO道德风险与企业融资约束[J].商业研究(8):63-70.

[96] 刘星,窦炜,2009.基于控制权私有收益的企业非效率投资行为研究[J].中国管理科学(5):156-165.

[97] 刘星,刘伟,2007.监督,抑或共谋?——我国上市公司股权结构与公司价值的关系研究[J].会计研究(6):8.

[98] 刘燕,2006."机会主义行为"内容与表现形式的理论解析[J].经济问题探索(5):4.

[99] 刘正利,刘瑞,2004.企业生命周期与财务管理策略[J].经济师(9):148.

[100] 刘中文,段升森,于艺浩,2019.基于效率视角的上市公司股权激励工具选择研究[J].中国管理科学(11):31-38.

[101] 龙莹,张世银,2006.我国电力行业上市公司资本结构与绩效的实证研究[J].统计教育(12):20-23.

[102] 卢锐,2008.管理层权力,薪酬激励与绩效:基于中国证券市场的理论与实证研究[M].北京:经济科学出版社.

[103] 卢锐,魏明海,黎文靖,2008.管理层权力,在职消费与产权效率:来自中国上市公司的证据[J].南开管理评论(5):85-92.

[104] 卢雄鹰,2013.中国上市公司股权激励问题研究[D].上海:华东师范大学.

[105] 陆正飞,辛宇,1998.上市公司资本结构主要影响因素之实证研究[J].会计研究(8):34-37.

[106] 陆正华,吴奇治,2019.股权激励对市值管理的影响及其作用机理:以恒瑞医药为例[J].财会月刊(1):24-32.

[107] 陆正华,伍雪婷,2020."高派现＋转股"模式能实现市值维护吗?——以用友网络为例[J].财会通讯(24):161-165.

[108] 罗富碧,冉茂盛,杜家廷,2008.高管人员股权激励与投资决策关系的实证研究[J].会计研究(8):69-76,95.

[109] 罗宏,黄文华,2008.国企分红、在职消费与公司业绩[J].管理世界(9):139-148.

[110] 罗琦,胡亦秋,2016.现金股利与资本结构动态调整[J].金融评论(2):16-25,124.

[111] 吕长江,韩慧博,2001.上市公司资本结构特点的实证分析[J].南开管理评论(10):26-29.

[112] 吕长江,王克敏,2002.上市公司资本结构、股利分配及管理股权比例相互作用机制研究[J].会计研究(3):39-48.

[113] 吕长江,许静静,2010.基于股利变更公告的股利信号效应研究[J].南开管理评论(2):90-96.

[114] 吕长江,赵宇恒,2008.国有企业高层管理者激励效应研究:基于管理者权力的解释[J].管理世界(11):99-110.

[115] 吕长江,郑慧莲,严明珠,等,2011.为什么上市公司选择股权激励计划?[J].会计研究(1):8.

[116] 吕长江,郑慧莲,严明珠,等,2009.上市公司股权激励制度设计:是激励还是福利?[J].管理世界(9):133-147.

[117] 马德林,2011.股权制衡下高层管理人员薪酬影响因素研究[J].审计与经济研究(3):8.

[118] 马鹏飞,董竹,2020.股利多样化策略下的信号效应研究[J].经济经纬(1):123-131.

[119] 牛建波,2004. CEO 报酬、心理契约与企业绩效[J].经济管理(8):27-33.

[120] 牛建波,2004. 中外证券公司治理结构比较分析[J].管理科学(1):36-40.

[121] 欧阳凌,欧阳令南,周宏霞,2005.股权"市场结构",最优负债和非效率投资行为[J].财经研究(6):107-120.

[122] 潘飞,童卫华,2005.我国高级管理人员激励契约:现状与分析:来自我国上市公司的证据[A].中国会计学会 2005 年学术年会论文集.

[123] 潘立生,2012.上市公司非效率投资治理研究[D].合肥:合肥工业大学.

[124] 潘秀丽,2002.业绩衡量标准与管理人员报酬契约[J].会计研究(7):5.

[125] 任荣,2009.基于战略联盟生命周期的企业合作创新动态管理[M].北京:经济科学出版社.

[126] 单文,韩福荣,2002.三维空间企业生命周期模型[J].北京工业大学学报(1):117-120.

[127] 申尊焕,牛振喜,2003. 关于股权结构与公司业绩相关性的实证分析:兼论实证研究结果的多样性[J]. 西北工业大学学报（社会科学版）(2):67-70.

[128] 盛明泉,张春强,王烨,2016.高管股权激励与资本结构动态调整[J].会计研究(2):44-50.

[129] 宋德舜,2004.国有控股,最高决策者激励与公司绩效[J].中国工业经济(3):92-97.

[130] 宋福铁,屈文洲,2010. 基于企业生命周期理论的现金股利分配实证研究[J].中国工业经济 (2):140-149.

[131] 宋晶,孟德芳,2012.国有企业高管薪酬制度改革的几个问题[J]. 财

经问题研究(6):87-92.

[132] 苏志煌,2013.企业道德风险行为的层次及治理研究:委托代理的视角[D].杭州:浙江工商大学.

[133] 孙凤娥,田治威,陈丽荣,2019.股权激励与过度投资:激励力度的门槛效应[J].中央财经大学学报(11):67-75.

[134] 孙金钜,2020.股权激励对上市公司的行为引导:以伊利股份为例[J].财会月刊(1):55-60.

[135] 孙凌姗,刘健,2006.机构投资者在公司治理中的作用:基于中国上市公司的实证研究[J].兰州商学院学报(6):90-94.

[136] 孙兆斌,2006.股权集中,股权制衡与上市公司的技术效率[J].管理世界(7):10.

[137] 谭劲松,李敏仪,黎文靖,等,2003.我国上市公司独立董事制度若干特征分析[J].管理世界(9):110-121,135.

[138] 唐清泉,罗党论,2006.设立独立董事的效果分析:来自中国上市公司独立董事的问卷调查[J].中国工业经济(1):120-127.

[139] 唐雪松,杜军,申慧,2010.独立董事监督中的动机:基于独立意见的经验证据[J].管理世界(9):12.

[140] 唐雪松,周晓苏,马如静,2007.上市公司过度投资行为及其制约机制的实证研究[J].会计研究(7):44-52.

[141] 唐雨虹,周蓉,杨啸宇,等,2017.中国上市公司股权激励实施效果研究[J].财经理论与实践(7):57-61.

[142] 佟岩,陈莎莎,2010.生命周期视角下的股权制衡与企业价值[J].南开管理评论(1):8.

[143] 万华林,2018.股权激励与公司财务研究述评[J].会计研究(5):52-58.

[144] 汪辉,2003.上市公司债务融资、公司治理与市场价值[J].经济研究(1):28-35,91

[145] 汪健,卢煜,朱兆珍,2013.股权激励导致过度投资吗?——来自中小板制造业上市公司的经验证据[J].审计与经济研究(5):70-79.

[146] 汪平,孙士霞,2009.自由现金流,股权结构与我国上市公司过度投资

问题研究[J].当代财经(4):123-129.

[147] 汪秀琼,吴小节,蓝海林,2011a. 企业社会资本对跨区域市场进入模式的影响研究:理论框架的建立与研究命题的提出[J]. 科学决策(1):54-63.

[148] 汪秀琼,吴小节,蓝海林,等,2011b. 企业战略管理研究新进展:基于制度经济学和组织社会学制度理论的视角[J]. 河北经贸大学学报(4):16-21.

[149] 王曾,符国群,黄丹阳,等,2014. 国有企业 CEO"政治晋升"与"在职消费"关系研究[J]. 管理世界（5):157-171.

[150] 王炳成,2011.企业生命周期研究述评[J]. 技术经济与管理研究(4):4.

[151] 王春雷,黄庆成,2020.高管股权激励对企业绩效的影响研究:基于中介效应模型[J].会计之友(3):89-96.

[152] 王华,黄之骏,2006.经营者股权激励,董事会组成与企业价值:基于内生性视角的经验分析[J].管理世界(9):101-116.

[153] 王化成,李志杰,孙健,2008.境外上市背景下治理机制对公司价值的影响:基于融资决策传导效应的研究[J].会计研究(7):90-100.

[154] 王婧,毛蕴诗,2020.技术人员股权激励与企业财务绩效提升[J].广东社会科学(6):47-55.

[155] 王君,2010.基于超产权理论的中国企业股权激励敏感性研究[D].长春:吉林大学.

[156] 王克敏,王志超,2007.高管控制权,报酬与盈余管理:基于中国上市公司的实证研究[J].管理世界(7):9.

[157] 王鲁平,白银转,王茵田,2018.股权激励对投资效率的影响:基于上市家族企业的经验分析[J].系统工程(8):37-50.

[158] 王新霞,刘志勇,孙婷,2011.股权分置改革对股权结构与公司绩效关系变迁的影响机理及实证分析[J].上海经济研究(2):10.

[159] 王艳茹,2010.企业不同生命周期的股利政策研究[J].中国青年政治学院学报(5):113-117.

[160] 王玉荣,钱毅,2006. 中国上市公司债权融资与公司治理相关性分析

[J].特区经济（11）:27-29.

[161] 王跃堂,朱林,陈世敏,2008.董事会独立性、股权制衡与财务信息质量[J].会计研究（1）:55-62,96.

[162] 王志强,张玮婷,顾劲尔,2011.资本结构、管理层防御与上市公司高管薪酬水平[J].会计研究(2):72-78,97.

[163] 魏刚,蒋义宏,2001.中国上市公司股利分配问卷调查报告[J].经济科学（4）:79-87.

[164] 魏春燕,2019.创业板公司股权激励的影响因素研究[J].会计研究(7):51-58.

[165] 魏刚,1998.我国上市公司股利分配的实证研究[J].经济研究(6):30-36.

[166] 魏刚,2000.高级管理层激励与上市公司经营绩效[J].经济研究(3):32-39.

[167] 魏明海,柳建华,2007.国企分红、治理因素与过度投资[J].管理世界(4):88-95.

[168] 温毓敏,2020.股权激励契约与非效率投资行为影响机制研究[J].财会通讯,22:75-79.

[169] 温忠麟,张雷,侯杰泰,等,2004.中介效应检验程序及其应用[J].心理学报(9):614-620.

[170] 邬展霞,2006.我国上市公司股权激励制度对投资效率的影响分析[J].生产力研究(8):3.

[171] 吴清华,王平心,2007.公司盈余质量:董事会微观治理绩效之考察——来自我国独立董事制度强制性变迁的经验证据[J].数理统计与管理（1）:30-40.

[172] 吴淑棍,2002.股权结构与公司绩效的倒U形关系研究[J].中国工业经济(1):80-87.

[173] 吴育辉,吴世农,2010.企业高管自利行为及其影响因素研究:基于我国上市公司股权激励草案的证据[J].管理世界(5):9.

[174] 伍利娜,高强,彭燕,2003.中国上市公司"异常高派现"影响因素研究[J].经济科学（2）:31-42.

[175] 席华霞,2013.上市公司股权再融资与现金股利政策相关性研究[D].太原:山西财经大学.

[176] 夏立军,陈信元,2007.市场化进程、国企改革策略与公司治理结构的内生决定[J].经济研究(7):82-95.

[177] 夏立军,方轶强,2005.政府控制、治理环境与公司价值:来自中国证券市场的经验证据[J].经济研究(5):40-51.

[178] 向凯,2009.论财务报告质量与公司投资效率[J].中南财经政法大学学报(2):62-68.

[179] 向显湖,钟文,2010.试论企业经营者股权激励与人力资本产权收益[J].会计研究(10):9.

[180] 肖淑芳,石琦,王婷,等,2016.上市公司股权激励方式选择偏好:基于激励对象视角的研究[J].会计研究(6):55-62.

[181] 肖作平,2005.公司治理结构对资本结构类型的影响:一个 Logit 模型[J].管理世界(9):137-147,163.

[182] 肖作平,吴世农,2002.我国上市公司资本结构影响因素实证研究[J].证券市场导报(8):39-44.

[183] 谢德仁,陈运森,2010.业绩型股权激励、行权业绩条件与股东财富增长[J].金融研究(12):99-114.

[184] 谢永珍,2007.中国上市公司董事会独立性与监督效率关系实证研究[J].山东大学学报(4):72-83.

[185] 辛清泉,林斌,2006.债务杠杆与企业投资:双重预算软约束视角[J].财经研究(7):73-83.

[186] 辛清泉,林斌,王彦超,2007.政府控制、经理薪酬与资本投资[J].会计研究(8):110-122.

[187] 辛宇,徐莉萍,2006.公司治理机制与超额现金持有水平[J].管理世界(5):136-140.

[188] 徐莉萍,辛宇,陈工孟,2006.股权集中度和股权制衡及其对公司经营绩效的影响[J].经济研究(1):90-100.

[189] 徐倩,2014.不确定性、股权激励与非效率投资[J].会计研究(3):41-48.

[190] 徐向艺,王俊韡,巩震,2007.高管人员报酬激励与公司治理绩效研究:一项基于深,沪 A 股上市公司的实证分析[J].中国工业经济(2):94-100.

[191] 徐晓东,陈小悦,2003.第一大股东对公司治理、企业业绩的影响分析[J].经济研究(2):64-74.

[192] 徐晓东,张天西,2009.公司治理、自由现金流与非效率投资[J].财经研究(10):47-58.

[193] 徐玉玲,2010.资本结构与绩效的相关性研究:基于上市公司年报的实证分析[J].东北财经大学学报(6):14-17.

[194] 许楠,刘静,林春雷,2019.企业文化会影响企业股权激励吗:来自中国沪深 A 股上市公司的经验数据[J].会计之友(9):66-71.

[195] 严武,潘如璐,石劲,2009.中国上市公司股利公告效应实证研究:1993—2006[J].当代财经(9):50-55.

[196] 晏艳阳,2002.我国上市公司资本结构与企业价值研究[J].财经理论与实践(7):50-53.

[197] 晏艳阳,陈共荣,2001.我国上市公司的资木结构与代理成本问题分析[J].会计研究(9):28-33.

[198] 杨汉明,2008.现金股利与企业价值的实证研究:基于 A 股市场股权结构的分析[J].统计研究(8):65-68.

[199] 杨华,陈晓升,2008.上市公司股权激励理论,法规与实务[M].北京:中国经济出版社.

[200] 杨慧辉,胥晗婷,胡致杭,2011.股权激励下经理人机会主义行为的经济学分析[J].经济研究导刊.

[201] 杨青,黄彤,2010.中国上市公司 CEO 薪酬存在激励后效吗?[J].金融研究(19):3.

[202] 杨青,薛宇宁,Yuryoglu,2011.我国董事会职能探寻:战略咨询还是薪酬监控?[J].金融研究(3):165-183.

[203] 杨瑞龙,刘江,2002.经理报酬、企业绩效与股权结构的实证研究[J].江苏行政学院学报(1):46-54.

[204] 杨瑞龙,王 元,聂辉华,2013."准官员"的晋升机制来自中国央企的

证据[J].管理世界（3）:23-33.

[205] 杨淑娥,王勇,自革萍,2000.我国股利分配政策影响因索的实证分析[J].会计研究(2):31-34.

[206] 杨兴全,杨波,2008. 成长机会、债务融资与公司价值:来自中国上市公司的经验证据[J].云南财经大学学报（2）:70-78.

[207] 杨熠,沈艺峰,2004. 现金股利 传递盈利信号还是起监督治理作用[J].中国会计评论（1）:61-76.

[208] 杨志强,胡小璐,2018.高管异质性、股权激励与超额现金持有:国企混改中"行政高管"与"市场高管"差异考察[J].商业研究(11):108-118.

[209] 姚伟峰,鲁桐,何枫,2009.股权分量改革、管理层激励与企业效率:基于上市公司行业数据的经验分析[J].世界经济(12):77-86.

[210] 叶展,2018.股权激励的实施效应:企业融资与风险视角的分析[D].厦门:厦门大学.

[211] 殷文情,2021.企业盈利能力对债务融资成本的影响研究[J].中国商论（6）:78-80.

[212] 于东智,谷立日,2001.上市公司管理层持股的激励效应及影响因素[J].经济理沦与经济管理(9):2-30.

[213] 俞鸿琳,2006.政府控制和治理机制的有效性:基于中国 A 股市场的经验证据[J].南开管理评论(1):98-102.

[214] 原红旗,2001.中国上市公司股利政策分析[J].财经研究(3):33-41.

[215] 原红旗,2004.中国上市公司股利政策分析[M].北京:中国财政经济出版社.

[216] 曾佳阳,2019.中国创业板股权激励效应的实证研究[J].上海金融(7):36-42.

[217] 张纯,吕伟,2009. 信息环境、融资约束与现金股利[J].金融研究(7):81-94.

[218] 张东旭,汪猛,徐经长,2019.股票期权激励与资本结构决策[J].科研管理(6):175-183.

[219] 张功富,宋献中,2009.我国上市公司投资:过度还是不足？[J].会计

研究（5）:69-77.

[220] 张光荣,曾勇,2008.股权制衡可以改善公司治理吗:——基于公平与效率视角的实证检验[J].系统工程.

[221] 张海平,2011.上市公司股权激励效应研究[D].上海:复旦大学.

[222] 张宏敏,2009.中国上市公司高管股票期权激励有效性研究[D].成都:西南财经大学.

[223] 张劲松,张含笑,2020.成长型企业股权激励对财务绩效的影响研究:基于契约结构视角[J].财会通讯（4）:45-50.

[224] 张军,2007.基于企业生命周期的破坏性创新研究[D].济南:山东大学.

[225] 张莉,林与川,2011.实验研究中的调节变量和中介变量[J].管理科学（8）:108-116.

[226] 张岭松,2010.资本结构与公司治理机制研究[D].南京:南京大学.

[227] 张玮,刘延平,2015.不同导向组织文化对员工职业成长的影响研究:基于多群组结构方程的统计分析[J].统计与信息论坛（8）:106-112.

[228] 张先治,2002.股票期权理论及在公司激励中的应有研究[J].会计研究.

[229] 张艺琼,冯均科,2018.合约特征,高管股权激励与公司内部控制有效性:基于倾向得分匹配法的实证检验[J].山西财经大学学报（4）:86-100.

[230] 章小花,2007.中国管理层股权激励与上市公司业绩实证研究[D].上海:复旦大学.

[231] 赵德武,曾力,谭莉川,2008.独立董事监督力与盈余稳健性:基于中国上市公司的实证研究[J].会计研究（9）:55-63,96.

[232] 赵国宇,禹薇,2019.股权激励、过度投资抑制与公司价值[J].经济与管理评论（4）:42-51.

[233] 赵青华,干胜道,2014.高管股权激励对次生激励影响研究[J].山西财经大学学报（5）:64-74.

[234] 赵志霞,2013.上市公司经营收益与负债水平的相关性研究[D].郑州:河南理工大学.

[235] 郑晓玲,2007.美国股票期权激励的经验和启示[J].国际金融研究(4):32-38.

[236] 郑晓玲,2009.上市公司股票期权激励有效性研究[D].苏州:苏州大学.

[237] 郑长德,刘小军,2004.我国上市公司资本结构行业差异的实证分析[J].西南民族大学学报(人文社科版)(9):48-53.

[238] 郑志刚,李东旭,许荣,等,2012.国企高管的政治晋升与形象工程:基于 N 省 A 公司的案例研究[J].管理世界(10):146-156,188.

[239] 支晓强,童盼,2007.管理层业绩报酬敏感度、内部现金流与企业投资行为:对自由现金流和信息不对称理论的一个检验[J].会计研究(10):73-81.

[240] 钟海燕,2010.中国国有控股上市公司投资行为及效率研究[D].重庆:重庆大学.

[241] 钟田丽,郭亚军,王丽春,2003.现金股利与上市公司未来收益的实证分析[J].东北大学学报(10):1006-1009.

[242] 周玮,徐玉德,李慧云,2011.政企关系网络、在职消费与市场化制度建设[J].统计研究(2):53-58.

[243] 周建波,孙菊生,2003.经营者股权激励的治理效应研究:来自中国上市公司的经验证据[J].经济研究(5):74-83.

[244] 周仁俊,2010.管理层激励与企业经营业绩的相关性——国有与非国有控股上市公司的比较[J].会计研究.

[245] 周仁俊,高开娟,2012.大股东控制权对股权激励效果的影响[J].会计研究(5):9.

[246] 周仁俊,喻天舒,杨战兵,2005.公司治理激励机制与业绩评价[J].会计研究(11):26-31.

[247] 周翼翔,2011.董事会结构与公司绩效关系的再探索:基于动态内生性视角的实证[J].科学学与科学技术管理.

[248] 周云波,张敬文,2020.经理人股权激励可以提升企业价值吗?——来自中国 A 股上市公司的证据[J].消费经济(1):26-34.

[249] 朱红军,何贤杰,陈信元,2006.金融发展、预算软约束与企业投资

[J].会计研究(10):64-71.

[250] 朱红军,汪辉,2004."股权制衡"可以改善公司治理吗?——宏智科技股份有限公司控制权之争的案例研究[J].管理世界(5):114-125.

[251] 朱克江,2002.经营者薪酬激励机制架构分析[J].唯实(11):16-20.

[252] 卓敏,2012.公司社会责任信息披露与公司治理的研究:以有色金属行业上市公司为例[J].会计师(4):3.

英文部分

[1] Aggarwal R K,Samwick A A,2006. Empire-builders and shirkers:investment,firm performance,and managerial incentives[J].Journal of Corporate Finance (3):489-515.

[2] Aguinis H,Boyd B K,Pierce C A et al.,2011. Walking New Avenues in management research methods and theories:Bridging Micro and Macro Domains[J]. Journal of Management (2):395-403.

[3] Aharony J,Dotan A,1994. Regular dividend announcements and future unexpected earnings:an empirical analysis [J]. Financial Review (1):125-151.

[4] Amess K,Banerji S,Lampousis A,2015. Corporate cash holdings:causes and consequences [J]. International Review of Financial Analysis,42:421-433.

[5] Amihud Y,Lev B,1981. Risk reduction as a managerial motive for conglomerate mergers[J].Bell Journal of Economics (2):605-617.

[6] Anderson M C,Banker R D,Janakiraman S N,2003. Are selling,general,and administrative costs "sticky"[J]. Journal of Accounting Research (1):47-63.

[7] Armstrong C S,Jagolinzer A D,Larcker D F,2010. Chief executive officer equityincentives and accounting irregularities[J]. Journal of Accounting Research,48:2.

[8] Armstrong C S,Ittner C D,Larcker D F,2012. Corporate governance,compensation consultants,and CEO pay levels[J]. Review

of accounting studies (2):322-351.

[9] Asquith P, Mullins D W, 1983. The impact of initiating dividend payments on shareholders' wealth[J]. Journal of Business, 56:77-96.

[10] Asquith P, Mullins D W, 1986. Signalling with dividends, stock repurchase, and equity issues[J]. Financial Management (3): 27-44.

[11] Balsam S,Jiang W,Lu B,2014. Equity incentives and internal control weaknesses[J]. Contemporary Accounting Research (1):178201.

[12] Baron R M, Kenny D A, 1986. The moderator-mediator variable distinction in social psychological research: conceptual,strategic,and statistical considerations [J]. Journal of Personality and Social Psychology (6):1173-1182.

[13] Bates T, 2005. Asset sales, investment opportunities, and the use of proceeds[J]. Journal of Finance, 60:105-135.

[14] Bebchuk L A, Fried J M, 2005. Pay without performance: overview of the issues[J]. Journal of Corporation Law (4): 8.

[15] Benartzi S, Michaely R, Thaler R, 1997. Do changes in dividends signal the future or the past? [J]. The Journal of Finance (3): 1007-1034.

[16] Bergstresser D, Philippon T, 2006. CEO incentives and earnings management[J]. Social Science Electronic Publishing (3):511-529.

[17] Berle A A, Means G C, Weidenbaum M L et al. , 1932. The modern corporation and private property[J]. Economic Journal (6): 119-129.

[18] Bhagat S, Hirshleifer D, Noah R,2001. The effect of takeovers on shareholder Value[R]. Yale University Working Paper.

[19] Black F, Scholes M, 1974. The effects of dividend yield and dividend policy on common stock prices and returns[J]. Journal of Financial Economics (1):1-22.

[20] Blasi J R, Freeman D, Kruse, 2016, Do broad-based employee ownership,profit sharing and stock options help the best firms do even better[J]. British Journal of Industrial Relations(1):55-82.

［21］Bolton P，Scheinkman J，Xiong W，2006. Executive compensation and Short-Termist behaviour in speculative markets［J］. The Review of Economic Studies（3）：577-610.

［22］Booth L，Demirgu-Kunt V，Maksimovic V，2001. Capital structures in developing countries［J］. Journal of Finance（1）：87-130.

［23］Bradley M，Jarrell M G，Kim E H，1992. On the existence of an optimal capital structure：theory and evidence［J］. Journal of Finance，42：1245-1260.

［24］Brander J A，Zhang W，2017. Employee relations and innovation：an empirical analysis using patent data［J］. Economics of Innovation and New Technology（4）：368-384.

［25］Brickley J A，James C M，1987. The takeover market，corporate board composition，and owership structure：the case of banking［J］. Journal of Law and Economics（1）：88-130.

［26］Bums N，Kedia S，2004. Do executive stock options generate incentives for earning management? evidence from accounting restatements［R］. Harvard Business School.

［27］Campbell T S，Chan Y S，Marino A M，1989. Incentive contracts for managers who discover and manage investment project［J］. Journal of Economic Behavior and Organization（12）：354-364.

［28］Chang X K，Low F A，Zhang W，2015. Non executive employee stock options and corporate innovation［J］. Journal of Financial Economics 115（1）：168-188.

［29］Coles J L，Daniel N D，Naveen L，2006. Managerial incentives and risktaking［J］. Journal of Financial Economics（2）：431-468.

［30］Conyon M J，Murphy K J，2000. The prince and the pauper? CEO pay in the United States and United Kingdom［J］. The Economic Journal，110：640-671.

［31］Costa P T，McCrae R R，1992. Revised NEO personality inventory（NEO PI-R）and NEO Five-Factor inventory（NEO-FFI）［M］.

NewYork：Springer.

[32] Crossman S J, Hart O D, 1982. Corporate financial structureand managerial incentives[M]. Chicago：University of Chicago Press.

[33] Deangelo H, Deangelo L, Stulz R, 2006. Dividend policy and the earned/contributed capital mix：a test of the lifecycle theory[J]. Journal of Financial Economics, 81：227-254.

[34] DeAngelo H, Masulis R W, 1980. Optimal capital structure under corporate and personal taxation[J]. Journal of Financial Economics (1)：3-29.

[35] Dechow P M, Skinner D J, 2000. Earnings management：reconciling the views of accounting academics, practitioners, and regulators [J]. Accounting Horizons (2)：235-250.

[36] Denis D J, Osobov I, 2008. Why do firms pay dividends? international evidence on the determinants of dividend policy[J]. Journal of Financial Economics (1)：62-82.

[37] Deshmukh S, Goel A M, Howe K M, 2013. CEO overconfidence and dividend policy [J]. Journal of Financial Inter mediation (3)：440-463.

[38] Dewatripont M, Tirole J, 1994. A theory of debt and equity：diversity of securities and Manager-Shareholder congruence[J]. The Quarterly Journal of Economics (4)：1027-1054.

[39] Dhrymes P, Kurz M, 1967. Investment, dividends and external finance behavior of firms, in determinates of investment behavior[R]. Nation Bureau of Economic Research.

[40] Donaldson W, 2005. Testimony concerning the impact of the sarbanes-oxley act[R]. House Committee on Financial Services.

[41] Dyck A, Zingales L, 2004. Private benefits of control：an international comparison[J]. Journal of Finance (2)：537-600.

[42] Easterbrook F H, 1984. Two Agency-Cost explanations of dividends [J]. American Economic Review (4)：650-659.

[43] Eaton J, Rosen H S, 1983. Agency, delayed compensationand the structure of executive remuneration[J]. The Journal of Finance (5): 1489-1505.

[44] Elyasiani E, Zhang L, 2015. CEO entrenchment and corporate liquidity management [J]. Journal of Banking and Finance, 54: 115-128.

[45] Fama E F, French K R, 2001. Disappearing dividends: changing firm characteristics or lower propensity to pay? [J]. Journal of Applied Corporate Finance (1): 67-79.

[46] Fama E F, 1970. Efficient capital markets: a review of theory and empirical work[J]. Journal of Finance (2): 383-417.

[47] Fama E F, 1980, Agency problems and the theory of the firm[J]. Journal of Political Economy (2): 288-307.

[48] Fauver L, McDonald M B, Taboada A G, 2018. Does it pay to treat employees well? international evidence on the value of Employee-Friendly culture[J]. Journal of Corporate Finance, 50: 84-10.

[49] Fazzari S M et al. , 1988. Financing constraints and corporate investment [J]. Brookings Papers on Economic Activity (1): 141-206.

[50] Fenn G W, Liang N, 2001. Corporate payout policy and managerial stock incentives[J]. Journal of Financial Economics (1): 45-72.

[51] Flannery M J, Rangan K P, 2006. Partial adjustment toward target capital structures[J]. Journal of Financial Economics (3): 469-506.

[52] Freedman L S, Schatzkin A, 1992. Sample size for studying intermediate endpoints within intervention trials of observational studies[J]. American Journal of Epidemiology (9): 1148-1159.

[53] Friend K, Lang K, 1988. An empirical test of the impact of managerial self interest on corporate capital structure [J]. Journal of Finance (2): 271-281.

[54] Ghosh A, Moon D, Kishore T, 2007. CEO ownership and

discretionary investments［J］. Journal of Business Finance & Accounting (5):819-839.

［55］Gordon M J,1963. Optimal investment and financing policy［J］. The Journal of Finance (2): 264-272.

［56］Grossman S J, Hart O, 1982. Corporate financial structure and managerial incentives［M］// McCall J J. the economics of information and uncertainty. Chicago:University of Chicago Press .

［57］Grullon G R,Michaely,Swaminathan B, 2002. Are dividend changes a sign of firm maturity? ［J］. The Journal of Business,75: 387-424

［58］Guay W, 1999. The sensitivity of CEO wealth to equity risk: an analysis of the magnitude and determinants［J］. Journal of Financial Economics (1):43-71.

［59］Hanson R C, Song M H, 2000. Managerial ownership, board structure,and the division of gains in divestitures［J］. Journal of Corporate Finance (1):55-70.

［60］Hart O, Moore J, 1989. Default and renegotiation: a dynamic model of debts［R］. MIT Department of Economics Working Paper.

［61］Hart O,1995a. Corporate governance:some theory and implications ［J］. Economic Journal,105:678-689.

［62］Hart O,1995b. Firms,contracts and financial structure［M］. Oxford: Clarendon Press.

［63］Hatfield E J, Cacioppo F, Rapson R L,1994. Emotional contagion ［M］. Cambridge:Cambridge University Press.

［64］Healy P M, Wahlen J M, 1999. A review of the earnings management literature and its implications for standard setting［J］. Accounting Horizons (4):365-383.

［65］Himmelberg, Hubbard, Palia,1999. Understanding the determinants of managerial ownership and the link between ownership and performance［J］. Journal of Financial Economics (3):353-384.

［66］Hirshleifer D, Hsu P H, Li D, 2013. Innovative efficiency and stock returns[J]. Journal of Financial Economics (3):632-654.

[67] Hirshleifer D, Thakor A V,1992. Managerial conservatism,project choice, and debt[J]. The Review of Financial Studies (3): 437-470.

[68] Holmstrom B, 1982. Moral Hazard in teams[J]. Bell Journal of Economics (2):324-340.

[69] Holmstrom,1979. Moral hazard and observability [J] . The Bell Journal of Economics (1):74-91.

[70] Hovakimiana, Oplert, Titmans, 2001. The Debt-Equity choice[J]. Journal of Financial and Quantitative Analysis (1):1-24.

[71] Jenkins, Kane, Velury, 2004. The impact of the corporate life-cycle on the value-relevance of disaggregated earnings component [J]. Review of Accounting&Finance (3):5-20.

[72] Jensen M C, Meckling W H,1976. Theory of the firm: managerial behavior, agency costs and ownership structure [J]. Journal of Financial Economics (4):305-360.

[73] Jensen M C, Murphy K J, 1990. Performance pay and top-management incentives[J]. The Journal of Political Economy (2): 225-264.

[74] Jensen M C,1986. Agency costs of free cash flow,corporate finance and takeovers[J]The American Economics Review (2):323-329.

[75] Jensen M C,1993. The modern industrial revolution, exit, and the failure of internal control systems[J]. Journal of Finance (3): 831-880.

[76] Johnson S, Porta R L, Lopez-de-Silanes F et al. , 2000. Tunneling [J]. American Economic Review (2):180-186.

[77] Jordan J Lowe J,Taylor P,1998. Strategy and financial policy in UK small firms [J]. Journal of Business Finance and Accounting, 25: 1-27.

[78] Judd C M, Kenny D A, 1981. Process analysis: estimating mediation intreatment evaluations[J]. Evaluation Review(5): 602-619.

[79] Kang S, Kumar P, Lee H, 2006. Agency and corporate investment: the role of executive compensation and corporate governance[J]. Journal of Business,79: 1127-1147.

[80] Kazanjian, 1988. The relation of dominant problems to stage of growth in technology-based new ventures [J]. Academy of Management journal (2):257-279.

[81] Kimberly, Miles, 1981. The organization life cycle[M]. London: Jossey-Bass Publishers.

[82] Kreps D M, Wilson R,1982. Reputation and imperfect information [J]. Journal of Economic Theory (2): 253-279.

[83] Kouki M,2009. Stock options and firm dividend policy: evidence from Toronto stock exchange [J]. International Research Journal of Finance and Economics(25):97-113.

[84] Lambert R A, Lanen W N, Larcker D F, 1989. Executive stock option plans and corporate dividend policy[J]. Journal of Financial and Quantitative Analysis (4): 409-425.

[85] Leary M T, Roberts M R,2005. Do firms rebalance their capital structures? [J]The Journal of Finance (6): 2575-2619.

[86] Leontiade, 1980. Strategies for diversification and change[M]. MA: Little Brown.

[87] Lintner J, 1956. Distribution of incomes of corporations among dividends,retained earnings,and taxes [J]. The American Economic Review (2):97-113.

[88] Liu Y, Mauer D C, 2011. Corporate cash holdings and CEO compensation incentives [J]. Journal of Financial Economics (1):183-198.

[89] Mackinnon D P, Lockwood C M, Hoffman J M et al. , 2002. A comparison of methods to test mediationand other intervening variable effects[J]. Psychological Methods (1):83-104.

[90] Manne H G,1965,Mergers and the market for corporate control[J]. Journal of Political Economy (2):110-120.

[91] Masulis R W, 1983. The impact of capital structure change on firm values: some estimates [J]. Journal of Finance, 38: 107-126.

[92] McConnell J J, Servaes H, 1995. Equity ownership and the two faces of debt [J]. Journal of Financial Economics (1): 131-157.

[93] Mehran H, 1995. Executive compensation structure, ownership, and firm performance[J]. Journal of Financial Economies, 38: 163-184.

[94] Mehran, Yermack, 1997. Compensation and top management turnover [R]. NYU Working Paper.

[95] Michael J C, Ruback R S, 1983. The market for corporate control: the scientific evidence[J]. Journal of Financial Economics (11): 5-50.

[96] Michaely R, Womack K L, 1999. Conflict of interest and the credibility of underwriter analyst recommendations[J]. Review of Financial Studies (4): 653-686.

[97] Mille, Friesen, 1984. A longitudinal study of the corporate life cycle [J]. Management Science (10): 1161-1183.

[98] Miller M H, Rock K, 1985. Dividend policy under asymmetric information [J]. Journal of Finance (4): 1031-1051.

[99] Mintzberg, 1979. The structuring of organizations[M]. New Jersey: Prentice-Hall.

[100] Mirrlees J A, 2010. The theory of moral hazard and unobservable behaviour: part I[J]. Review of Economic Studies (1): 3-21.

[101] Modigliani F, Miller M, 1958. The cost of capital, corporation finance and the theory of investment[J]. American Economic Review (3): 261-297.

[102] Morck, Shleifer, Vishny, 1988. Management ownership and market valuation: an enpirical analysis[J]. Journal of Financial Economics (20): 293-315.

[103] Murphy K, 1999. Executive compensation [M]//Ashenfelter O, Layard R, Card D. Handbook of labor economics. Amsterdam: Elsevier.

[104] Murphy K, 1985. Corporate performance and managerial remuneration [J]. Journal of Accounting & Economics (7):11-42.

[105] Myers M D, 1997. Qualitative research in information systems[J]. Management Information Systems Quarterly (2):241-242.

[106] Myers S C, Majluf N S,1884. Corporate financing and investment decisions when firms have information that investors do not have [J]. Journal of Financial Economics (2):187-221.

[107] Myers S C,1977. Determinants of corporate borrowing[J]. Journal of Financial Economic (2):147-175.

[108] Narayanan M P, 1985. Managerial incentives for Short-Term results [J]. The Journal of Finance (5):1469-1484.

[109] Nikolov B,Whited T M, 2014. Agency conflicts and cash: estimates from a dynamic model[J]. The Journal of Finance (5): 1883-1921.

[110] Nissim D, Ziy A, 2001. Dividend changes and future profitability [J]. Journal of Finance (6):2111-2133.

[111] Novaes, Waltet, Zingales, 1995. Capital structure choice when managers are in control: entrenchment versus efficiency [R]. Working Paper.

[112] Nyberg A J, Maltarich M A, Abdulsalam D D et al. , 2018. Collective pay for performance: a cross-disciplinary review and meta analysis[J]. Journal of Management (6): 2433 - 2472.

[113] Oler, Olson, Skousen, 2010. Governance, CEO power, and acquisitions[J]. Corporate Ownership and Control (3):430-447.

[114] Oliver W, 1988. Corporate finance and corporate governance[J]. Journal of Finance,43: 567-591.

[115] Opler, Pinkowitz, Stulz et al. , 1999. The determinants and implications of corporate cash holdings [J]. Journal of Financial Economics (1):3-46.

[116] Ortiz-Molina H, 2007. Executive compensation and capital structure: the effects of convertible debt and straight debt on CEO

pay[J]. Journal of Accounting &. Economics (1)：69-93.

[117] Panousi V, Papanikolaou D,2012. Investment,idiosyncratic risk,and ownership[J]. The Journal of Finance (3):1113 - 1148.

[118] Peasnell K V,Pope P F, Youg S, 2005. Board monitoring and earnings management：do outside directors influence abnormal accruals? [J]. Journal of Business Finance and Accounting (7-8)： 1311 - 1346.

[119] Petersen M,Rajan R,1995. The effect of credit market competition on lending relationships[J]. Quarterly Journal of Economics (2)： 407-443.

[120] Pettit D J, 1972. Guidelines and suggestions for research in business communication[J]Journal of Business Communication (3):37-60.

[121] Philippon，2006. CEO incentives and earnings management[J]. Joumal of Financial Economics (3):511-529.

[122] Preacher K J, Hayes A F, 2008. Asymptotic and resampling strategies for assessing and comparing indirect effects in multiple mediator models[J]. Behavior Research Methods (3)： 879-891.

[123] Rajan R, Zingales L, 1998. Financial dependence and growth[J]. American Economic Review (3):559-586.

[124] Risberg M, 2006. Does earnings quality matter for the investment decision? [R]. Working Paper.

[125] Rosen S, 1986. Prizes and incentives inelimination tournaments[J]. American Economic Review (4):701-715.

[126] Ross J,Staw B M,1986. Expo 86：an escalation prototype[J]. Administrative Science Quarterly,31：274-297.

[127] Ross S A, Westerfied R W, Jaffe J F,1995. Corporate finance[M]. Boston：Irwin and McGraw-Hill.

[128] Ryan H E, Wiggins R A, 2002. The interactions between R&D investment decisions and compensation policy [J]. Financial Management (1)：5-29.

[129] Safdar, 2003. Stock option exercise, earnings management, and abnormal stock returns[R]. Texas A&M University-Mays Business School, Working Paper.

[130] Schein E H, 1984. Coming to a new awareness of organizational culture[J]Sloan Management Review (2):3-16.

[131] Scott R, 2006. Over-investment of free cash flow[J]. Review of Accounting Studies (2-3):159-189.

[132] Scott, 1973. The industrial state old myths & new realities[J]. Harvard Business Review (2):133-140.

[133] Sharma S, Durand R M, Gur-arie O, 1981. Identification and analysis of moderator variables[J]. Journalof Marketing Research (3):291.

[134] Shuto A, Kitagawa N, 2011. The effect of managerial ownership on the cost of debt evidence from Japan[J]. Journal of Accounting, Auditing & Finance (3):590-620.

[135] Simon H A, 1982, Models of bounded rationality[M]. Cambridge, MA: MIT Press.

[136] Smith C, Warner Jerold B, 1979. On financial contracting: an analysis of bond covenants[J]. Journal of Financial Economics (2): 117-161.

[137] Smith, Mitchell, Summer, 1985. Top level management priorities in different stages of the organizational life cycle[J]. Academy of Management Journal (4):799-820.

[138] Smith, Watts, 1992. The investment opportunity set and corporate financing, dividend, and compensation policies [J]. Journal of Financial Eeonomics, 32:263-292.

[139] Staw B M, 1981. The escalation of commitment to a course of action [J]. Academy of Management Review (6): 577-587.

[140] Staw M, Ross J, 1978. Commitment to a policy decision: a multitheoretical perspective[J]. Administrative Sciences Quarterly (23):40-64.

[141] Strebulaev I A，2007. Do tests of capital structure theorymean what they say? [J]. The Journal of Finance (4):1747-1787.

[142] Stulz R M，2000. Financial structure，corporate finance and economic growth[J]. International Review of Finance (1)：11-38.

[143] Stulz R M，1990. Managerial discretion and optimal financing policies[J]Journal of Financial Economics (1):3-27.

[144] Supanvanij J，2006. Capital structure：Asian firms vs. multinational firms in Asia [J]. Journal of American Academy of Business (1)：324.

[145] Tsui A S，Wang H，Xin K R，2006. Organizational culture in China：an analysis of culture dimensions and culture types[J]. Management and Organization Review (3):345- 376.

[146] Walter J E，1956. Dividend policies and common stock prices[J]. Journal of Finance (1):29- 41.

[147] Watts R，1973. The information content of dividends[J]. Journal of Business,46:191-211.

[148] Weisbenner S，2000. Corporate share repurchases in the Mid-1990s：what role do stock options play? [R]. University of Illinois at Urbana-Champaign Working paper.

[149] Williams J B，1938. The theory of investment value [M]. Cambridge：Harvard University Press.

[150] Williamson O E，1979. Transaction-Cost economics：the governance of contractual relations[J]. The Journal of Law and Economics (2)：233-261.

[151] Wu X，Wang Z，2004. Equity financing in a Myers-Majluf framework with private benefits of control[J]. Journal of Corporate Finance (5):915-945 .

[152] Yermack，1995. Do corporations award ceo stock options effectively? [J]. Journal of Finaneial Economics，39:237-269.

[153] Yermark D，1997. Good timing：CEO stock option award and

company news announcements[J]. The Journal of Finance (2): 449-476.

[154] Zeckhauser, Pound, 1990. Asymmetric in formation, corporate finance and investment[M]. Chicago: University of Chicago Press.

[155] Zhao X, John G, Lynch J et al., 2010. Reconsidering Baron and Kenny: myths and truths about mediation analysis[J]. Journal of Consumer Research (2): 197-206.

附　　录

2006 年 1 月 1 日至 2012 年 12 月 21 日,国内实施股票期权激励制度的 A 股上市公司(包括后来取消股票期权激励的公司)如附表 1 所示。

附表 1　2006—2012 年国内实施股票期权激励制度的 A 股上市公司名单

证券代码	证券简称	证券代码	证券简称	证券代码	证券简称
000002	万科 A	000667	美好集团	600060	海信电器
000009	中国宝安	000671	阳光城	600067	冠城大通
000012	南玻 A	000690	宝新能源	600077	宋都股份
000031	中粮地产	000718	苏宁环球	600089	特变电工
000039	中集集团	000766	通化金马	600100	同方股份
000042	中洲控股	000768	中航飞机	600108	亚盛集团
000046	泛海控股	000818	方大化工	600122	宏图高科
000063	中兴通讯	000826	桑德环境	600141	兴发集团
000100	TCL 集团	000851	高鸿股份	600143	金发科技
000157	中联重科	000881	大连国际	600173	卧龙地产
000488	晨鸣纸业	000893	东凌粮油	600180	瑞茂通
000523	广州浪奇	000921	海信科龙	600183	生益科技
000527	美的电器	000926	福星股份	600189	吉林森工
000540	中天城投	000948	南天信息	600190	锦州港
000558	莱茵置业	000961	中南建设	600206	有研新材
000561	烽火电子	000969	安泰科技	600208	新湖中宝
000566	海南海药	000990	诚志股份	600216	浙江医药
000568	泸州老窖	000996	中国中期	600240	华业地产
000572	海马汽车	000998	隆平高科	600260	凯乐科技

续　表

证券代码	证券简称	证券代码	证券简称	证券代码	证券简称
000650	仁和药业	600031	三一重工	600289	亿阳信通
000661	长春高新	600048	保利地产	600290	华仪电气
600321	国栋建设	600383	金地集团	600493	凤竹纺织
600325	华发股份	600409	三友化工	600496	精工钢构
600337	美克股份	600446	金证股份	600498	烽火通信
600345	长江通信	600477	杭萧钢构	600499	科达洁能
600352	浙江龙盛	600478	科力远	600500	中化国际
600356	恒丰纸业	600485	中创信测	600507	方大特钢
600360	华微电子	600584	长电科技	600516	方大炭素
600525	长园集团	600588	用友软件	600521	华海药业
600535	天士力	600840	新湖创业	600887	伊利股份
600565	迪马股份	600880	博瑞传播	600973	宝胜股份
600570	恒生电子	600693	东百集团	601139	深圳燃气
600572	康恩贝	600737	中粮屯河	601208	东材科技
600580	卧龙电气	600739	辽宁成大	601299	中国北车
600582	天地科技	600750	江中药业	601566	九牧王
600583	海油工程	600756	浪潮软件	601616	广电电气
600584	长电科技	600776	东方通信	601766	中国南车
600588	用友软件	600797	浙大网	601877	正泰电器
600590	泰豪科技	600801	华新水泥	601908	京运通
600690	青岛海尔	600804	鹏博士	600823	世茂股份
600525	长园集团